W0038847

Über das Buch

Griseldis Wenner hat Mordfälle aus hundert Jahren gesammelt, die
hier als spannende Kriminalgeschichten erzählt werden. Darunter
sind Fälle, die Kriminalgeschichte schrieben – wie der Freiberger
Giftmord der Grete Beier oder der als Kreuzworträtselmord bekannt
gewordene Fall aus Halle –, aber auch makabre Verbrechen wie die
einem Leipziger Verleger angekündigten Morde, die den Stoff für
einen Bestseller liefern sollten.

Über die Herausgeberin

Griseldis Wenner ist Moderatorin, Schauspielerin und Kabarettistin.
1970 in Meerane geboren, studierte sie einige Jahre Sprechwissen-
schaften an der Martin-Luther-Universität Halle/Saale und arbeitete
für Radio und Fernsehen. Sie moderierte das Boulevard-Magazin
»Brisant« im ERSTEN sowie die MDR-Talkshow »Unter uns« und
wurde mit dem Bambi und der Goldenen Kamera ausgezeichnet. Sie
ist auch als Sprecherin in Hörspielproduktionen tätig, übernimmt
Rollen in Fernsehserien und arbeitet als Kamera-Präsenz-Trainerin.

Griseldis Wenner

präsentiert

DAS GEFÄLSCHTE TESTAMENT

und andere Mordfälle
aus Mitteldeutschland

Das Neue Berlin

Inhalt

Vorbemerkung

Entspannt im Urlaub oder in einer kuschligen Sofaecke einen Krimi lesen – was gibt es Schöneres? Spannung und Unterhaltung gehen Hand und Hand, das – ferne – Böse verursacht wohliges Schaudern, der Blick in die Abgründe der menschlichen Seele fesselt. Man staunt über gerissene Ganoven, nimmt Anteil am Schicksal der Opfer, folgt fasziniert den gewitzten und cleveren Ermittlern.

Viele dieser fiktiven Kriminal-Geschichten basieren auf wahren Begebenheiten oder sind davon inspiriert. Und genau aus diesem Grund möchte ich Ihnen meine persönliche Auswahl an realen Kriminal-Fällen präsentieren.

Interessiert hat mich stets, was sich einst und jetzt in unserer Gegend an düsteren, gruslichen oder kuriosen Ereignissen zugetragen hat. Nicht »meine liebsten Kriminalstorys« präsentiere ich hier also, sondern Kriminalfälle, die sich tatsächlich ereignet haben. Ausgewählt habe ich aus »hundert Jahren Kriminalgeschichte«, so, wie sie sich in meiner mitteldeutschen Heimat ereignet hat.

Die Texte, verfasst von Kriminalisten, Gerichtsreportern und Fach-Journalisten, führen den Leser nicht nur in einige bekannte mitteldeutsche Regionen, sie zeigen verschiedene soziale Milieus, unterschiedliche Täterprofile, Charaktere und Reaktionsweisen und sind ein Spiegel menschlicher Unvollkommenheiten und Seelenzustände.

Das vorliegende Buch soll aufklären und unterhalten gleichermaßen. Und wenn es dabei auch ein wenig von den unbekannten Seiten der Geschichte unserer Heimat erzählt, so ist das durchaus beabsichtigt.

Griseldis Wenner

Hugo Friedländer

Das gefälschte Testament

Liebe macht erfinderisch

Am 10. August 1908 erschien im »Simplicissimus« eine Satire von Th. Th. Heine zur Hinrichtung der Mörderin Grete Beier: Der Kopf ist gerade gerollt, das gaffende Volk steht jenseits der Gefängnismauern. Einer hebt sein Söhnchen hoch und ruft: »Brafo! Brafissimo! Nochämal, nochämal! Der Gleene hier hat nischt gesähn!«

Selten hat ein Fall die Gemüter so bewegt, wie die Mordtat der Grete Beier. Sie bot tatsächlich alles, was zu einem bewegenden Drama mit tragischem Ausgang gehört: zwei Männer und eine schöne, leidenschaftliche Frau, die dem einen ihr Herz, dem anderen ihre Hand überlässt. Liebe und Hass, Treue und Verrat, Intrigen und Lügen, Gift und Revolverkugeln sind die Ingredienzien. Die Öffentlichkeit teilte sich in Gegner und Sympathisanten des Urteils, die Geschichte regte die Phantasien von Trivialautoren an und fand Eingang in zahlreiche kriminalhistorische Darstellungen.

In der Nähe der sächsischen Kreisstadt Freiberg liegt die kleine Bergstadt Brand. Der Bürgermeister dieses Städtchens erfreute sich allgemeiner Beliebtheit. Seine Tochter Grete Beier war eine auffallende Schönheit. »Bürgermeisters« zählten naturgemäß zu den Honoratioren der Stadt.

Dass bei allen Festlichkeiten der Bürgermeisterstochter von den Söhnen der besseren Bürgerschaft der Hof gemacht wurde, war selbstverständlich. Eine ganz besondere Zuneigung schien sie zu dem Handlungsgehilfen Hans Merker gehabt zu haben. Dann lernte sie in Chemnitz einen hübschen, äußerst stattlichen Mann von vierunddreißig Jahren, den Oberingenieur Kurt Preßler, kennen. Preßler war verheiratet, lebte aber von seiner Frau getrennt. Er betrieb die Scheidungsklage. Er näherte sich der schönen Bürgermeisterstochter und erklärte: Er sei bereit, sich mit ihr zu verloben. Sobald er von seiner Frau geschieden sein werde – das dürfte in wenigen Monaten bestimmt der Fall sein –, werde er sie heiraten. Grete Beier erklärte sich damit einverstanden, zumal sie in Erfahrung gebracht hatte, dass Preßler ein großes Vermögen besaß.

Die Liebe zu Preßler schien aber nicht groß zu sein, denn während ihrer Verlobungszeit verbrachte sie mit Merker viele Nächte. Gleichzeitig versicherte sie ihrem Bräutigam, dass er allein ihr Herz besitze.

Am 13. Mai 1907 kam Grete Beier zu ihrem Bräutigam Preßler, der in Chemnitz bereits eine Wohnung gemietet hatte, um seine angebetete Braut heimführen zu können, aufs Zimmer. Grete trat an die Chaiselongue und bedeckte den Mund Preßlers mit einer Flut heißester Küsse. »Nur dich allein liebe ich, nur dir allein will ich angehören«, beteuerte die Schöne. »Damit du, heißgeliebter Kurt, auch siehst, dass ich dir von ganzem Herzen zugetan bin, habe ich dir etwas Schönes vom Jahrmarkt mitgebracht. Erst wollen wir aber Kaffee trinken.« Nach dem Kaffee lud Preßler »sein herziges Gretchen« ein, mit ihm ein Gläschen Eierkognak zu trinken. Gretchen lehnte für sich ab, goss aber ihrem Liebsten ein Gläschen ein und ließ unbemerkt ein Stückchen Zyankali in das Glas gleiten. Preßler sagte: »Auf dein Wohl, mein herziges, heißgeliebtes Kind«, und leerte das Glas mit einem Zuge. In demselben Augenblick sank Preßler um, er gab keinen Laut mehr von sich. Grete Beier wollte aber »ganze« Arbeit machen. Sie zog daher eiligst einen geladenen Revolver. Preßler lag, heftig röchelnd, mit geöffnetem Munde auf der Chaiselongue. Sie steckte ihrem Opfer den Revolver in den Mund und drückte ab. Das Gehirn spritzte weit im Zimmer umher, ein heftiger Blutstrom ergoss sich aus dem zerschmetterten Kopfe Preßlers. Eiligst verließ sie die Stätte ihres infamen Verbrechens und lief zum Bahnhof, um mit dem nächsten Zuge nach Freiberg zu fahren. Dort begab sie sich in eine Gesellschaft, wo viel gelacht, getrunken und getanzt wurde. Sie erzählte ihren Freundinnen: Ihr Bräutigam freue sich, dass er sie sehr bald werde als Gattin heimführen können, er habe bereits eine sehr hübsche Wohnung gemietet. »Ich bin alsdann Frau Oberingenieur«, rief sie freudig aus.

Etwa eine Stunde nach der grausigen Tat trat der Bruder, Gerichtsreferendar Karl Preßler, in das Mordzimmer. Er war sofort der Überzeugung, sein Bruder habe Selbstmord begangen. Der Revolver lag neben der Leiche. Einen Schuss hatte er sich in den Mund gegeben. So handelt nur ein Selbstmörder. Auf dem Tisch lag ein Brief, der zweifellos von Kurt Preßler geschrieben war. In diesem Briefe bat er den Bruder um Verzeihung, dass er ihm das Schreckliche angetan habe, er war aber genötigt, aus dem Leben zu scheiden. Er bitte ihn, seine Braut und alle Angehörigen zu trösten. Auch die polizeiärztliche Untersuchungskommission gewann die Überzeugung, dass Preßler Hand an sich gelegt habe. Die Leiche wurde ins Krematorium geschafft und eingeäschert.

Inzwischen fand man im Nachlass des Entseelten ein Testament, in dem Grete Beier zur Universalerbin eingesetzt war. Diese Entdeckung sowie das Verhalten der Grete machte den Referendar Preßler etwas stutzig. Er ließ den erwähnten Brief und das Testament durch Schreibsachverständige prüfen. Letztere gelangten zu der Überzeugung, dass beides gefälscht war. Referendar Preßler erstattete sogleich Anzeige.

Grete Beier, die sich bereits seit einiger Zeit wegen Unterschlagung eines Sparkassenbuchs in Untersuchungshaft befand, gestand nach anfänglichem Leugnen, dass sie den Brief und das Testament gefälscht und alsdann Preßler ermordet habe. Sie gestand auch, dass sie lange vor dem Morde eine Brander Botenfrau beauftragt hatte, ihr in einer Freiberger Waffenhandlung einen Revolver mit scharfen Patronen zu kaufen. Der Waffenhändler hatte aber die Verabfolgung des Revolvers abgelehnt. Es gelang Grete Beier alsdann, sich einen Revolver mit scharfen Patronen zu beschaffen, den die Brander Polizeibehörde mit Beschlag belegt hatte, da der Besitzer des Revolvers den Versuch gemacht hatte, sich zu erschießen. Mit diesem Revolver hatte Grete Beier ihren Bräutigam erschossen.

Am 29. Juni 1908 hatte sich Grete Beier wegen Ermordung des Oberingenieurs Preßler und wegen schwerer Urkundenfälschung vor dem Schwurgericht zu Freiberg in Sachsen zu verantworten. Das an der Promenade gelegene Gerichtsgebäude war von einer nach Tausenden zählenden Menschenmenge belagert; der Zuhörerraum des Schwurgerichtssaales wurde fast gestürmt. Auf Aufforderung des Vorsitzenden erzählte die Angeklagte in tadellosem, fließendem Deutsch: »Ich bin am 25. September 1885 in Brand als Tochter des dortigen Bürgermeisters geboren und evangelischer Konfession. Nach meiner Konfirmation kam ich in die Tanzstunde. Dort lernte ich einen Herrn Öhlsner kennen, zu dem ich mich um so mehr hingezogen fühlte, als meine Mutter sehr schroff und lieblos zu mir war. Unter diesen Umständen hatte ich mehr wie andere Sehnsucht nach

Liebe und Zärtlichkeit. Ich fühlte mich allein auf der Welt und freute mich daher, in Öhlsner einen Menschen gefunden zu haben, dem ich mich anschließen konnte. Es war ein schönes, rein ideales Verhältnis; jedoch die Mutter war dagegen; denn ihr genügte der junge Mensch nicht. Wir setzten unsern Verkehr heimlich fort. Im Laufe der Zeit nahm das Verhältnis einen intimeren Charakter an, ich konnte ihn nicht abweisen. Durch Missverständnisse kamen wir auseinander. Am 25. Februar 1905 lernte ich auf einem Maskenball des kaufmännischen Vereins in Freiberg Hans Merker kennen. Es war sozusagen eine Liebe auf den ersten Blick, denn wir fanden sofort Gefallen aneinander. Schon am 9. März desselben Jahres verlobten wir uns heimlich. Er wusste so schön zu erzählen. Neben der Liebe zog mich Mitleid zu diesem Mann, der allein auf der Welt stand. Es war eine sehr glückliche Zeit, die ich mit ihm verlebte, auch ein schönes ideales Verhältnis. Da erfuhr ich von Unterschlagungen, die er im Geschäft begangen hatte. Kniefällig bat er meinen Vater, ihn zu retten, aber ich war dagegen.

An einem Sonntagmorgen kam er wieder: ›Nur Sie können mir helfen!‹, sagte er zu meinem Vater. Ich kümmerte mich nicht um ihn, sondern ging in die Kirche. Ich bin überhaupt – wenigstens war es früher so – sehr religiös veranlagt, ich bin nicht so ruchlos, wie ich jetzt erscheinen mag. In der Kirche sprach der Pfarrer über das Thema vom verlorenen Sohn. Er legte nahe, dass wir nicht das Recht hätten, über die Menschen zu richten, und dass wir einem, der gestrauchelt sei, helfen müssten. Die Rede machte tiefen Eindruck druck auf mich. Ich fasste den Entschluss, aus Merker einen tüchtigen Menschen zu machen. Ich glaubte nicht, dass er ein unverbesserlich leichtsinniger Mensch war. Er bekam also von uns das Geld, und von jetzt ab wurde der Verkehr intimer, ich nahm ihn wiederholt mit auf mein Zimmer.

Um diese Zeit hörte ich, dass Merker auch andere Verhältnisse hatte. Es gab Szenen und Auftritte, in deren Verlauf Merker hartnäckig leugnete. Aber ich blieb misstrauisch. Am 15. Februar 1906 lernte ich auf dem Ingenieurball in Chemnitz Preßler kennen. Er war mein Tischherr, und wenn ich mich auch nicht gleich zu ihm hingezogen fühlte, so interessierte er mich doch. Es folgte ein längerer Briefwechsel, schließlich lud er mich ein, ihn in Chemnitz zu besuchen. Wir gingen ins Theater. Für den andern Tag war Preßler zu Mittag geladen, er sagte, dass er durchaus ernste Absichten habe, ich wollte mich aber nicht gleich binden. Als er mir vor dem Essen auf dem Flur das Jackett hielt, versuchte er, mich an sich zu ziehen. ›So schnell auf keinen Fall!‹, sagte ich. Beim Essen fasste er plötzlich meine Hand mit den Worten: ›Wir beide müssen zusammenbleiben.‹ Ich wusste nicht, was ich sagen sollte.

Dieser Händedruck war eigentlich die ganze Liebeserklärung Preßlers. Ich mochte ihn auch ganz gern leiden, wenn ich ihn auch noch nicht lieben konnte. Ich empfand es gewissermaßen als eine Genugtuung, dass ein Mann von der Stellung Preßlers sich für mich interessierte. Dann aber glaubte ich auch im Sinne meiner Mutter zu handeln, der Merker nicht genügt hatte und der Preßler genügen musste. Schließlich sagte ich mir, dass ich durch die Verlobung mit Preßler dem Merker einen empfindlichen Schlag versetzen könnte. Ich konnte ihm beweisen, dass ich nicht auf ihn angewiesen war. Deshalb habe ich mich mit Preßler verlobt. Ich war zwar nicht sehr glücklich, aber ich dachte, dass sich das schon geben würde. Preßler hatte sogar schon den Tag der Hochzeit festgesetzt, er hatte die Ringe gekauft.

Je näher aber ich ihn kennenlernte, desto mehr erfuhr ich, dass er doch ein ganz anderer war, als wie ich ihn zuerst kennengelernt hatte. Er war unfreundlich und grob zu mir, ich kann wohl sagen, dass ich Furcht vor ihm hatte.

Das konnte ich nicht vertragen, ich wurde unglücklich. Auf den Spaziergängen mit Preßler sah ich häufig Merker. Auch hatte ich gehört, dass Merker gesagt hat, er könne mich nicht vergessen, und dass er bei der Nachricht von meiner Verlobung sich wie rasend benommen hätte.

An einem Tage, an dem ich Preßler besonders schlecht behandelt hatte, fasste ich den Entschluss, mit Merker zusammenzutreffen. Ich musste von Preßler los, sonst sah ich ein Unglück voraus. Zitternd betrat ich das Zimmer Merkers und warf mich dem Geliebten in die Arme. ›Ich wusste ja, Gretel, dass du wiederkommen würdest, denn du fühlst dich unglücklich‹, sagte Merker. ›Ja‹, sagte ich, ›ich fühle mich sehr unglücklich.‹ ›Dann löse doch die Verlobung‹, sagte Merker.

Von diesem Moment ab war ich aber eine ganz andere geworden. Ich hatte Mut und Energie bekommen, vor allem war ich auf Preßler mehr wie ärgerlich. Ich behandelte ihn absichtlich niederträchtig, denn er sollte mich satt bekommen. Es gab schließlich einen lebhaften Auftritt mit Preßler, der zum vollständigen Bruche führte. Ich atmete auf, wie von einer schweren Last befreit. Nun schien die Sonne auch wieder für mich. Kaum war ich zu Hause angekommen, da traf auch schon ein eingeschriebener Brief von der Mutter Preßlers ein, in dem sie mich dringend bat, den zurückgegebenen Verlobungsring wiederzunehmen. Sie schrieb: ›Seien Sie sicher, mein liebes Kind, Karl wird Sie glücklich machen.‹ Meine Mutter redete mir zu, und ich gab nach.«

Vom Vorsitzenden Richter nach den Ereignissen am Tattag befragt, schilderte Grete Beier, was sich am 13. Mai 1907 in Preßlers Chemnitzer Wohnung abgespielt hatte, ganz so, wie es den ermittelten Fakten der Kriminalbehörde entsprach.

Wenige Tage nach der Tat hatte sie an ihren Geliebten Merker einen Brief geschrieben: »Siehst du, du wolltest es nicht glauben, und nun ist es Wahrheit geworden. Er hat sich in seiner Wohnung erschossen ... Nun bin ich wirklich frei, mein Schatz, aber nicht durch eine Entlobung, sondern Gott selbst hat gerichtet.« Womöglich glaubte sie selbst an diese Version.

Am 27. Juni 1907 war Grete Beier verhaftet worden. Im September wurde Merker wegen Begünstigung und Hehlerei festgenommen. Er spielte eine klägliche Rolle und belastete seine Geliebte mit vielen Aussagedetails, um sich selbst beim Untersuchungsrichter in ein gutes Licht zu setzen.

Unter allgemeiner Spannung wurde nun der Kaufmann Hans Merker als Zeuge aufgerufen. Bei seinem Eintritt in den Gerichtssaal warf er der Angeklagten einen flüchtigen Blick zu, die Angeklagte schlug die Augen zu Boden.

Merker bekundete: »Ich lernte Grete Beier auf einem Maskenball des Kaufmännischen Vereins in Freiburg im Jahre 1905 kennen. Ich glaubte, sie sei ein gebildetes Mädchen aus guter Familie, das, was wir eine ›Kronleuchterpartie‹ nennen. Ich wusste nicht, dass sie schon vorher mit anderen Männern Verkehr gehabt hatte. Nach einiger Zeit bestellte sie mich des Nachts zu sich, ohne dass ich wusste, weshalb das geschah. Diese nächtlichen Zusammenkünfte wurden immer häufiger, und um sie zu rechtfertigen, sagte mir Grete Beier, ihre Eltern sähen unseren Verkehr nicht gern. In der Folgezeit kam es wieder zu nächtlichen Zusammenkünften. Den Preßler schilderte sie mir als einen ganz ehrlosen Menschen. Um so strenger musste ich natürlich auf der Entlobung bestehen. Da machte mir Grete Beier eines Tages die Mitteilung, dass sie sich ›in anderen Umständen‹ befinde. Am 21. Oktober 1906 wurde ich auf Veranlassung des Bürgermeisters meine Stellung los und musste nach Dresden gehen. Ich war längere Zeit dort, als ich einen Brief bekam, dass Grete geboren habe. Ich fragte telefonisch bei ihrem Vater an, der mir sagte, es ginge Grete recht gut. Ich erwiderte: ›Machen Sie mir doch nichts vor, ich habe einen Brief in Händen, dass Grete geboren hat. Wenn ich etwas von einer Abtreibung erfahren sollte, gehe ich energisch gegen Sie vor.‹ Kurze Zeit darauf schrieb mir Grete, sie sei jetzt dahintergekommen, was man mit ihr vorhabe. Sie habe einen Brief gefunden, aus dem klar hervorgehe, dass Preßler und ihre Mutter unter einer Decke stecken. Preßler habe sich ein außerordentlich gutes Abtreibungsmittel aus Mailand kommen lassen, das ihm viel Geld gekostet habe.«

Der Vorsitzende warf ein: »Das ist doch aber alles nicht wahr.«

Draufhin Merker: »Damals habe ich es aber geglaubt. Grete hat mir gesagt, sie werde an Preßler schon Rache nehmen. Preßler müsse vor Scham vor ihr noch in die Erde sinken. Sie wolle dafür sorgen, dass wir beide zusammenkämen, aber ihr Vater solle nichts davon wissen, dass ihre Mutter und Preßler Hand in Hand arbeiteten. Später bestellte mich der Vater Beier zu sich, und Grete musste mir in seiner Gegenwart sagen, dass die Sache mit dem Preßlerschen Abtreibungsmittel nicht wahr sei. Um dem Vater zu Gefallen zu sein, sagte sie es auch, aber als ich nachher mit ihr allein war, sagte sie mir, es sei doch wahr. Inzwischen drängte ich immer energischer auf die Entlobung, weil ich von meinen Gläubigern auch gedrängt wurde. Der Bürgermeister war bereit, mir Geld zu geben, das offenbar dazu benutzt werden sollte, um mich zum Schweigen zu veranlassen.«

Nach weiteren Zeugenverhören wurde den Geschworenen die Schuldfragen vorgelegt: 1. Ist die Angeklagte Margarete Beier schuldig: a) am 15. Mai 1907 zu Chemnitz vorsätzlich ihren Bräutigam Kurt Preßler getötet und b) diese Tötung mit Überlegung ausgeführt zu haben? 2. Ist die Angeklagte Margarete Beier schuldig: a) das Testament ihres Bräutigams fälschlich angefertigt und zum Zwecke der Fälschung gebraucht zu haben, b) durch diese Urkundenfälschung sich oder einem andern einen rechtswidrigen Vermögensvorteil hat verschaffen wollen?

Nach kurzer Beratung bejahten die Geschworenen beide Schuldfragen. Der Gerichtshof verurteilte darauf die Angeklagte zum Tode.

Grete Beier nahm das Urteil ruhig und gefasst entgegen. Sie sprach noch einige Worte mit ihrem Verteidiger und verabschiedete sich von ihm durch Händedruck. Sie ließ sich darauf widerstandslos zurückführen.

Die Geschworenen unterstützten einstimmig das Begnadigungsgesuch des Verteidigers. Doch der König von Sachsen ließ wissen: Er fühle sich nicht veranlasst, von seinem Begnadigungsrecht Gebrauch zu machen.

Infolge dessen erfolgte am 23. Juli 1908 im Hofe des Freiberger Gerichtsgefängnisses durch den sächsischen Landesscharfrichter die Hinrichtung der Grete Beier mittels Guillotine.

Zweihundert Eintrittskarten waren für die Hinrichtung ausgegeben worden, 1400 Menschen hatten um Einlass gebeten. Zwanzig Mark bot man für eine Karte, Fensterplätze in den benachbarten Häusern wurden zu fünf Mark gehandelt.

Grete Beier betrat, geführt von ihrem Verteidiger und dem Gefängnisgeistlichen, das Schafott. Sie rief mit lauter Stimme: »Vater, Vater, in deine Hände befehle ich meinen Geist!« Kaum hatte sie das letzte Wort gesprochen, da sauste das haarscharfe Messer hernieder, das glatt den Kopf vom Rumpfe trennte.

In dem gefälschten Testament, das Grete Beier ihrem Bräutigam unterschob, hatte sie formuliert, was sie vielleicht als ihren eigenen Lebensanspruch ansah: »Lebt alle wohl und amüsiert euch recht gut auf der Welt, ich hab's reichlich genossen! Es gibt ja doch nichts mehr nach dem Tode!«

Erich von Liebermann

Otto Trettin

Das Mörderpaar Koppius

Ein Bestseller,
der nie geschrieben wurde

Bücher haben ihre Schicksale, heißt es. Es mag unvorstellbar sein, dass ein Autor einen Verleger durch Morddrohungen erpresst, ein Manuskript zu veröffentlichen. In der Buchstadt Leipzig ereignete sich jedoch im Jahr 1908 genau solch ein Fall.

Am Heiligabend ging bei der Firma J. J. Weber, die die »Illustrirte Zeitung« herausgab, ein Brief ohne Absender ein, der im großen Stapel der Weihnachtspost keine Beachtung mehr fand. Am Vormittag des ersten Weihnachtstages las der Verlagsbuchhändler Siegfried Weber diesen Brief. Ein Mann namens Argus verlangte von ihm, er solle am Heiligabend bis 18 Uhr im Zeitungskiosk am Alten Theater 5000 Mark in Gold hinterlegen. Und das als Vorschuss. Sobald ein bestimmtes Buch fertig sei, müssten dann noch einmal 5000 Mark gezahlt werden.

»Schreiber dieses bietet Ihnen ein Werk an, wie es die Welt bisher noch nicht gesehen«, las Weber, »ein Werk von eminenter aktueller Bedeutung!« Argus bot Weber seine »Memoiren« zum Druck an, einen Bericht über dreißig eigenhändig ausgeführte Morde. Einen davon, gewissermaßen als Eignungstest für den Druck des Buches, schilderte er gratis bis in die Einzelheiten. Es war der Doppelmord an einem Ehepaar im östlichen Stadtgebiet Leipzigs. Nun wäre das bis hierher ein ganz origineller Einfall gewesen, wenn – ja, wenn sich dieser Doppelmord nicht tatsächlich zugetragen hätte …

Am 2. November 1908 suchte der Geldbriefträger das Haus Windmühlenstraße 21 auf, um eine Postanweisung über 8,25 Mark an Paul Schlegel auszuzahlen, der vier Treppen hoch bei dem Ehepaar Friedrich wohnte. Er braucht gar nicht zu klingeln, denn in der Tür steht ein Kollege, der für einen anderen Logisherren der Friedrichs eine Nachnahme zu überbringen hat. Da der Empfänger nicht anwesend ist, wäre das Geschäft des Briefträgers erledigt. Aber er hat es nicht eilig und wartet, bis sein Kollege dem jungen Mann, der sich als Paul Schlegel meldet – offenbar ein neuer Untermieter der Friedrichs –, den kleinen Betrag ausgezahlt hat. Gemeinsam steigen die Postbeamten, gemächlich plaudernd, die Treppe hinunter.

Wäre dieser Briefträger ein mürrischer Mann gewesen, der seiner Wege gegangen wäre, so würde der Geldbriefträger in einem Zimmer der Friedrichschen Wohnung erschlagen am Boden gelegen haben. Die Postanweisung an Paul Schlegel war zu dem Zweck aufgegeben worden, den Geldbriefträger, in dessen Taschen die beiden Anstifter dieses Komplotts eine größere Menge Geld vermuteten, in die Wohnung zu locken, in der alles für seine Ermordung vorbereitet war. Der teuflische Plan schlug fehl, weil der erste Briefträger ein umgänglicher Mensch war, der auf seinen Kollegen wartete, um noch ein bisschen mit ihm erzählen zu können.

Ein paar Stunden später kam ein Untermieter, der schon länger bei den Friedrichs wohnte, nach Hause und fand das Ehepaar tot, mit zertrümmerten Schädel, in der Wohnung auf. Die Mörder hatten die alten Eheleute – den sechzigjährigen Schriftsetzer Georg Friedrich und seine Frau Marie – aus dem Weg geräumt, um ihren Anschlag auf den Geldbriefträger ungestört und ohne mögliche Tatzeugen begehen zu können. Der vermeintliche Untermieter Schlegel hatte am Mordtage einen zweiten jungen Mann zu sich eingelassen. Diese beiden Männer waren ohne Zweifel die Mörder, und die Polizei besaß dank der Postboten nun eine gute Personenbeschreibung von ihnen.

Wie ein Lauffeuer verbreitete sich die Kunde von dem Mord in der Stadt.

Im Brief an den Verlagsbuchhändler war der Doppelmord präzis beschrieben. Und damit kein Zweifel darüber bestehen könne, dass Argus wirklich der Mörder der Eheleute sei, teilte er mit, wo er die geraubten Taschenuhren versetzt habe und dass die Schlüssel zu der Friedrichschen Wohnung in einem Gully in der Karl-Tauchnitz-Straße lägen. Beide Mitteilungen erwiesen sich als wahr.

Und noch etwas stellte Argus unmissverständlich gegenüber Weber klar: »Sollten Sie vielleicht glauben, dies der Polizei zu übergeben, um mich unschädlich zu machen, so sind Sie von einem großen Wahn befangen. Ihr Todesurteil würden Sie sprechen. Ihre ganze Familie würde ich zerfleischen.«

Nach dem verpassten Übergabetermin am Heiligabend setzte Argus seine schauerliche Korrespondenz mit dem Verlagsbuchhändler fort. Am Ende waren es zwölf Briefe. Weber übergab jeden Brief der Polizei und war zu jedem Versuch bereit, durch hinterlegte Antwortbriefe den Mörder zu fangen. Durch ein Zeitungsinserat versuchte er selbst, Kontakt zu Argus aufzunehmen. Darin ließ er wissen, dass ein Brief mit 500 Mark an einem Zeitungskiosk zur Abholung bereit läge und drohte seinerseits: »Lassen Sie meine Familie und mich in Ruhe.«

Argus holte den Brief nicht ab. Es bewegten sich um diese Zeit zu viele Straßenarbeiter in der Nähe des Kioskes, obwohl es kaum etwas für die Straße zu tun gab. Der Erpresser war gewarnt.

Am 8. Januar 1909 erhielt Weber ein weiteres, diesmal mit Blutflecken verziertes Schreiben. Argus verlangte die Hinterlegung von 1000 Mark in einer bestimmten Bäckerei als Vorschuss für das kommende weltberühmte Buch. Weber legte nur 100 Mark ins Kuvert und tat, wie geheißen. Am vorgesehenen Übergabetag holte ein Eilbotenjunge das Geld ab – und eilte schneller als die Polizei.

Im Februar meldete sich Argus erneut bei Weber. Diesmal erhöhte er die Honorarforderung für sein künftiges Meisterwerk auf 30 000 Mark. Außerdem schilderte er sehr genau andere von ihm begangene Untaten. Er erinnerte daran, dass am 15. Oktober 1907 eine Frau im Haus in der Gottschedstraße 15 überfallen worden sei und schilderte Einzelheiten, an die sich selbst das Opfer nicht mehr erinnern konnte, und brüstete sich mit einem Raubüberfall auf einen Geldbriefträger, der vom Vorgehen her dem aus der Windmühlenstraße sehr ähnelte. Auch kündigte er neue Mordtaten an und pries darüberhinaus sein ominöses Werk in höchsten Tönen: »So mancher Staatsanwalt und Polizeirat-Kommissar, so mancher Kriminalbeamter und Detektiv, aber auch so mancher Rechtswissenschaft-Studierender wird mir Dank wissen, obgleich man dies auf keinen Fall zugeben wird und sich möglichst den Anschein gibt, als wäre man auf diesem Gebiet schon wunder wie gescheit und gelehrt.«

Als man den Briefeschreiber nicht ergreifen konnte, versuchte die Staatsanwaltschaft mit Hilfe von Schriftsachverständigen und Psychologen, Rückschlüsse auf die Person des Schreibers zu ziehen. Die Polizei fertigte nach den Aussagen verschiedener Zeugen ein Phantombild des vermutlichen Täters an. Mit Hilfe der Presse wurde jeder Schluss bekanntgemacht. Ausführlicher war die Öffentlichkeit selten über einen Kriminalfall unterrichtet, und eindringlicher auch nicht zur Mithilfe ermahnt worden.

Inzwischen hatte die Staatsanwaltschaft zu seiner Ergreifung 5000 Mark Belohnung ausgeschrieben. Die Polizei ging über 500 Anzeigen und Verdächtigungen nach, setzte ihre Spione in Verbrecherkreisen auf die Spur, die Zeitungen unterstützten die Nachforschungen der Behörden – alles vergeblich.

Was Weber und seine Familie in jener Zeit durchmachten, lässt sich erahnen. Die nervliche Belastung zog sich nun schon fast zwei Jahre hin. Aber Weber war kein ängstlicher Mensch. Am 16. Juli 1910 erhielt er erneut eine Zuschrift.

Der Verleger wollte gerade zu einem Jagdausflug aufbrechen, als es an der Tür klingelte. Ein Junge brachte einen Brief, den Weber an seiner Aufmachung gleich erkannte. Er war entschlossen, auf jede Gefahr hin die Sache in die eigenen Hände zu nehmen. Er gab dem Jungen eine eilig geschriebene Antwort und hastete die Treppe hinab, wo der Fahrer für den Jagdausflug bereits vor dem Haus im Auto wartete. Vorsichtig folgten sie dem Jungen über eine längere Strecke. Nach etwa einer Viertelstunde sah Weber, wie der Junge plötzlich auf zwei Männer zuging. Er stieg aus und näherte sich der Gruppe. Doch noch ehe er die Männer erreichen konnte, stürmten sie auf die andere Straßenseite und flohen in Richtung Innenstadt. Weber rannte zum Auto zurück, und weiter ging die Verfolgungsjagd. Der Fahrer kannte sich gut aus in der Stadt. Als sich die beiden Verfolgten trennten, gelang es ihm, einem von ihnen den Weg zu verstellen. Weber sprang heraus und griff energisch zu. Den Rest erledigte dann die von Passanten herbeigerufene Polizei.

Der Verhaftete hieß Karl Koppius, und in seiner umgehend von der Polizei besetzten Wohnung wurde am anderen Morgen auch sein jüngerer Bruder Fritz festgenommen. In ihnen hatte man das seit zwei Jahren gesuchte Mörderpaar endlich ergriffen. Weber hatte seine Familie von einem Alptraum befreit. Ob er die ausgeschriebene Belohnung erhielt, ist nicht bekannt.

Im Leipziger Schwurgericht begann am 5. Oktober 1910 die Verhandlung über die Verbrechen der Brüder Koppius. Andere als die Leipziger Bluttaten sind ihnen nicht nachgewiesen und wohl auch kaum begangen worden. Der neunundzwanzigjährige Karl, der bestimmende von beiden, hatte erst als Flaschenspüler, Hausdiener, dann als Kellner gearbeitet und wollte ein Restaurant kaufen. Rennwetten, die ihm mühelosen Gewinn bringen sollten, endeten als Fehlschläge. Aber Spiel und Spekulation hatten in ihm die Sucht geweckt, auf irgendeine Art rasch reich zu werden. Ein Zufall brachte ihn auf den Gedanken, einen Geldbriefträger zu überfallen. Das Beutegeld war alsbald verprasst. So musste er erneut auf Raubzug gehen, und der unheilvolle Weg, gemeinsam mit seinem Bruder, begann. Die Taten zu leugnen hatte angesichts der sogar schriftlich niedergelegten Geständnisse in den Briefen an Weber keinen Sinn mehr.

Fünf Tage nach dem Verhandlungsauftakt wurde Karl Koppius zweimal zum Tode verurteilt. Hinzu kamen fünfzehn Jahre Zuchthaus und dauernder Verlust der bürgerlichen Ehrenrechte. Bruder Fritz Koppius erhielt zwar nur sieben Jahre Zuchthaus, ansonsten aber dasselbe Strafmaß. Bei ihm änderte allerdings der sächsische König das Todesurteil in lebenslänglich.

Karl Koppius musste angesichts seiner umgehend erfolgenden Hinrichtung dem Verleger Weber das angepriesene Manuskript, »ein Werk von eminenter aktueller Bedeutung ...«, schuldig bleiben. So grausig sein Ende, so beruhigend diese Pointe.

Totgelacht

»Wenn das Weib die Verbrecherinitative ergreift ...«

»Unn nu saachn de Leude, dass de Hoffmann immer so – frschdehsde? – so – se mungkldn ähm und mungkldn – Unn dähr eene von die Herrens, dähr gahm ähm öffdrsch – dähr gahm de Woche zwee-dreimal gahm dähr – nuh saachn de Leude, er währ ä bissjn vermeejlich gewähsn – ä Haus haddr dir gehabbd – unn das Haus haddr frglobbd – unn an dähm Daache, wohr gassierd hadde und hadde de ganze Bennunze bei sich – da issr widdr nein bei de Hoffmann. Unn – wie nuh solche Waiwr sinn – die riechn das – die märgkn das gleich, wenn eenr Marrih hadd – unn nuh saachd de Hoffmann, dähr Härre hädde in dr guhdn Schduuwe bei ihr hädde dähr aufn Gahnabee gesässn – unn wie dähr Härre so da gesässn hadd – saachd de Hoffmann – da fälldm midd ehm Mal dr Schraubschdogk uffn Gobb. Unn de Hoffmann schdärrzd uffn zu unn hehbd dähn Schraubschdogk wiidr uff – unn dähr rudschdr awwr widdr aus – unn da wahrer dood.«

Ein sprachliches Kabinettstückchen, eine kabarettreife Nummer, das sich da zwei in der Straßenbahn erzählen. »Die Hoffmannsche« ist in der Tat einer der fest verorteten Sketche der Leipziger »Retorte«, der angesagten Bühne von Hans Reimann. Aber es war »eine ernste, ja grausige Geschichte«, und sie beruhte auf der Wahrheit.

Am 7. März 1922 hatte man vermeldet: »Mordtat in Leipzig – Montag Nachmittag, den 2. März 1922, 6.30 Uhr hat eine etwa fünfzigjährige Frau vor dem Hauptbahnhof, preußische Seite, zwei Dienstmänner beauftragt, einen Reisekorb aus Weidengeflecht zum Zug 7.14 Uhr nach Halle zu bringen. Sie teilte ihnen mit, dass sie sich selbst noch eine Fahrkarte lösen wolle und die Dienstmänner dann am Zuge wieder treffen wolle. Als sie indes bei Abgang des Zuges nicht kam, nahm ein Dienstmann den Korb wieder aus dem Zug heraus und brachte ihn, da ihm die Sache verdächtig vorkam, zu der Kriminalhauptstelle im Hauptbahnhof. Hier öffnete man den Koffer und fand unter blutigem Papier einen schwarzen Herrenmantel mit Samtkragen. Darauf lag eine goldene Uhr mit Kette. Dann kam unter nochmaligem Papier die Leiche eines Mannes ohne Kopf zum Vorschein und zwar auf dem Bauche liegend.«

Die Ermittlungen im Fall der »Kofferleiche« vom Hauptbahnhof zeitigten alsbald Ergebnisse. »An Hand des Monogramms in der Wäsche, die E. C. gezeichnet war, und einer Zigarrenspitze, auf der der Name einer Gastwirtschaft aufgedruckt war, stellte es sich schließlich heraus, dass der Ermordete niemand anderes sein könne als der privatisierende Kürschnermeister Emil Conrad.« Und schnell war auch »die Spur des Verbrechers durch verschiedene Aussagen, Feststellungen und Erörterungen nach der Ewaldstraße 18, Volkmarsdorf, gelenkt worden. Dort wohnt die siebundvierzigjährige Witwe Berta Hoffmann, die den Ermordeten näher kannte und geschäftlich mit ihm zu tun hatte.« Ungewöhnlich hatte sie sich insofern verhalten, weil sie sich am vermuteten Tattag »einen vergnügten Abend im Café« machte und für ihre Kneipengäste eine Rechnung beglich, die sich auf mehr als 90 Mark belief.

Gleich nach ihrer Einlieferung in die Untersuchungshaft erkannten die beiden Dienstleute Nummer 40 und 38 »die

Hoffmannsche« wieder. Die jedoch »leugnete, jemals mit den Dienstmännern gesprochen zu haben, aber einer der Dienstmänner hob hervor, die Frau an ihrem Augenfehler ganz bestimmt wiederzuerkennen«. Und dann meldete sich ein junger Mann, der bezeugte, den Reisekorb zum Bahnhof transportiert zu haben. Ansonsten wusste er von nichts. Aber »das Lügengewebe der Frau Hoffmann hatte durch diese Angaben einen großen Riss bekommen. Sie wurde dem jungen Mann gegenübergestellt, leugnete aber trotz alledem dreist weiter, mit der Mordtat irgendetwas zu tun zu haben. Mit einem Schwall von Worten suchte sie sich herauszureden und den sie vernehmenden Beamten zu überzeugen, dass hier möglicherweise ein andrer Korb in Frage käme. In die Enge getrieben und auf das Unglaubliche ihrer Aussagen hingewiesen, bequemte sich die Frau, die ganz mit Beharrlichkeit die größten Lügen aussprach und sich andauernd in Widersprüche verwickelte, zu einer längeren Darstellung, die jedoch mit äußerster Vorsicht aufzunehmen ist.

Nach ihrer Angabe hat sie mit dem ermordeten fünfundsechzigjährigen Emil Conrad einen Hauskauf abgeschlossen. Am Donnerstag- oder Freitagabend voriger Woche sei nun in ihrer Wohnung der Hauskauf perfekt geworden. Conrad sei mit einem ihr unbekannten Herrn erschienen, habe ihr eine Quittung über 33 000 Mark ausgestellt und dann von ihr das Geld genommen. Die Herren hätten angeblich Lust gehabt, bei ihr den Abend zu bleiben, und sie sei deshalb aus der Wohnung gegangen, um für das Abendbrot einzukaufen. Als sie wiedergekommen, sei der Herr Conrad nicht mehr anwesend gewesen. Der Unbekannte sei allein gewesen und hätte gesagt, Herr Conrad käme bald wieder. Dann hätte der Unbekannte ihr mitgeteilt, dass er sich inzwischen ihren Reisekorb geborgt und etwas hineingepackt habe Sie möge so freundlich sein, den Korb aus dem Hause zu bringen. Er habe ihr 5000 Mark für diese Besorgung gegeben, und sie habe den Korb zu ihren Bekannten nach Plagwitz gebracht. Als der unbekannte Mann ihr dann gesagt habe, sie solle den Korb nach Magdeburg bringen, habe sie den Korb mit dem jungen Mann nach dem Hauptbahnhofe geschafft.

Das Dienstmädchen gab an, dass sie zusammen mit Frau Hoffmann den Korb nach Plagwitz gefahren habe. Frau Hoffmann habe außerdem ein kleines Paket in der Hand gehabt, das nach unten spitz, nach oben viereckig verlaufen ist. Das Mädchen hat den Eindruck gehabt, dass das Paket mit Ziegelsteinen beschwert war. Es besteht nun die Wahrscheinlichkeit, dass Frau Hoffmann das Paket, in dem sich sicherlich der Kopf des Ermordeten befunden hat, an der Heiligen Brücke oder Sachsenbrücke in das Wasser geworfen hat.«

Die Stadt spekuliert wie Reimanns Protagonisten. »Der mysteriöse Mord, der an dem siebenundsechzig Jahre alten Kürschnermeister Emil Conrad begangen wurde, hat in der Bevölkerung große Erregung hervorgerufen. Neben allergrößter Anteilnahme mit den schwer getroffenen Verwandten des auf so grausame Weise aus dem Leben Geschiedenen erweckt die Art der Ausführung der Tat in der Einwohnerschaft tiefste Abscheu vor der immer noch leugnenden Witwe Bertha Hoffmann. Obwohl sich der Ring der Beweise immer enger schließt, bleibt diese Frau doch bei ihrer ständigen Rede: ›Ich bin es nicht gewesen!‹ Die gründliche Durchsuchung der Hoffmannschen Wohnung ergab mit unzweifelhafter Sicherheit, dass Herr Conrad in einem fensterlosen Raum hinter dem Korridor ermordet worden ist. Es fanden sich zahlreiche Blutspritzer in einer Ecke an der Tür und an der Wand. Es müssen sich größere Blutlachen auf dem Fußboden befunden haben. Diese sind nach Möglichkeit durch Aufwischen beseitigt worden. Es wurde auch unter dem Gussstein ein Küchenmesser gefunden, an dessen Griff noch deutlich Blut zu erkennen war.« Den Mord leugnet Bertha Hoffmann weiterhin, so wenig glaubwürdig ihre Einlassungen zum »Großen Unbekannten« andern auch erscheinen mögen.

Nach Tagen strenger Verhöre bringt ein Beamter Bertha Hoffmann zurück zu ihrer Zelle. »Auf der halben Treppe vor der Tür 23 redete ich ihr nochmals in ihr Gewissen, worauf sie meine linke Hand an sich nahm und krampfhaft festhielt: In dem Paket war der Kopf des Conrad, ich schäme mich, aber ich kann es nicht sagen, er war verliebt, wir haben zusammen gekokelt – geliebt gemeint –, dabei fiel der Amboss herunter auf seinen Kopf. Vor Schreck und Angst raste ich auf ihn los, dann habe ich ihn mit dem Rasiermesser abgeschnitten und in das Paket getan ... es war alles ein Unglück.«

Das Protokoll vermerkt: »Wieder vorgeführt berichtete sie erneut mit ihrer alten lächelnden Miene, sie wolle nun die volle Wahrheit sagen: Conrad habe, nachdem sie ihm 33 000 Mark, teils in barem Gelde, teils in Wechseln, für das Haus in Lindenthal bezahlt habe und der Kaufvertrag von beiden Parteien unterschrieben war, ihrem Drängen, den Kauf mit einem Glas Grog zu beschließen, nachgegeben.« Nun habe Conrad zur Toilette gehen wollen und strauchelte, stieß an den Tisch und fiel. Und dabei sei ihm »plötzlich infolge des Unglücksfalls ein hochgelegener, schwerer eiserner Schraubstock auf den Kopf gefallen. Conrad sei sofort bewusstlos gewesen und habe sich nicht mehr gerührt. Aufs höchste erschrocken, sei sie hinzugesprungen und habe den Schraubstock, der auf seinem Kopf liegengeblieben sein ›soll‹ aufgenommen. Er sei ihrer Hand abermals entglitten und sei zum zweiten Male auf den Kopf des Unglücklichen gefallen. Sie habe es danach in ihrer Verzweiflung und Bestürzung für das Beste gehalten, die

Leiche heimlich zu beseitigen, und alle Schritte, die sie nun unternommen habe, sollen nun nicht dazu gedient haben, die Spuren des Verbrechens zu verwischen, sondern hätten nur den Zweck gehabt, zu verhüten, daß auf sie ein schlechtes Licht falle. Sie habe nunmehr die Weichteile des Halses mit dem Rasiermesser ihres Sohnes durchschnitten. Darauf habe sie den Kopf in die Küche getragen und mitsamt dem Rasiermesser in einen kleinen alten Blecheimer getan und den Kopf mit einem halben Ziegelstein beschwert. Alsdann habe sie den Eimer mit Inhalt in einen Jutesack gesteckt und diesen oben mit einem Bindfaden fest zugebunden. Alsdann habe sie das Zimmer vom Blut gereinigt.«

Es bleibt nicht ihre letzte Variante des Geschehens. Die Hoffmannsche sagt später, »bei Besprechung des Hauskaufs habe ihr Conrad nun zugesichert, dass sie in dem Lindenthaler Grundstück, in dem Conrad wohnen bleiben sollte, drei Zimmer und eine Küche als Wohnung für sich erhalten solle. Damit sei sie zufrieden gewesen, und es sei dann durch reichlichen Alkoholgenuss zu Zärtlichkeiten gekommen. Sie hätten in der Dunkelkammer den Beischlaf auf den Dielen vollzogen, da Conrad sich nicht habe in das Bett legen wollen. Aber nach dem Geschlechtsverkehr habe Conrad gesagt, dass seine Frau dagegen Einspruch erheben werde, wenn er ihr drei Zimmer und eine Küche ablasse, er könne ihr nur ein Zimmer geben, das genüge ja auch für sie. Gleichwohl habe er sie von neuem zum Beischlaf anregen wollen, habe sein Glied entblößt, sie nach der Dunkelkammer gezogen und sich wieder auf die Diele gelegt, während sie sich habe auf ihn legen und so den Beischlaf vollziehen sollen.«

Was Phantasie, was Wahrheit und bewusste Lüge lässt sich im Nachhinein nicht feststellen. Der Dresdner Landgerichtsdirektor Erich Wulffen, Verfasser von Schriften, die neue Erkenntnisse der Psychologie in die Kriminologie einführen, und Autor seinerzeit vieldiskutierter Bücher wie »Die Psychologie des Verbrechers« und »Die Psychologie des Hochstaplers«, meint: »Auch dieser Fall bietet einen Beitrag zum Studium der Verbrecherinitiative des Weibes. Dieselbe ist doch kriminell nicht so passiv, wie man anzunehmen gewohnt ist.« Wulffen präsentiert Bertha Hoffmann als eine der wenigen Mörderinnen, die aus sexuellen Motiven töteten.

Der kurze Prozess findet am 12. Juli 1922 statt. »Die Angeklagte wird wegen Mordes und schweren Raubes nach den §§ 211, 249, 251, 73, 32 StGB zum Tode und zum dauernden Verlust der bürgerlichen Ehrenrechte verurteilt. Sie hat die Kosten des Verfahrens zu tragen.« Bertha Hoffmann wird zu lebenslanger Haft begnadigt, die sie im Zuchthaus Waldheim verbringt. Dort führt ihr Augenleiden zur Erblindung. Gnadengesuche werden abgelehnt. Am 3. April 1942 stirbt sie. Bertha Hoffmanns Grab auf dem Anstaltsgelände ist nicht mehr zu finden.

Der Kopf des Mordopfers wird just am Tage des Prozesses aus dem Elsterflutbett gezogen. »Der Fund wurde sofort dem Gericht übergeben.« Im rechtsmedizinischen Institut wurde er »eingeliefert früh 10 h, stark gefault, jedoch überall unverletzt. So war dem Ermordeten doch kein Schraubstock auf den Kopf gefallen. Wurde ihm vielleicht im Zustand der Trunkenheit, nach einem sexuellen Exzess, des Schlafes, mit einem Rasiermesser ein tödlicher Halsschnitt beigebracht und der Kopf anschließend abgetrennt?«

Die Frage bleibt: Hatte Bertha Hoffmann tatsächlich denselben »Basic Instinct« wie einst Sharon Stone? Man mungkld ähm und mungkld.

Friedrich Karl Kaul

Der Tote in der Villa

Mord in der feinen Dresdner Gesellschaft

Am Abend des 11. April 1920 klingelte in der Wohnung des Dresdner Arztes Dr. Wohlrath das Telefon. Seufzend hob der Doktor den Hörer von der Gabel; hoffentlich würde er nicht jetzt noch, nach den fünf Stunden in der Praxis, zu einem Patienten gerufen. Mit einem »Ja, wer ist da?« meldete er sich.

»Hier ist Annemarie Donner.« Die Stimme der Frau klang dunkel wie der Ton einer Bratsche.

»Ja, gnädige Frau, was gibt es? Ist einem der Kinder unwohl?«

»Nein, die Kinder sind gesund. Es ist etwas Entsetzliches passiert ..., mein Mann ... Bitte, kommen Sie doch gleich hierher!«

Jetzt, um halb zehn Uhr abends, noch nach Niederlößnitz rausfahren, das fehlte mir noch, dachte der abgearbeitete Mann bei sich. Laut fragte er: »Was ist denn mit Ihrem Mann geschehen?«

»Ein Unfall, mit seinem Revolver ...« Die Stimme brach ab.

»Ist Ihr Gatte schwer verletzt? Dann wird es doch richtiger sein, ihn gleich in ein Krankenhaus zu überführen ...«

»Nein, das hat keinen Zweck mehr, mein Mann ist ... tot!«

»Ach ...« Ehrliches Mitgefühl schwang in der Stimme des Arztes. »Ich komme, in einer halben Stunde bin ich da!«

Als Dr. Wohlrath seine ärztlichen Instrumente zusammenpackte, hob er plötzlich überlegend den Kopf: Wenn der Assessor Donner tatsächlich tot war, offenbar erschossen, dann wäre es doch das Richtigste, gleich die Polizei zu informieren. Eine Viertelstunde später ratterte ein Benzwagen die regennasse Straße hinunter, die an der Elbe entlang in das schon ländliche Niederlößnitz führte. Im Fond saß neben Dr. Wohlrath ein Kriminalkommissar, der den Arzt aufgrund seines Anrufes beim Polizeipräsidium mit dem Dienstwagen abgeholt hatte.

Auf die Frage des Kommissars bestätigte Dr. Wohlrath, dass er schon seit Jahren Hausarzt der Familie Donner sei.

»Wohlhabend?«, fragte der Kommissar kurz.

»Vor dem Kriege besaß Assessor Donner ein erhebliches Vermögen, an die dreimal hunderttausend Mark.«

»Im Frieden ein schönes Stück Geld!«

»Nicht wahr? Aber was davon nach der Geldentwertung noch übrig ist, weiß ich nicht.«

»Die Villa in Niederlößnitz gehört dem Assessor?«

»Ja, die hat er gekauft, als er 1912 heiratete.«

Als der Arzt mit dem Kriminalkommissar die Villa des Gerichtsassessors Otto Donner betrat, wurden sie schon am Eingang empfangen. Wenn auch die Erregung die Stimme der jungen Frau vibrieren ließ, so schilderte Annemarie Donner doch mit bemerkenswerter Sachlichkeit, was geschehen war.

Das Protokoll, das noch zu gleicher Stunde in der Villa aufgenommen worden ist, lautete in dem entscheidenden Abschnitt folgendermaßen: »Kurz nach 8 Uhr abends machte sich mein Mann fertig, um sich zu einer Übung der Einwohnerwehr zu begeben. Zu diesem Zweck ging er ins

Schlafzimmer, das in der oberen Etage unseres Einfamilienhauses gelegen ist, um sich seine Uniform anzuziehen. Zu dieser Zeit lag ich auf dem Sofa in dem kleinen Wohnzimmer neben dem Schlafzimmer, da ich bereits seit nachmittag einen Migräneanfall hatte. Gegen halb neun Uhr kam mein Mann in das kleine Wohnzimmer, um sich von mir zu verabschieden. Dabei schnallte er sein Koppel um und rückte auch an der Revolvertasche, die er rechts am Koppel trug. In dieser Revolvertasche hatte mein Mann regelmäßig seine alte Armeepistole. Nachdem sich mein Mann von mir verabschiedet hatte, verließ er das Wohnzimmer durch die Tür nach dem Korridor, der zur Treppe führt. Ich bat ihn noch, die Tür nicht zu schließen, damit ich notfalls nach den Kindern hören konnte, die auf der anderen Seite des Korridors schliefen. Ich hörte nun noch durch die halb offengebliebene Tür die Schritte meines Mannes. Plötzlich knallte ein Schuss, auf den unmittelbar ein dumpfer Fall erfolgte. Ich sprang auf und lief zum Korridor. Auf der Treppe, die zum Hausflur führt, sah ich meinen Mann liegen. Als ich mich zu ihm herunterbeugte, sah ich vorn an der Stirn eine kreisrunde Wunde. Neben meinem Mann lag seine Pistole. Ich versuchte, den Kopf meines Mannes hochzuheben. Dabei rief ich ihn mehrfach an. Doch er antwortete nicht. Ich stellte dann fest; dass er bereits tot war ...«

So weit die Angaben der Ehefrau, die durch den an Ort und Stelle festgestellten Befund in jeder Beziehung bestätigt wurden. Neben der Leiche lag eine Armeepistole Kaliber 08, die anhand der im Waffenschein angegebenen Nummer einwandfrei als Eigentum des Assessors identifiziert werden konnte.

Auf der zweiten Stufe der Treppe, von oben gerechnet, fand der Kommissar eine halbzertretene Kindermurmel; ebenso fanden sich Spuren von Stücken der gleichen Murmel am Absatz des linken Schuhs des Toten. Ganz offenbar war der Assessor, als er die Treppe hinunterging und dabei noch an der Revolvertasche herumfingerte, auf dieser Murmel ausgerutscht und zu Fall gekommen. Dabei hatte sich die Pistole, die er in der Hand hielt, so unglücklich entladen, dass ihm die Kugel vorn links in den Kopf drang. Die Unglücksmurmel hatte offenbar die vierjährige Eva beim Spielen verloren. Jedenfalls besaß sie einen ganzen Beutel voll gleichartiger Murmeln.

Vorsorglich befragte der Kommissar noch das gegen 24 Uhr von ihrem Ausgehurlaub zurückkehrende Hausmädchen. War sie etwa weggeschickt worden? Keineswegs! Ihr wöchentlicher Ausgang war immer auf Mittwoch festgesetzt. Ob es Unstimmigkeiten zwischen den Eheleuten gegeben habe? In den drei Monaten, die sie im Hause war, nicht mehr als üblich, hie und da mal »Gekappel«, weil die Frau zu viel verbraucht, der Mann mal zu spät nach Hause kommt. – Also nichts Ungewöhnliches? – Nichts!

So wurde denn von der Polizei bestätigt, dass der Gerichtsassessor Otto Donner durch einen Unglücksfall, der auf seine eigene Fahrlässigkeit zurückgeführt werden musste, umgekommen war. Die Leiche wurde bereits am nächsten Tage zur Bestattung freigegeben.

Die damals sechsundzwanzigjährige Annemarie Donner blieb mit ihren beiden Kindern in dem Einfamilienhaus in dem Elbtalort wohnen. Kaum war der Unglücksfall bekannt geworden, da hieß es schon, dass »die Sache nicht geheuer« sei. Aus dem ursprünglichen hin und wieder geäußerten Zweifel: »Wenn da nicht die Frau ihre Hände mit im Spiele hatte ...« wurde bald die Behauptung: »Dahinter steckt die Frau!« Die Einwohner des Ortes hatten der auffällig schönen, intelligenten Frau nie allzu große Sympathie entgegengebracht.

Der Apothekerstochter war durch ihren wohlhabenden Vater eine gutbürgerliche Erziehung zuteil geworden, man verkehrte in den »besten Kreisen«. Doch Annemarie fühlte sich in der Atmosphäre der Männer, die wie Wilhelm II. gezwirbelte Bärte trugen, und der korsettgeschnürten Frauen unwohl. Mit glühenden Wangen las sie die Schriften Lily Brauns, heiße Tränen vergoss sie über das Schicksal der »Nora« von Ibsen, und fiebernd vertiefte sie sich in die Dramen Strindbergs und Wedekinds. Als sie mit siebzehn Jahren das Lyzeum für höhere Töchter verließ, stand ihr Entschluss fest: Sie wollte Schauspielerin werden! Der Vater gab nach, allerdings nur unter einer Bedingung: Er musste Gewissheit haben, dass die Tochter wirklich begabt war. In Dresden lebte zu dieser Zeit die Hofschauspielerin Clara Salbach, eine bedeutende Künstlerin, die sich der Ausbildung des schauspielerischen Nachwuchses widmete. Von ihr ließ sich Annemarie auf Verlangen des Vaters prüfen. Die fachlich überaus erfahrene Frau erkannte, wie sie später erklärte, dass Annemarie »alle Voraussetzungen für eine Schauspielerin großen Formats« besaß und erklärte sich bereit, Annemarie für die Theaterlaufbahn vorzubereiten. Die Siebzehnjährige begann unter der Leitung der Clara Salbach mit Feuereifer zu studieren.

Um diese Zeit lernte sie den angehenden Gerichtsassessor Otto Donner kennen, über den es hieß, er sei ein Mann von »sittlicher Überzeugung und gesellschaftlicher Korrektheit«. Donner war das, was man eine »erstklassige Partie« zu nennen pflegte – Akademiker, Reserveoffizier und vermögend – und bemühte sich um die Tochter eines Textilindustriellen. Der Vater den Schwiegersohn in spe und stellte fest, dass auf der Familie »durch Vererbung eine schwere Gemütskrankheit« laste. Donner musste gestehen, dass sich einer seiner Brüder »im Irrenhaus« befand. Als ihm daraufhin die Hand des Mädchens verweigert wurde, war das ein schwerer Schlag für sein Selbstbewusstsein. Nur wenig später warb er um Annemarie. Die Achtzehnjährige fühlte sich zunächst geschmeichelt. Den steifen, pedantischen Mann zu heiraten, zögerte sie jedoch und offenbarte sich Clara Salbach. Die alte, erfahrene Schauspielerin sprach sich für die Heirat aus: »Einen besseren wirst du nicht finden.« Noch vor Annemaries neunzehntem Geburtstag fand die Hochzeit statt. Das junge Paar zog nach Niederlößnitz. Nach einem Jahr wurde ein Sohn, Eitel-Friedrich, geboren. Nach abermals einem Jahr brach der erste Weltkrieg aus. Der Assessor wurde als Reserveoffizier eingezogen. 1916 kam die Tochter Eva zur Welt. Im Dezember 1918 kehrte der Oberleutnant der Reserve zu seiner Familie zurück und starb knapp anderthalb Jahre später bei dem Unglücksfall, den die Bewohner von Niederlößnitz so skeptisch sahen. Schließlich aber verebbte das Gerede.

Doch plötzlich bekam der Kleinstadtklatsch neue Nahrung. Etwa drei Monate nach dem Tode des Assessors zog in das Einfamilienhaus ein junger Mann, der die groben Wirtschaftsarbeiten besorgte, den Garten in Ordnung hielt und sich auch als Hilfsmonteur sein Geld verdiente. Annemarie pflegte diesen jungen Mann, Otto Krönert, als einen entfernten Vetter vorzustellen. Sein Auftauchen in Niederlößnitz ließ in dem kleinen Ort alle alten Klatschereien über das unheilvolle Ende des Gerichtsassessors wieder lebendig werden. Wiederholt erhielt die Dresdener Kriminalpolizei »wohlgemeinte Hinweise« – teils anonym, teils mit Namensunterschrift –, dass die Beziehungen zwischen diesem entfernten Vetter und der Witwe nicht geheuer seien und zweifellos intime Bindungen zwischen beiden bestehen würden, was den angeblichen Unglücksfall doch in ein seltsames Licht rücke, und ähnliche Andeutungen mehr. Etwas Greifbares enthielten alle diese Hinweise jedoch nicht.

Inzwischen jährte sich der Todestag des Assessors zum sechsten Mal. Man schrieb April 1926. Da ging bei der

Dresdener Kriminalpolizei ein Schreiben ein, das den Beamten zu denken gab.

Der anonyme Briefschreiber berichtete, dass vor einigen Tagen eine Filmgesellschaft gerade vor dem Einfamilienhaus der Donners drehte, wobei sich viele neugierige Zuschauer eingefunden hatten. In der Filmszene musste ein Schauspieler, verfolgt von anderen, die Straße hinunterlaufen. Auf der Höhe des Einfamilienhauses sollte ihm das Aussichtslose der Flucht klarwerden und er kurz entschlossen über das Gitter des Vorgartens hinwegsetzen und in der Villa verschwinden. Natürlich wäre hierzu, wie der Regisseur sagte, die Genehmigung des Villenbesitzers erforderlich, die er gleich einholen wollte. Der Regisseur begab sich, begleitet von dem Schauspieler, zu der Villa. Hinter dem Vorgartenzaun hatte der dreizehnjährige Eitel-Friedrich aufmerksam die Filmleute beobachtet. Als der Regisseur fragte, ob sein Vater oder seine Mutter zu Hause wären, habe der Junge seine Mutter gerufen. Als der Schauspieler, der an dem Zaun neben dem Regisseur stand, Annemarie Donner sah, begrüßte er sie lauthals mit großer Freude. Dabei nannte er sie Amrie Delmar. Diese Begrüßung war der Frau alles andere als angenehm. In diesem Augenblick kam der entfernte Vetter Otto Krönert vom hinteren Garten nach vorn. Auch diesen begrüßte der Schauspieler wie einen alten Bekannten. Bei dieser Begrüßung sprach er die »höchst verdächtigen Worte«, die der Briefschreiber, der sich unter den herumstehenden Neugierigen befand, deutlich mit eigenen Ohren gehört hätte: »Das ist ja klar. Wo Amrie Delmar ist, kann Otto Krönert nicht weit sein!«

So weit der Inhalt des Schreibens, an den der anonyme Absender noch eine ganze Anzahl von Vermutungen knüpfte, die allesamt in der Feststellung mündeten, dass es eben bei dem »angeblichen Unglücksfall des Assessors nicht mit rechten Dingen zugegangen« sein könne.

Die Kriminalpolizei entschloss sich, den Schauspieler, dessen Name in dem anonymen Schreiben genannt war, zu befragen.

Eine Annemarie Donner kannte der Schauspieler nicht. – Die Eigentümerin der Villa in Niederlößnitz, wo die Filmaufnahmen gedreht wurden? – Ja, die kenne er, und zwar sehr gut! Das sei eine gewisse Amrie Delmar. Möglich, dass das nur ihr Künstlername sei. Aber so habe sie sich in der Dresdener Filmschule nennen lassen, an der er, der Schauspieler, sich im Sommer 1919 – »Gott, das ist ja nun schon bald sieben Jahre her!« – eingeschrieben hatte. Von dieser Filmschule her kannte er Amrie Delmar. – Ob sie damals verheiratet gewesen sei? – Kein Gedanke! – Kinder? – Davon war nie die Rede, nein, Amrie Delmar sei damals bestimmt unverheiratet gewesen, zumal sie … »aber das gehört ja wohl nicht hierher, die Sache mit Krönert, jawohl, Otto Krönert, auch er war damals Schüler an der Filmschule«. Dort habe ja Krönert die Amrie kennengelernt. Er erinnere sich, »als ob es gestern gewesen wäre. Eine Liebesszene sollte probiert werden, ausgerechnet Otto und Amrie wählte der Lehrer für dieses Exempel aus der Schar der Filmschüler. Zu Anfang ging's nicht. Jede Bewegung, wie sie den Arm um seinen Nacken legt, er ihren Kopf zum Kuss in beide Hände nimmt, war unecht, steif. Aber mit einem Male hatten's beide raus. Mit einem Male saß es, und zwar so gut, dass sie gleich dabei blieben. Aus der Probe wurde Ernst, davon wurde ganz offen in der Schule geredet, zumal die beiden selbst gar kein Geheimnis daraus machten.« Deswegen sei er auch nicht überrascht gewesen, dass neulich im Vorgarten der Villa hinter Amrie auch Otto aufgetaucht sei.

Der »entfernte Vetter« war also bereits 1919 der Liebhaber der damals doch glücklich verheirateten Annemarie Donner gewesen. Merkwürdig. Ebenso merkwürdig, dass die Frau eines achtbaren Gerichtsassessors sich unter fremdem Namen zur Filmschauspielerin ausbilden ließ und an der Filmschule keinem verriet, dass sie verheiratet und Mutter zweier Kinder war.

Die Beamten der Dresdener Kriminalpolizei gingen daran, diese Merkwürdigkeiten zu klären. Wer könnte Auskunft darüber geben, was sich zu Lebzeiten des Assessors hinter den Kulissen abspielte? Wer hatte denn damals im Jahre 1919 noch zum Haushalt gehört?

Die Eintragungen im Melderegister gaben Auskunft: von April 1919 bis Ende des Jahres war eine »Stütze« aus Ostpreußen im Haushalt des Assessors tätig. Und diese Hausgehilfin, deren augenblicklicher Aufenthaltsort rasch ermittelt war, hatte auch etwas erzählen: Die Ehe war überaus schlecht gewesen. Immer häufiger hatte es Auseinandersetzungen gegeben, mitunter sogar Tätlichkeiten. Grund waren die materiellen Verhältnisse. Das Vermögen des Assessors begann in der einsetzenden Inflation zu zerrinnen, das Monatsgehalt war schmal. Immer wieder machte er seiner Frau Vorwürfe, verlangte von ihr in pedantischer Art haargenaue Abrechnungen und brachte sie mit seinen kleinlichen Mahnungen zur Verzweiflung. Das eskalierte, als der Assessor etwa im Mai 1919 seiner Frau jede Verfügungsmöglichkeit über den Haushalt entzog und die Stütze als Verwalterin der Hauswirtschaft einsetzte. Diese Demütigung konnte Annemarie Donner nicht verwinden. Sie wollte beweisen, dass sie aus eigener Kraft in der Lage war, Geld zu verdienen. Sie wollte zum Film! Zunächst wollte der Assessor nichts davon hören. Nach langen und heftigen Kämpfen gab er schließlich nach und willigte ein, dass sich seine Frau bei einer Dresdener Filmschule anmeldete. Auf seinen »guten Ruf« und seine Karriere bedacht, machte er zur Bedingung, dass dies nicht »unter seinem ehrlichen Namen« geschah.

Ob die Beziehungen zwischen den Eheleuten besser geworden seien, nachdem Annemarie ihren Willen durchgesetzt hatte, wollte der vernehmende Kriminalbeamte wissen. Die Hausgehilfin gab an: Einige Wochen ging es, doch dann wurden die Auseinandersetzungen immer heftiger. Der Assessor erklärte, er würde nie, nie und nie seiner Frau die nach dem Bürgerlichen Gesetzbuch erforderliche Genehmigung für ein Film-Engagement geben! Dann nehme sie eine Stellung als Stenotypistin an, als Sprechstundenhilfe, als Dienstmädchen an! Aber sie bliebe nicht abhängig von ihrem Mann. Der Assessor stellte klar, dass auch hierfür, für jede noch so geringe Tätigkeit, seine Genehmigung erforderlich sei. Dann lasse sie sich scheiden, schrie die Frau. Damit sei sie bei dem Assessor auf Granit gestoßen. Der dachte nicht daran, sich scheiden zu lassen. Nicht etwa, weil er noch an der Frau hing, nein, nur aus Furcht, seine Karriere als Richter könne leiden. Keine Frage, der Assessor hätte an diesen Streitigkeiten mindestens die gleiche, wenn nicht mehr Schuld gehabt als seine Frau. Da war zum Beispiel diese belanglose Sache, diese Lappalie mit den nicht weggeräumten Murmeln der kleinen Eva gewesen.

Der Kommissar horchte auf: Murmeln der kleinen Eva? Nicht weggeräumt?

Und die Hausgehilfin erzählte: Die kleine Eva hatte einmal oben im Korridor, dicht an der Treppe, mit Murmeln gespielt. Als sie zu Bett gebracht wurde, waren einige Murmeln auf dem Boden verstreut liegengeblieben. Als der Assessor von den oberen Räumen nach unten gehen wollte, war er auf einer dieser Murmeln ausgerutscht und zu Fall gekommen. Er hatte daraufhin entsetzlich herumgebrüllt und über die Sauwirtschaft in seinem Hause geflucht. Dabei nannte er seine Frau eine »alte Schlampe« und hatte ihr sogar eine Ohrfeige gegeben. Also, der Assessor hätte an den Auseinandersetzungen bestimmt einen guten Teil

Schuld gehabt, schließlich wären die Murmeln der kleinen Eva ja nicht absichtlich verstreut auf dem Fußboden liegengeblieben.

»Nicht absichtlich verstreut auf dem Fußboden liegengeblieben«, wiederholte der Beamte nachdenklich.

Jetzt hatte man genügend Material, um Annemarie Donner und auch Otto Krönert zum Verhör ins Dresdener Polizeipräsidium zu holen, wo sie erst einmal getrennt vernommen wurden. Beide beharrten zunächst auf der alten Erzählung vom »entfernten Vetter«, verwickelten sich aber bald in Widersprüche. Was der eine langsam, zögernd zugab, wurde dem anderen im Nebenzimmer zum Nachweis seiner Unwahrheiten vorgehalten, bis schließlich das ganze Lügengebäude zusammenstürzte und beide ein offenes Geständnis ablegten: Otto Krönert hatte den Assessor erschossen, und Annemarie Donner half ihm bei der Tat und bei der Verwischung der Spuren.

Wie es dazu kam?

Als sie sich auf der Filmschule kennenlernten, hatte Annemarie ihrem Geliebten zunächst verschwiegen, dass sie verheiratet war. Erst nach einer Fehlgeburt offenbarte sie Otto Krönert alles und gestand ihm auch, wie sie unter ihrem Ehemann litt. In Krönert flammte augenblicklich der Hass auf gegen den Mann, der seiner Liebe im Weg stand. Dieser Hass vergrößerte sich mit der Zeit, als Annemarie ihm von den entwürdigenden Auseinandersetzungen berichtete. Je aussichtsloser es erschien, dass der Assessor die Frau freigab, desto mehr trieb es die beiden zueinander. Sie phantasierten sich in eine seltsam unwirkliche Atmosphäre hinein und kannten schließlich nur einen Gedanken: Wie wäre alles, wenn Otto Donner nicht existierte?

Krönert schmiedete die tollsten Pläne. Ein Duell? Der Gerichtsassessor, »alter Herr« eines feudalen Korps, würde den dahergelaufenen Liebhaber seiner Frau ohrfeigen und noch dazu auslachen. Eine Unterredung zu dritt? Dieselben Folgen! Blieb also nur: Otto Donner musste aus dem Wege geräumt werden. Aber wie? Darüber grübelte Krönert Tag und Nacht. Als Annemarie ihm von dem Vorfall mit den Kindermurmeln erzählte, kam ihm die Idee zum Mordplan. Jede Woche ging der Assessor abends zur Übung der Einwohnerwehr, in Uniform, die Waffe an der Seite. Wenn man ihn bei dieser Gelegenheit mit einem Schuss erledigte, brauchte man nur eine zertretene Kindermurmel auf die Treppe zu legen, um vorzutäuschen, dass er ausgerutscht war, wobei seine Pistole losging. Das wäre nichts weiter als ein bedauerlicher Unglücksfall!

»Aber, der Assessor ist doch mit seiner eigenen Pistole erschossen worden«, warf der Kommissar ein.

Annemarie hatte am Nachmittag des 11. April die Armeepistole ihres Mannes gegen eine andere, gleichartige ausgetauscht. Unmittelbar nach der Tat wurde die vertauschte Pistole wieder aus der Revolvertasche genommen und die Waffe des Assessors neben die Leiche gelegt. Sie ließ am Nachmittag des Mordtages die Haustür offen, damit Krönert sich im Treppenflur verbergen konnte. Und als der Schuss fiel, lag sie, wie sie in ihrem Geständnis schilderte, fast bewusstlos in dem kleinen Wohnzimmer, zu schwach, die Tat zu wollen, aber auch zu schwach, sie zu verhindern.

Das zur Zeit der Tat in Deutschland geltende Strafrecht kannte zwei Formen des Tötungsdelikts: Zum einen Mord nach § 211 des Strafgesetzbuches, nämlich die vorsätzlich mit Überlegung ausgeführte Tötung eines Menschen. Darauf stand als einzig mögliche Strafe die Todesstrafe. Zum anderen Totschlag nach § 212 des Strafgesetzbuches, nämlich die vorsätzlich (ohne Überlegung) ausgeführte Tötung eines Menschen. Darauf stand eine Zuchthausstrafe bis zu fünfzehn Jahren.

Waren aufgrund dieser Rechtslage bereits erhebliche Zweifel gegeben, ob angesichts der Leidenschaft, die Otto Krönert jede Besinnung geraubt hatte, seine Tat rechtlich als eine »planmäßig unter Abwägung des Für und Wider ausgeführte Tötung«, also als »Mord«, zu beurteilen war, so wuchsen diese Zweifel bei der rechtlichen Qualifizierung der Handlungsweise der Annemarie Donner. Sie hatte ihren Geliebten bei der Begehung des »Mordes« unterstützt. Hatte sie das als »Mittäterin« getan, das heißt, »wollte sie die Tat Krönerts als eigene«, dann musste sie die gleiche Strafe treffen wie ihn. Wollte sie aber »der fremden Tat lediglich Hilfe leisten«, dann war sie nur wegen »Beihilfe« mit Zuchthaus oder Gefängnis zu bestrafen.

Die Hauptverhandlung gegen beide fand vor dem Schwurgericht beim Landgericht Dresden am 12. und 13. Dezember 1926 statt. Länger als vier Stunden wurde im Beratungszimmer um die Frage gerungen, ob die verschiedenen Tathandlungen Annemarie Donners, wie der Tausch der Pistole und das spätere Hinlegen der Kindermurmel, als ausreichend für die Annahme der Mittäterschaft bei einer »vorsätzlich mit Überlegung« ausgeführten Tötung anzusehen seien – oder ob sie sich nur als »Hilfeleistung einer fremden Tat« darstellen – oder ob angesichts ihrer seelischen Verfassung überhaupt nicht von einem vorsätzlichen Tun gesprochen werden könne.

Beide Angeklagten wurden wegen Mordes, begangen in Mittäterschaft, zum Tode verurteilt. Die gegen dieses Urteil beim Reichsgericht eingelegte Revision wurde als unbegründet zurückgewiesen. Das sächsische Staatsministerium allerdings machte von seinem Gnadenrecht Gebrauch: Beide wurden zu lebenslänglicher Zuchthaushaft begnadigt. Im Jahre 1945 wurden sie aus dem Zuchthaus Waldheim entlassen.

Henner Kotte

Die Affäre Isidor Fisch

Spuren vom »Verbrechen des Jahrhunderts«
führen in die Messestadt

»Seit Lucrezia Borgia bin ich die Frau, die die meisten Menschen umgebracht hat, allerdings mit der Schreibmaschine«,
sagte Agatha Christie. Und jeder Krimileser weiß, die Fälle,
die Hercule Poirot und Miss Marple lösen, hat sich die Au-
torin ausgedacht. Beim Aufwaschen kommen ihr die besten
Ideen, »denn das ist eine dermaßen stumpfsinnige Angelegenheit, dass man sich Gedanken machen muss«.

Also ist alles in den Agatha-Christie-Krimis schriftstel-
lerische Phantasie? Nicht ganz, denn die *Queen of Crime*
ließ sich oft von wahren Begebenheiten inspirieren. Bereits
ihr erstes Buch »Das fehlende Glied in der Kette« (1920)
beruhte auf einem tatsächlichen Giftdiebstahl in einer Apotheke, und belgische Kriegsflüchtlinge gaben das Vorbild
ab für Hercule Poirot, den Meisterdetektiv. In »Rächende
Geister« flossen wissenschaftliche Kenntnisse und die Erfahrungen ihres Ehemannes, eines Archäologen, ein. Sie
besuchte ihn oft bei seinen Grabungen. »Kurz vor Weih-
nachten des Jahres 1931 fuhr sie im Orientexpress zurück.
Der Zug geriet in ein heftiges Unwetter und blieb für zwei
Tage stecken. Agatha Christie hatte viel Zeit, sich eine neue
Kriminalgeschichte auszudenken.« Für den »Mord im Orientexpress« lieferte ein wahrer Kriminalfall, der die Welt

erschüttert hatte, den Anlass. Bei der Veröffentlichung des Kriminalromans war noch kein Täter des Verbrechens überführt. Und bis heute diskutieren die Experten, ob am 3. April 1936 tatsächlich der wirklich Schuldige auf dem elektrischen Stuhl in Trenton / New Jersey starb.

»Murder on the Orient-Express« kam am Neujahrstag des Jahres 1934 in den englischen Buchhandel und sorgte nicht nur ob der genialen Lösung des Falles für Furor. Zwölf Messerstiche verursachten den Tod des Mr. Samuel Edward Ratchett. Der Unsympath und Mörder hatte unter falscher Identität eine Kabine im Orientexpress gebucht, als das Schicksal ihn ereilte. »Der Pass ist auf den Namen Ratchett ausgestellt worden, der unrichtig ist. In Wirklichkeit hieß der Mann Casetti und war der Urheber einer scheußlichen Kindesentführung in Amerika«, weiß der Detektiv sehr schnell. Jener gemeine Verbrecher hatte die kleine Daisy Armstrong gekidnappt, erpresste daraufhin ihre Eltern, und diese zahlten die verlangte Summe anstandslos. Doch hatte Casetti das Kind schon lange vorher getötet. Die aufmerksame Leserschaft erkannte sofort die Parallelen zum *Verbrechen des Jahrhunderts*. Das Kidnapping des Lindbergh Babys 1932 hatte aufgrund seiner Kaltblütigkeit und Brutalität entsetzt und sorgte bei Erscheinen des Romans noch immer für Schlagzeilen. Ein Täter war dieser Schreckenstat bislang nicht überführt. Die Familie Lindbergh litt und mit ihr Menschen in aller Welt.

Charles Lindbergh war ein Held, der grenzenlos geliebt wurde. Sein Nimbus ist heute verblasst, doch im Bewusstsein geblieben. Lindbergh hatte das Menschenmögliche gewagt: Sein Leben nicht schonend, setzte er sich am 20. Mai 1927 ins Flugzeug *Spirit of St. Louis* in New York und landete nach 33 ½ Sunden ohne Zwischenstopp sicher auf dem Flughafen Paris-Bourget. Begeistert wurde er empfangen. Menschenmassen säumten Straßen, die er im Triumphzug durchfuhr. Kinostars und Staatsmänner gratulierten und ließen sich mit ihm auf Bilder bannen. »Ich war verblüfft, welche Auswirkungen meine erfolgreiche Landung in Frankreich auf die Länder in aller Welt hatte. Mir kam das vor wie ein Streichholz, das ein Freudenfeuer in Brand setzt.«

Lindberghs Familienleben wurde öffentlich: Schöne Frau und schönes Haus und zu allem Glück dazu wird der jungen Familie am 22. Juni 1930 ein Sohn geboren: Charles Lindbergh jr. Die Idylle zerbricht jäh: Am 1. März 1932 sitzt man im Wohnzimmer der Villa *Hopewell*, als (mindestens) ein unbekannter Täter eine Leiter an die Hauswand lehnt und Charles Lindbergh jr. aus dem Kinderbettchen im ersten Stock entführt. »Wanted! Information as to the whereabouts of Chas. A. Lindbergh, jr.«

Nach Tagen melden sich Erpresser, die Eltern zahlen ohne Diskussion die geforderte hohe Summe. Doch zu aller Schrecken findet man das Baby 72 Tage später, keine zwei Meilen von *Hopewell* entfernt. Charles jr. war noch am Tag seines Verschwindens ermordet worden. Die Todesursache war aufgrund starker Verwesung nicht mehr festzustellen, »eine Schädelfraktur durch äußerliche Gewalteinwirkung« sei anzunehmen. Diese Familientragödie wird für Agatha Christie Folie des »Mordes im Orientexpress«. Im Roman richten die Hinterbliebenen den Mörder selbst.

Realiter führten die Ermittlungen erst zwei Jahre später zur Verhaftung. Die Kassiererin eines New Yorker Kinos hatte den Schein des Eintrittsgeldes mit den polizeilich gesuchten Nummern verglichen und so den Täter überführt: Bruno Richard Hauptmann. Er war ein Emigrant aus Sachsen, der in der Neuen Welt sein Glück zu finden hoffte. Er leugnete vehement die Tat, doch fanden Kriminalbeamte in seiner Wohnung Holz der Leiter, die an Lindberghs Villa lehnte, und auf dem Küchenbord ein Päckchen Geld. Es war ein Gutteil der Erpressersumme, die Nummern bewiesen es eindeutig. Ein Indizienprozess sprach Bruno Richard Hauptmann schuldig. Zweifel an der Rechtmäßigkeit dieses Verfahrens hatte es sofort gegeben. Am 3. April 1936 um 20.45 Uhr vollstreckte die Justiz das gefällte Todesurteil.

Bruno Richard Hauptmann wurde am 28. November 1899 in Kamenz geboren, erlernte den Beruf eines Tischlers, diente im I. Weltkrieg als Soldat an der Westfront und wurde mehrmals verwundet. Zunächst fand er eine Anstellung als Fabrikarbeiter in Chemnitz, nach seiner Entlassung aber blieb er wie viele seiner Kameraden in Deutschland arbeitslos. Hauptmann wurde kleinkriminell. Raub, Einbruch und Diebstahl brachten ihm fünf Jahre Gefängnis, vier saß er ab. Als er danach erneut festgenommen wurde, floh er aus der U-Haft. »Beste Grüße an die Polizei« habe auf einem in der Zelle hinterlassenen Zettel gestanden. Dann wollte Bruno Hauptmann raus aus Deutschland. Seine Überfahrt in die Vereinigten Staaten erfolgte illegal, der dritte Versuch mit falschen Papieren gelang. Unter den Immigranten fand er Freunde mit gleichem Schicksal, unter anderem Isidor Fisch und Anna Schöffler aus Markgröningen, Württemberg. Bruno Hauptmann heiratete Anna Schöffler. Er arbeitete als Zimmermann, sie in einer Bäckerei, in der New Yorker Bronx nahmen sie Quartier. Im September 1934 wurde er verhaftet. Doch trotz der Beweise: Bruno Hauptmann leugnete und erzählte seine Version, wie er zu dem Gelde gekommen sei. Er habe für seinen Freund Isidor Fisch dieses Geld nur aufbewahrt. Aber jener Isidor Fisch hatte im Dezember 1932 eine Reise in die alte Heimat angetreten, um seine Eltern zu besuchen, und war am 29. März 1934 in Leipzig an Tuberkulose gestorben. Ihn konnte niemand mehr befragen. »Mein Gott, mein Gott, wo gibt es Gerechtigkeit in der Welt?«, klagte Hauptmann. Seine Memoiren, die er im Gefängnis verfasste, wurden zum Bestseller. Darin heißt es: Ich begegnete »Isidor Fisch zum ersten Mal in Hunters Island. Ich sah ihn mit einem anderen Mann an unserem Badeplatz. Da beide deutsch sprachen, wurden wir bald in eine Unterhaltung verwickelt, wie es auf dem Island üblich ist.« Man traf sich wieder, trank zusammen und erwies sich Gefälligkeiten. »Herr Fisch fragte mich, ob ich Interesse am Pelzhandel hätte. Ich sagte ihm, dass ich darin keine Erfahrungen besitze. Er meinte, dass er gern Effektengeschäfte machte, aber nie selbst gekauft habe. Er fragte mich, ob ich für ihn kaufen wollte. Ich sagte ›Na, na?‹, da ich den Markt nur beobachten und daraus lernen wollte, war ich nicht gewillt, die Verantwortung für die Anlage seines Geldes zu übernehmen. Aber ich sagte, wenn er für mich Pelze kaufen wollte, würde ich ihm gern später helfen. Auf diesen Plan einigten wir uns.« Auf diese Weise kam man ins Geschäft und handelte.

Mit dem Pelzhandel hatte Isidor Fisch Erfahrung. Am 26. Juli 1905 war er als Sohn eines Leipziger Pelzhändlers geboren worden. Ihr Geschäft betrieben die Fischs in der Jahnstraße (heute Industriestraße) 45. Isidors Schwester Hannah verkaufte bei Tobias Braudes Pelze auf der Katharinenstraße. Bruder Pinkus besaß ein eigenes Unternehmen der Branche, Brühl 47, II. Etage. Auch Isidor hatte den Beruf eines Kürschners erlernt. 1925 wanderte er nach Amerika aus. Tuberkulose ließ ihn in die Heimat zurückkehren. Die Hauptmanns gaben für den Freund ein Abschiedsessen. »Es war der letzte Sonnabend, ehe er nach Deutschland reiste. Herr Fisch kam gegen 9 Uhr. Da meine Frau zu der Zeit gerade im Kinderzimmer war, ging ich an die Tür, als er läutete, und ließ ihn ein. Wir gingen am Vorderzimmer vorbei, dessen Tür offen war, in die Küche. Hier gab er mir ein kleines Paket und bat mich es an einem trockenen Ort aufzubewahren. Ich fragte ihn: ›Haben Sie Papiere darin?‹ Ich glaubte, dass er einige Kleinigkeiten vergessen habe, wie Briefe und Fotografien, und dass er diese Dinge in ein kleineres Paket geschnürt habe. Ich entsinne mich nicht mehr genau, wie er sich zu meiner Vermutung äußerte. Wenn er mir gesagt hätte, dass das Paket Geld enthielte, würde ich mich anders verhalten haben. Ich hätte ihn wenigstens gefragt, woher es stamme. Da wir in der Küche waren, legte ich das Paket auf das obere Brett des Küchenschrankes. Wir benutzten dieses Brett selten, da wir dorthin Dinge stellten, die wir nicht häufig brauchten. Dennoch war das Brett ziemlich voll, sodass ich erst Platz für das Paket machen musste. Es ist deshalb leicht erklärlich, dass meine Frau es nicht bemerkte, und selbst wenn sie es gesehen hätte, würde sie nur gedacht haben, es enthielte etwas, was ich nicht mehr brauchte, aber nicht wegwerfen wollte. Die ganze Geschichte mit dem Paket war mir so unwesentlich, dass ich sie bald vergaß.« Doch dann überführt das Päckchen Bruno Hauptmann des *Verbrechens des Jahrhunderts*.

Die Geschwister Hannah und Pinkus Fisch werden zum Sensationsprozess geladen. Denn Pinkus hatte nach dem Tod des Bruders wegen etwaiger Außenstände bei Bruno Hauptmann angefragt. »Ich schlug drei Wege vor, den Nachlass zu ordnen. Er solle selbst herüberkommen, um alles in die Hand zu nehmen, wobei ich ihm, so gut wie es ginge, helfen würde. Fall sein Geschäft keine längere Abwesenheit von Deutschland zuließe, solle er mir alles Nötige schicken und mir notarielle Vollmacht geben. Oder er würde die ganze Angelegenheit einem Rechtsanwalt übergeben. Von letzterem Vorschlag riet ich ab, weil am Ende nicht viel übrig bleibt, wenn die Sache den Rechtsanwälten übergeben wird.« Quittungen besaß weder Pinkus Fisch in Leipzig, noch hatte Bruno Hauptmann für die Pelzgeschäfte Unterlagen.

»Und so sitze ich hier, zehn Fuß vom elektrischen Stuhl entfernt und wenn nichts getan werden kann, um mir zu helfen, wenn nichts getan werden kann, um jemanden dazu zu bringen, die Wahrheit zu sagen über die Art und Weise, wie die gegen mich verwendeten Beweise beschafft wurden, oder wenn nicht jemand die Wahrheit über jene sagt, die tatsächlich an diesem Verbrechen beteiligt waren und es begangen haben, werde ich mich nächsten Dienstagabend um acht Uhr als Antwort auf den Ruf meiner Wärter zum letzten Mal von meiner Pritsche erheben und werde jene letzte Meile gehen; ich werde durch die Tür gehen, die ständig vor mir war – die Tür, die diese kleine Welt, in der ich gelebt habe, in zwei Teile spaltet: den Teil, der das Leben beherbergt, und den Teil, der nur in die Ewigkeit führt. Ich vermute, es werden einige in der Kammer anwesend sein, die einen Anteil an der Vorbereitung für die Strafverfolgung in meinem Fall hatten. Ich bin fest davon überzeugt, dass ihr Leiden, ihre Qual größer sein wird als meine. Meine wird sofort vorbei sein. Ihre wird so lange andauern, wie das Leben selbst dauert.«

Viele Fragen hat der Hauptmann-Prozess nicht beantworten können. Die Witwe kämpfte bis zum Lebensende darum, die Unschuld ihres Mannes nachzuweisen. Anwälte setzen bis heute das Rehabilitationsverfahren fort. Unglücklich auch das Schicksal von Isidor Fischs Geschwistern. Nach Deutschland zurückgekehrt, fällt die Familie unter die *Nürnberger Gesetze*. Ihre Spuren verlieren sich in den Konzentrationslagern Bardejow und Auschwitz. Das Grab Isidor Fischs befindet sich auf dem Neuen Jüdischen Friedhof.

»Das wichtigste Rezept für den Krimi«, meinte Agatha Christie, »der Detektiv darf niemals mehr wissen als der Leser«. Hercule Poirot hat Isidor Fisch aus Leipzig nicht gekannt.

Hans Girod

Nichts für schwache Nerven

Zwei Fälle von Kannibalismus

Es ist das Jahr 1969, und es ist Herbst. Ein höchst offizielles Jubiläum kündigt sich an: Zwanzig Jahre schon hat die Arbeiter- und Bauernmacht die gesellschaftlichen Geschicke in festem Griff. Die DDR hat sich zur zweitgrößten Industriemacht innerhalb des Ostblocks gemausert und ist auf bestem Wege auch zu internationaler Anerkennung. Der Jahrestag soll würdig gefeiert werden. Auch in der sächsischen Kreisstadt Glauchau, dem traditionsreichen Industrieort der Tuchmacher und Leinenweber, laufen die Vorbereitungen. Der Kultur- und Sozialfonds in den volkseigenen Betrieben darf mit vollen Händen ausgeschöpft werden. So auch im VEB Spinnstoffwerk »Otto Buchwitz«. Eine große Kulturveranstaltung mit anschließendem Tanz bis zum Morgengrauen wird angekündigt.

Für die meisten Gäste ist der Abend ein nachhaltig schönes Erlebnis, für zwei jedoch das unscheinbare, heimtückische Vorspiel einer Tragödie, die zwei Jahre später großes Entsetzen in der kleinen Stadt auslöst. Denn in dieser Nacht führt der Zufall die Akteure dieses Dramas zusammen: Ihn, Michael, zweiunddreißig Jahre alt, ein ruhiger, gutmütiger Typ, der als Betriebsschlosser eine zuverlässige Arbeit verrichtet, und sie, die neunundzwanzigjährige Maschinenarbeiterin Hannelore, mollig, resolut, blond, mit üppigem Busen und drallem Po. Viel Tanz und viel Wein lassen die Gefühle regelrecht explodieren. Hinter beiden liegen etliche gescheiterte Partnerschaften. Doch Alkohol verklärt, und auf den Barhockern sitzend, besprechen sie bereits an diesem Abend ihre gemeinsame Zukunft und kommen noch in der gleichen Nacht auf einer gemeinsamen Matratze zu einem Eheversprechen und ihrem ersten, lustvollen Höhepunkt.

Bereits wenige Wochen später geben sie sich auf dem Standesamt das Ja-Wort und geloben Treue, bis der Tod sie dereinst scheiden wird. Ganz in der Nähe der Stadtkirche St. Georg beziehen sie eine heruntergekommene Zweizimmerwohnung, guten Willens, ein Leben in ehelicher Harmonie zu führen. Der Honigmond ist ausgefüllt mit der Wohnungsrenovierung, dem Herbeischaffen notwendigen Inventars aus dem Fundus der Gebrauchtmöbelläden, vor allem aber mit stürmischen Kopulationen, denen ausgedehnte Kneipengänge vorausgehen. Doch bereits nach wenigen Wochen ziehen die ersten dunklen Wolken über den Ehehimmel. Schon banalste Meinungsverschiedenheiten werden alsbald mit unverhältnismäßig großer Heftigkeit ausgetragen, und körperliche Attacken bleiben nicht aus. Derweil Michael sich während der ehelichen Gefechte meist defensiv verhält, lässt Hannelore den Angetrauten die Kräfte ihres fülligen Körpers spüren, auch Haushaltsgegenstände fliegen ihm um die Ohren. Nur der Alkohol sorgt für einen zeitweiligen Waffenstillstand.

Mit der Zeit verebbt das eheliche Intimleben. Der Alltag besteht letztlich nur aus Schichtarbeit im Spinnstoffwerk und abendlichen Streitereien. Überhaupt, Hannelores sexuelles Bedürfnis wird immer mehr durch das nach Bier und Schnaps verdrängt. Michael bleibt mit seinen Wünschen allein. Weil die Angebetete in nüchternem Zustand kaum mehr zu einer sexuellen Annäherung bereit ist, erhält der

Alkohol mit der Zeit eine wichtige kuppelnde Funktion. Michael bereitet den ehelichen Beischlaf damit vor, dass er für einen optimalen Alkoholpegel seiner Gattin sorgt. Dann darf er sich an ihr bedienen. Hannelore dosiert ihr Entgegenkommen mit kühler Überlegung, indem sie ihm zunächst eine Annäherung erlaubt, um ihn sogleich wieder auf Distanz zu bringen. Das stachelt ihn an und fördert seine Spendierfreude. Michael ist emotional so eingeengt, dass er nicht spürt, wie sie ihn auf diese Weise manipuliert. Liebesverlust quält, neurotisiert, steigert aber auch die Lust auf das so schwer Erreichbare und zwingt zu demütigenden Zugeständnissen. Geld oder Schnaps für Sex. Zwischen diesen Alternativen findet das Sexualleben des Ehepaares Ewald nun statt.

Im Gegensatz zu Hannelore hält sich sein Quantum an geistigen Getränken in erträglichen Grenzen. Sie hingegen verfügt über eine erstaunliche Kondition, die es ihr trotz chronischer Alkoholexzesse ermöglicht, am nächsten Tag im Betrieb unauffällig zu erscheinen. In Wirklichkeit aber befindet sie sich schon längst auf dem schnurgeraden Weg in die Alkoholabhängigkeit.

Die Kneipengänge zehren am gemeinsamen Geldbeutel. So dauert es auch nicht lange und wirtschaftliche Nöte belasten das Ehepaar zusätzlich – ein weiterer Grund für Auseinandersetzungen. Mangel an Geld bedeutet Mangel an Alkohol. Das macht Hannelore noch aggressiver, unberechenbarer und unleidlicher. Michael ist unfähig, sich ihrer Stimmungsausbrüche zu erwehren, fühlt sich hilflos ihren Launen ausgesetzt und muss bald in sklavischer Unterwerfung ansehen, wie Hannelore ohne ihn die Kneipenbesuche fortsetzt, dabei fragwürdige Männerbekanntschaften schließt, sich aushalten lässt und nächtelang nicht nach Hause kommt. Kraftlos setzt er sich den Schmähungen aus, kuscht vor seiner resoluten Frau. Unterwürfigkeit ist ein Charakterzug, den ihm seine autokratische Mutter dereinst einprügelte.

Längst hat er begriffen, dass Hannelore ihn nur erduldet, trotzdem buhlt er leidenschaftlich um ihre Gunst. Doch schroff weist sie ihn ab, macht aus ihren Seitensprüngen keinen Hehl und kündigt schließlich ihre endgültige Trennung an. Michael bittet sie inständig, bei ihm zu bleiben, droht mit Selbstmord. Vergeblich: Ende des Jahres 1970 packt sie auf Betreiben ihres aktuellen Liebhabers ihre sieben Sachen und bezieht einige Straßen weiter bei Frau Thieme, einer betagten Dame, ein Zimmer zur Untermiete. Von nun an sehen sich die Eheleute nur im Spinnstoffwerk, wenn sie die gleiche Schicht haben. Dann gehen sie höflich miteinander um, rücksichtsvoll und ohne Nörgelei. Michael frisst die Eifersucht in sich hinein und macht Hannelore unverdrossen weiterhin den Hof. Doch sie reicht auf dem Kreisgericht Glauchau die Scheidung ein. Michael ist außer sich. Verzweiflung und Schwermut befallen seine Seele. Sein erbärmlicher Zustand muss das Herz des Richters erweicht haben, denn dieser setzt das Scheidungsverfahren aus, verordnet den Eheleuten eine weitere Bewährungszeit. Halbherzig willigt Hannelore ein, teilt nun das Ehebett wieder mit Michael. Doch die Harmonie ist nur von kurzer Dauer. Manchmal fasst sich Michael ein Herz und moniert ihre Seitensprünge. »Ich lasse mich sowieso von dir scheiden. Was ich mache, geht dich nichts an«, wehrt sie sich und ergeht sich in üblen Beschimpfungen, die wie Hagelstürme auf ihn niederprasseln.

Das kleine Zimmer bei der alten Frau Thieme hat Hannelore nicht aufgegeben. Es ist ihr Hort des stillen Genusses und der Ausnüchterung. Ihr ebenfalls trinkfester Galan hatte ihr dazu geraten. Michael bleibt wieder häufig allein. Sein Intimleben ist auf die Erlebnisse in seinen Vorstellungen beschränkt, in denen Hannelores aufreizender Hintern einen wichtigen Part übernimmt. Die aufgezwungene Triebunterdrückung führt zu einer nahezu krankhaften Besessenheit, mit der er auch in der Folgezeit seine lüsternen Gedanken auslebt, ohne die Hoffnung aufzugeben, dass sich das Objekt seiner Begierde eines Tages real wieder mit ihm vereint. Die sexuellen Entbehrungen, aber auch die Eifersucht wühlen Michaels Seele auf, massive Phantasien entstehen, Hannelores Körper bald zu besitzen, koste es, was es wolle.

Fast ein halbes Jahr dauert dieser Zustand an. Mitte Juli nimmt Michael seinen Jahresurlaub. Es ist eine triste, langweilige Zeit des Ausschlafens und des Müßiggangs. Anfangs verschafft er sich durch Tapezierarbeiten bei Nachbarn einen kleinen Nebenverdienst, dann verbringt er viele Sonnenstunden im Freibad und die Abende in einer Kneipe seines Kiezes. Hannelore hat er schon tagelang nicht gesehen. Doch dauernd muss er an sie denken.

Am Nachmittag des 29. Juli 1971 beabsichtigt er, seine Mutter in Meerane mit einem Besuch zu überraschen. Auf dem Wege zum Bahnhof erblickt er zufällig auf der anderen Straßenseite Hannelore. Er wagt es zunächst nicht, sie anzusprechen. Als sie ihn bemerkt, steuert sie jedoch unverdrossen auf ihn zu. Schon ihre Art zu gehen zeigt ihm, dass sie nicht mehr ganz nüchtern ist. Der Alkohol lässt ihre Augen matt glänzen. Sie lächelt den Gatten freundlich an: »Gehst du mit mir einen trinken?«

Sofort schlägt Michael sein Vorhaben, nach Meerane zu fahren, in den Wind, beginnt ein Gespräch über die Widrigkeiten seines Lebens in Trennung, fragt, was er tun müsse, um sie wieder für sich zu gewinnen, und gibt unmissverständlich zu erkennen, dass sein Verlangen nach ihr übermächtig sei.

»Leih mir zwanzig Mark«, fordert sie. »Montag gibt's erst wieder Lohn, dann kriegst du sie zurück!«

Michaels Gesicht zeigt herbe Enttäuschung, was ihr nicht entgeht, denn sie korrigiert ihre Forderung mit einer Offenheit, die ihn verblüfft: »Die alte Thieme ist bis nächsten Monat in Bremen, besucht ihre Kinder. Kauf 'ne Pulle Klaren und wir gehen zu mir. Dann kannst du mich ficken.«

Dieses verlockende Angebot will er sich keinesfalls entgehen lassen. Doch Hannelores Untermieterbude, der Ort, an dem sie sich mit ihrem Liebhaber verlustiert, ist ihm verhasst. Er will ins vertraute eheliche Schlafzimmer. Deshalb schwindelt er: »Ich hab nicht so viel bei mir. Komm mit nach Hause, du kriegst das Geld.«

Das Paar trottet in scheinbarer Eintracht in Richtung der ehelichen Wohnung. Dort angekommen, sind sie sich über den absonderlichen Deal schnell einig: eine kleine Flasche Apfel-Korn und fünf Mark gegen einen Geschlechtsverkehr. Michael wird derart von seiner Begierde beherrscht, dass er Hannelore schnell zur Sache drängt. Als er die Flasche aus dem Schrank hervorholt und das Geld überreicht, stellt sie leidenschaftslos ihren Körper zur Verfügung. Michael macht sich über sie her, schnell ist alles vorbei. Hannelore bringt den Gatten sofort wieder auf Distanz, erkennt aber auch, dass der potente Mann durchaus zu einem wollüstigen Marathon fähig wäre. Während sie ihr Haar ordnet und das Kleid richtet, stellt sie zu seiner großen Freude in Aussicht, am Abend wiederzukommen. »Was lässt du dafür springen?« Michael muss nicht lange überlegen. »Zehn Mark und 'ne Pulle«, ist seine spontane Antwort.

Gegen 19.30 Uhr ist sie wieder zur Stelle. Sie trägt ein knallrotes Minikleid, das die Konturen ihres molligen Körpers unterstreicht. Der aufreizend herbe Duft ihres Parfüms kaschiert die Alkoholfahne. Michaels Blut gerät in Wallung. Er präsentiert seiner Frau zwei Flaschen »Nordhäuser Doppelkorn«, von denen eine flugs in ihrem Kunstlederbeutel verschwindet. Aus der anderen gießt er zwei Gläser randvoll und prostet ihr auffordernd zu. Er will sich Zeit nehmen, braucht ein erotisches Vorspiel, glaubt insgeheim, auf diese Weise auch Hannelore in Leidenschaft zu versetzen.

Und während beide auf dem Sofa sitzend die Flasche leeren, lenkt Michael das Gespräch immer wieder auf eine Versöhnung, appelliert an ihr Gewissen, will die Gründe wissen, warum sie ihn ablehnt und das Scheidungsbegehren nicht aufgibt. Sein larmoyantes Gebaren macht Hannelore nur noch abweisender und kälter. Ihr wiederholtes schroffes »Nein« versetzt ihn schließlich in Zorn. Mit einem Mal ist ihm nämlich die Aussichtslosigkeit seiner Bemühungen bewusst geworden: Er hat sie verloren. Die Enttäuschung versetzt ihn in Rage. Er brüllt seine ganze Wut über die verkorkste Ehe und ihre Trinksucht heraus und überschüttet Hannelore mit Vorwürfen. Sein Gebrüll reizt jedoch auch sie. Unmissverständlich donnert sie ihm entgegen: »Lass den Scheiß! Ich bereue jede Minute mit dir, und du willst einfach nicht wahrhaben, dass es aus ist. Begreife endlich, ich liebe einen anderen!«

Sie erhebt sich grollend und will die Wohnung verlassen. Michael ist außer sich: Wenn Hannelore jetzt geht, ist er wieder allein in seinem kalten, leeren Heim. Sie hingegen vergnügt sich bald wieder in den Armen eines anderen. Nein, das verkraftet er nicht. In seinem Gehirn toben wirre Überlegungen, bis er zu einem Entschluss kommt, furchtbar und mit normalem Menschenverstand nicht nachvollziehbar: »Wenn ich sie schon nicht kriege, soll sie der andere auch nicht haben!«

Später vor Gericht wird er diesen Satz, der wie eine schwache Rechtfertigung anmutet, mehrmals wiederholen. Wie ferngesteuert ergreift er die leere Schnapsflasche. Noch ehe Hannelore die Gefahr erkennt, trifft ein wuchtiger

Hieb ihren Schädel. Ohne einen Laut von sich zu geben stürzt sie zu Boden. Augenblicklich schwinden ihr die Sinne. Michael beugt sich über sie, die Flasche, die den Schlag unversehrt überstanden hat, in der Hand. Aus einer Platzwunde am Schädel sieht er etwas Blut herausquellen, das in ihrem blonden Haar versickert. Reglos liegt sie zu seinen Füßen. Nur ein kaum wahrnehmbares Röcheln verrät, dass sie nicht tot ist. Sonst ist Stille. Seine Wut verfliegt im Nu. Neue, absonderliche Gedanken schwirren durch sein Hirn: Jetzt ist sie mein! Jetzt kann ich sie haben!

Michael eilt in die Küche, ergreift ein Messer, um ihr den Hals aufzuschlitzen. Jetzt ist er ganz dicht bei ihr, Körper an Körper, so wie er es sich immer gewünscht hat. Ihr Leben ist in seinen Händen. Dann sticht er zu. Zu seiner Verwunderung tritt verhältnismäßig wenig Blut aus der klaffenden Wunde. Dafür vernimmt er ein stoßweises keuchendes Gurgeln, das bei jedem Atemzug der Bewusstlosen die in die Wunde eintretende Luft verursacht. Nach einigen Minuten ist es vorbei. Er kann nicht wissen, dass Luft in Hannelores Blutgefäße drang und das Herz schnell zum Erlahmen brachte. Michael erhebt sich.

Seine sexuelle Erregung ist plötzlich abgeklungen und wird durch ein umfassendes Wohlbehagen ersetzt, ausgelöst durch das Gefühl des Siegers. Das Gefühl ist so überwältigend, dass es weder Angst vor Entdeckung noch Schuldgefühle aufkommen lässt. Michael will es genießen, die uneingeschränkte Macht über die Frau auszuüben, auf die er so lange verzichten musste. Dass sie tot ist, erscheint ihm dabei nebensächlich. Überlegungen zur Beseitigung ihres Leichnams und aller Spuren unterdrückt er, verschiebt sie auf einen späteren Zeitpunkt. Sie sollen seinen Siegesrausch nicht stören.

Bei leiser, anheimelnder Radiomusik entkleidet er die tote Frau. Der Anblick ihrer Pobacken mobilisiert erneut das Gefühl der Macht. Die Erregung ist übermächtig. Doch wie kann er seine Lust befriedigen? Vor einem regelrechten Geschlechtsverkehr mit der Toten schreckt er zurück. So liegt er länger als eine Stunde dicht bei der Toten, liebkost den noch warmen Körper, insbesondere die Gesäßpartie. Es ist ein makabrer Vorgang, absurd und zugleich zärtlich. Der Mörder sucht die absolute Nähe zu seinem Opfer.

So verrinnt die Zeit und mit ihr das bisherige Wohlbefinden. Schließlich packt ihn doch die Angst vor Entdeckung seiner Tat. Eines ist gewiss, er muss sein Verbrechen vertuschen. Er ist zuversichtlich, ungeschoren davonzukommen, wenn er es richtig anstellt. Er will die Tote zerstückeln und die Teile im Glauchauer Stausee versenken. Dazu holt er sich aus dem Arsenal seiner Werkzeuge eine Tischlersäge. Bevor er sein schauerliches Werk beginnt, wendet er die rücklings auf dem Wohnzimmerfußboden liegende Tote auf den Bauch, um die Säge in der Mitte der Wirbelsäule ansetzen zu können. Doch dann hält er inne: Erneut versetzt ihn der Anblick des üppigen Pos in lüsterne Erregung. Mit teuflischer Lust schneidet er mit dem Küchenmesser zwei große Stücke aus dem Gesäß, tranchiert sie säuberlich, legt das Fleisch in einen großen Tiegel, deckt ihn sorgfältig ab und deponiert das Gefäß in der kühlen Speisekammer. »Ich wollte mich später wieder daran erregen«, gibt er in der späteren polizeilichen Vernehmung an.

Ins Wohnzimmer zurückgekehrt zersägt Michael die Leiche seiner Frau in zwei Teile, umwickelt diese mit Plastikfolie und verpackt sie in alte Kohlensäcke. Den Sack mit dem Torso des Oberkörpers zwängt er in einen Koffer und stellt diesen im Schlafzimmer ab, um ihn bei nächster Gelegenheit im Keller zu vergraben. Den anderen Sack, der sich mühelos auf der Lenkstange seines Fahrrads transportieren lässt, bringt er zum Stausee und versenkt ihn im flachen Uferwasser.

Müde und abgespannt kehrt Michael nach Hause zurück, reinigt den Fußboden des Wohnzimmers und verbrennt Hannelores Sachen. Vorsorglich hat er ihre Hausschlüssel an sich genommen. Gegen drei Uhr sinkt er ermattet in die Kissen, um einige Stunden tief zu schlafen.

Gegen sieben Uhr ist Michael wieder auf den Beinen. Doch seine Bemühungen, im Keller eine Grube auszuheben, scheitern, der harte Kellerboden widersteht den Attacken der Kohlenschaufel. Deshalb bringt er den Koffer mit dem grausigen Inhalt wieder ins Schlafzimmer zurück und setzt die Reinigungsprozedur fort. Kurz vor Mittag beendet er die Spurenbeseitigung. Nun ist er zufrieden.

Wollüstige Gedanken stellen sich wieder ein, als er sich plötzlich an den in der Speisekammer abgestellten Tiegel erinnert. Ihn überkommt ein unbezwingbarer Appetit auf dieses Fleisch. Die Idee, ein Stück von Hannelores Körper zu verzehren, lässt ihn nicht mehr los und erweckt Schauder und Lust zugleich.

Wie ein heiliges Ritual zelebriert Michael die Vorgänge der nächsten anderthalb Stunden: Er schneidet eine große Portion aus einem der Fleischstücke, gibt sie in einen Topf, füllt Wasser auf, fügt Gewürze hinzu, als würde er eine schmackhafte Kraftbouillon zubereiten wollen, und kocht das ungewöhnliche Mahl, bis das Fleisch gar ist. Dann isst er ein Stück davon und trinkt von der Brühe.

Später, als er von der Kriminalpolizei aufgefordert wird zu beschreiben, was er dabei empfand, gibt er an, derart aufgeregt gewesen zu sein, dass er sich nicht mehr an alle Einzelheiten erinnern könne. »Darüber zu sprechen ist mir sehr peinlich«, sagt er schließlich. Und dass er habe probieren wollen, wie Menschenfleisch sei – in der Tat: Es habe ihm geschmeckt.

Eine weitere »Verkostung« nimmt er nicht vor. Skrupel hindern ihn, aber auch die Befürchtung, die Tat nur unvollständig zu verschleiern, wenn er das restliche Fleisch nicht auch beseitigen würde. Rationale Überlegungen steuern jetzt sein weiteres Handeln: Am Abend nimmt er den Sack mit dem Oberkörper seiner toten Frau aus dem Koffer und versenkt ihn in der Abortgrube des Wohnhauses. Dann reinigt er gewissenhaft Tiegel und Kochtopf und verbrennt den Koffer. Auch die restlichen Blutspuren werden sorgfältig beseitigt. Vom blutigen Wischwasser behält er allerdings etwas zurück. Dieses und den benutzten Scheuerlappen stellt er beiseite, um damit die perfekte Verschleierung des Verbrechens zu inszenieren. Denn: Sein Plan sieht vor, einen anderen Tatort vorzutäuschen und die Tat dem Liebhaber seiner Frau anzulasten.

Im Schutze der Nacht schleicht Michael zur Wohnung der alten Frau Thieme. Die vorsorgliche Zurückbehaltung von Hannelores Wohnungsschlüssel erweist sich jetzt ebenso als günstiger Umstand wie die reisebedingte Abwesenheit der Vermieterin. Unbemerkt dringt Michael in die fremde Wohnung ein und bedient sich der mitgebrachten Requisiten: Er taucht den Scheuerlappen in das Blutwasser und verspritzt es in der Küche, auf dem Korridor und in Hannelores Stube, wo er auch den Lappen zurücklässt. Unbemerkt kann er die Wohnung verlassen.

Michael kann nicht ahnen, dass bereits Stunden vorher ein Angler einen Sack aus dem Glauchauer Stausee gefischt hat, in dem sich die untere Hälfte eines weiblichen Körpers befindet. Die Maschinerie der VP läuft bereits auf Hochtouren. Am nächsten Tag schon wird die Glauchauer Bevölkerung aufgerufen, der Polizei zu melden, wo eine weibliche Person vermisst wird. Da Hannelore Ewald am 30. Juli nicht zur Arbeit erschienen war, erwarten die Kollegen von Michael, dass er eine Vermisstenanzeige erstattet. Widerwillig gibt er dem Drängen nach und meldet offiziell seine Frau als vermisst. Innerhalb zweier Tage gelingt es den Ermittlern, die Tote zu identifizieren. Angesichts der vermeintlichen Tatspuren in der Wohnung der immer noch verreisten Frau Thieme nehmen sie Hannelores verdutzten Geliebten fest. Michael ist beruhigt. Sein Plan scheint aufzugehen.

Doch die Angaben in seiner Vermisstenanzeige sind unvollständig und widersprüchlich, seine erneute Verneh-mung ist erforderlich. Er verfängt sich in weiteren Wider-sprüchen. Schnell hegt die Polizei Argwohn und sucht die Wohnung der Ewalds auf. Das spurenkundliche Ergebnis bestätigt alsbald den Verdacht seiner Täterschaft. Michael Ewald wird verhaftet. Kraftlos lässt er das Klicken der Handschellen über sich ergehen. Sich der Ausweglosigkeit seiner Lage und des Scheiterns des vermeintlich perfekten Vertuschungsplans bewusst, hält er es für besser, ein umfas-sendes Geständnis abzulegen.

Die Beweislage ist schnell klar, und der Beschuldigte bleibt konsequent bei seinen wahrheitsgemäßen Aussagen.

Vor Prozessbeginn erfolgt seine obligatorische Begut-achtung im Psychiatrischen Haftkrankenhaus Waldheim. Der Sachverständige hält Michael Ewald für durchschnitt-lich intelligent, arbeitsam, bescheiden. Er sei eine schwache, selbstunsichere, konfliktscheue Persönlichkeit mit enormer sexueller Triebhaftigkeit. Die unbestrittene Gefühlsaufwal-lung während des Streits mit seiner Frau habe insgesamt jedoch nicht die qualitativen Anforderungen erreicht, die an einen Affekt im Sinne des Totschlags gestellt werden müs-sen. Diese werden allenfalls in der ersten Tatphase, nämlich der Körperverletzung erfüllt, als der Täter in der Rage sei-ner Frau die Schnapsflasche auf den Kopf schlug. Alle nach-folgenden Handlungen liegen außerhalb des strafrechtlich relevanten Affekts.

Ende des Jahres findet vor dem Bezirksgericht Karl-Marx-Stadt die Hauptverhandlung statt. Freundlich, ein wenig scheu gibt Michael Ewald Auskunft über die Einzelheiten seines Verbrechens, fügt sich in sein Schicksal. Die kulinarischen Details am Rande des Tötungsverbrechens spielen vor Gericht kaum eine Rolle. Sie sind für die strafrechtliche Beurteilung des objektiven und subjektiven Tatbestands von untergeordneter Bedeutung.

Michael Ewald wird gemäß § 112 StGB wegen Mordes an seiner Ehefrau zu lebenslänglicher Freiheitsstrafe verurteilt und in die Strafvollzugseinrichtung Brandenburg-Görden überführt.

Unter Kannibalismus (Anthropophagie) versteht man in dem hier gemeinten Zusammenhang den Verzehr menschlichen Fleisches durch Menschen. Archaische Formen, die sich auf die Ernährung durch menschliches Fleisch beziehen und vorsätzliches Töten voraussetzen, sind in frühen Reise- und Forschungsberichten hinlänglich beschrieben, aber nie bewiesen worden. Glaubhaft hingegen sind Mitteilungen über lebensbedrohliche Ausnahmezustände, die Menschen zum Verzehr des Fleisches Verstorbener gezwungen haben sollen, dem sogenannten Überlebenskannibalismus, z. B. die dramatischen Vorgänge während der Südpolarexpedition des Briten Robert F. Scott. Dem auch in der Gegenwart anzutreffenden Kannibalismus bei einigen Naturvölkern, beispielsweise in Neu-Guinea, liegen religiöse Motive zugrunde. Er ist Bestandteil spezieller Bestattungsbräuche, wie etwa dem zeremoniellen Essen von Leichenteilen, um die Eigenschaften des Toten zu übernehmen.

Literaten vergangener Jahrhunderte nutzten die Faszination des Schauders, die der Kannibalismus auslöst, und verstiegen sich in phantastischen, stigmatisierenden Übertreibungen. Mythen von Hexen, Zauberern, Werwölfen, Vampiren und anderen Menschenfressern entstanden. Im deutschen Märchengut sind sie für alle Zeit konserviert. Die mörderische Hexe in »Hänsel und Gretel«, die das zarte Fleisch von Kindern bevorzugt, oder der Fall der schönen, bösen Königin, die erst zufrieden ist, wenn sie Schneewittchens innere Organe verzehrt hat, belegen das. Auch der moderne Zeitgeist will den Nervenkitzel. Folgerichtig lassen die emsigen Unterhaltungsmedien die verschiedensten Arten von anthrophagen Ungeheuern aufmarschieren.

Aber: Auch reale Fälle von Kannibalismus werden immer mal wieder bekannt. Sie bieten einen spektakulären journalistischen Stoff und bleiben lange im öffentlichen Gedächtnis. Sie beziehen sich auf Täter, die vorsätzlich getötet haben und im Zuge ihrer Opferzerstückelung menschliches Fleisch verzehren. Immerhin folgt jedem zehnten Tötungsverbrechen eine Leichenzerstückelung, der Anteil kannibalistischer Praktiken ist dabei aber verschwindend gering, liegt allenfalls im Promillebereich statistischer Angaben über die Tötungsdelikte mit Opferzerstückelung. In der vierzigjährigen Existenz der DDR registrierte die Kriminalstatistik insgesamt etwa 6100 Tötungsverbrechen. Alle acht bis zehn Jahre wurde ein Mord oder Totschlag mit Kannibalismus nachgewiesen. Ähnliche statistische Verhältnisse kann man auch in anderen europäischen Ländern annehmen.

Kriminalpsychologisch gesehen dürfte sich im Kannibalismus das absurde Verlangen nach vollkommener Nähe offenbaren. Der Täter unterliegt primitiven, archaischen Triebkräften und symbolisiert durch den Verzehr menschlichen Fleisches die absolute »Verschmelzung« mit seinem Opfer. Sadistische, masochistische und fetischistische Komponenten begleiten den Vorgang. Das geflügelte Wort »jemand zum Fressen gern haben« bringt diese Problematik auf den Punkt, wie der geschilderte Fall des Schlossers Michael Ewald deutlich macht.

Einen andersgearteten Hintergrund hat ein Fall aus dem Jahr 1948.

An das große Frieren und Hungern im letzten Winter denken die Menschen immer noch angstvoll zurück. Das Wetter ist erträglich und der Hunger nicht mehr so quälend wie im vergangenen Jahr, wenngleich die streng zugeteilten Lebensmittelrationen längst nicht sättigen. Doch trotz aller Entbehrungen beginnen die Menschen wieder zu lachen, zu tanzen und zu genießen. Sie verdrängen das ideologische, materielle und ökonomische Chaos. Viele unredliche Mitbürger aber nutzen es für Diebstahl, Raub und Mord. So erreicht die Kriminalität eine nie dagewesene Größe. Etwa 200 Tötungsdelikte pro Jahr werden zwischen 1945 und 1948 in der sowjetischen Besatzungszone verübt. Mehr als 30 Morde pro Jahr registriert allein das Kriminalamt Chemnitz für seinen Verantwortungsbereich. Der Anteil der Tötungsverbrechen in dieser Zeit ist vierzehnmal größer als er es in den letzten 25 DDR-Jahren sein wird.

Es ist Samstag, der 18. Januar 1948, vormittags. Im Kommissariat K1 des Chemnitzer Kriminalamts, das für die Delikte gegen Leib und Leben zuständig ist, herrscht Anspannung. Aber nicht nur deshalb, weil die beiden Mordkommissionen personell unterbesetzt und technisch nur notdürftig ausgestattet sind, sondern weil folgenreiche interne Veränderungen angelaufen sind. Hinter den Bürotüren finden eifrige Diskussionen statt, auch in der 2. Mordkommission von Kriminalinspektor Wegener, der seit Sommer 1945 bei der Polizei ist, und seinen Mitstreitern, darunter die fünfundzwanzigjährige Kriminalanwärterin und Sekretärin Lühmann. Vor einigen Monaten schon wurde die bewährte Polizeihoheit der Länder aufgehoben. Stattdessen sichert eine für die gesamte Polizei in der Ostzone zuständige »Deutsche Verwaltung des Innern« – ein Vorläufer des Ministeriums des Innern – als zentrales Leitungsinstrument die sicherheitspolitischen Interessen der Besatzungsmacht. Diese Veränderungen bedrücken die Polizisten. Inhaltliche

Fragen werden aufgeworfen, existenzielle Ängste werden laut. Wenige Monate später wird mit dem »Befehl Nr. 2 des Präsidenten der Deutschen Verwaltung des Innern in der sowjetischen Besatzungszone« eine gewaltige personelle Säuberungsaktion eingeleitet, die bis zum Oktober 1949 andauert und für 13 300 vermeintlich politisch unzuverlässige Polizisten das Ende ihrer Laufbahn bedeutet.

Das Schrillen des Telefons holt Kriminalinspektor Wegener und sein Team schlagartig in die Realität des Berufsalltags zurück. Grund: Das Polizeirevier Süd ist im Rahmen der Überprüfung der Anzeige zweier Mieter des Hauses Uhlandstraße 25 auf Umstände gestoßen, die eine weitere Untersuchung durch die Mordkommission erforderlich machen. Der Anzeige nach wird seit dem 8. Januar die fünfundsechzigjährige Hausbewohnerin Marie Oehme, die im gleichen Grundstück ein kleines Kurzwarengeschäft betreibt, vermisst. An den heruntergelassenen Jalousien ihres Ladens prangt ein Zettel mit dem Text »Wegen Krankheit geschlossen«. Um sich nach dem Wohl der alten Dame zu erkundigen, läuteten die besorgten Mieter an deren Wohnung, die sie seit einiger Zeit mit ihrem siebenundsechzigjährigen Bruder Bernhard Oehme teilt. Auf die Frage nach dem Befinden der Kranken antwortete er gleichgültig, seine Schwester sei überhaupt nicht krank, sondern nur verreist. Die Mieter finden die Umstände ihrer angeblichen Reise ziemlich suspekt. Sie wissen überdies, das Bernhard Oehme vor einigen Wochen in einem aufsehenerregenden Schwurgerichtsprozess wegen des Versuchs, seine Frau und die Tochter durch Gift zu töten, mangels Beweises freigesprochen werden musste. Und da sie keineswegs an seiner Schuld zweifeln, Oehme also für einen Kriminellen halten, machen sie der Polizei Mitteilung.

Revierpolizisten werden in Marsch gesetzt. Doch Oehme verwehrt ihnen den Zutritt zur Wohnung und beteuert, das Reiseziel seiner Schwester nicht zu kennen. Als er ihre Bekleidung beschreiben und Auskunft geben soll, welche Ausweispapiere, Koffer oder Taschen sie bei sich führt, macht er wirre Angaben, zeigt keine Kooperationsbereitschaft. Unverrichteter Dinge ziehen die Uniformierten wieder davon. Nun geht man auf dem Revier davon aus, dass sich das Kommissariat K 1 der Sache annimmt.

Inspektor Wegener zögert keinen Moment, Marie Oehmes Wohnung zu inspizieren und ihren Bruder peinlich genau zu befragen. Er und Kriminalsekretär Jeske machen sich sofort auf den Weg zur Uhlandstraße 25.

Sie klingeln an der Wohnungstür, hören Hundegebell und bald darauf ein schwerfälliges Schlurfen. Die Tür wird geöffnet. Vor ihnen steht Bernhard Oehme, mittelgroß, schlank, fast glatzköpfig. Ein rüstig wirkender Mittsechziger mit lebhaften Augen, bekleidet mit dickem Pullover, einer viel zu weiten Hose und Filzpantoffeln an den Füßen. Auf den ersten Blick ein biederer Typ. In seiner Begleitung ein mittelgroßer, friedlicher Mischlingshund. Oehme sperrt ihn in die Küche, lässt widerwillig die Vertreter des Gesetzes herein, die sofort ihrer kriminalistischen Neugierde freien Lauf lassen. Oehme fühlt sich überrumpelt. Wortlos verfolgt er den polizeilichen Schnüffelvorgang mit seinen Blicken. Die Männer packt eine Vorahnung und das Entsetzen, denn im Schlafzimmer entdecken sie eine Anzahl Töpfe, Schüsseln und Eimer, vollgefüllt mit Fleisch, portioniert und eingepökelt nach Metzgerart. Ohne Umschweife und ohne Regung gesteht Bernhard Oehme, er habe seine Schwester nach einem vermutlichen Herzschlag tot aufgefunden. Ihm sei dann der Gedanke gekommen, ihren Leichnam auf die vorgefundene Weise zu zerlegen. Seine Absicht sei es gewesen, das Fleisch zu verschieben.

Wegener und Jeske können nur mit Mühe ihren Ekel zurückhalten: In der Küche befinden sich mehrere große

Töpfe, in ihnen Brühe, Gewürze, Suppengrün und komplett zubereitetes Fleisch. Tagelang habe er sich davon ernährt, auch Haferflocken in der Bouillon zubereitet, gesteht Oehme. Er fände im Geschmack des Menschenfleisches zu anderem Fleisch keinen Unterschied, gibt er in einer späteren Vernehmung zu Protokoll. Dann im Keller: Der Kopf der Toten und Teile ihrer Gliedmaßen, bereitgelegt, um aus ihnen mittels Natronlauge und Kochsalz Kernseife für den Weiterverkauf herzustellen.

Leipziger Gerichtsmediziner ordnen sämtliche Fleischteile zweifelsfrei Marie Oehme zu. Darüber hinaus können sie beweisen, dass die Frau keineswegs an einem Herzversagen gestorben ist. Die Untersuchung ihres Schädels fördert schwere, zu Lebzeiten entstandene Kopfverletzungen zutage. Bernhard Oehme wird mit diesem Befund konfrontiert. Erst jetzt räumt er ein, sich mit seiner Schwester gestritten zu haben. Weil sie ihm mit seiner Tabakspfeife auf den Mund schlug, sei er in Wut geraten, habe einen Hammer geholt und sie erschlagen. Als der Hund von dem verspritzten Blut leckte, sei ihm der Gedanke gekommen, den Leichnam seiner Schwester zu »verwerten«.

In vielen, langen Verhören schildert Oehme die grässlichen Details seines Vorgehens. Kriminalinspektor Wegener, der die Vernehmung führt, und Kriminalanwärterin Lühmann, die das Protokoll aufnimmt, müssen so viele abstoßende Dinge anhören, dass sie die Übelkeit nur durch immer wieder eingelegte Pausen mindern können.

Oehme ist im Verhör so gesprächig, als ginge es um die normalsten Dinge der Welt. Sachlich, gefühllos, hemmungslos und zynisch macht er seine Aussagen. Wortreich beschreibt er die Zubereitung von Herz, Leber, Nieren und Rippenfleisch. Nahezu stolz berichtet er über seine Kenntnisse, Seife herzustellen. Er räumt sogar ein, einige Fleischportionen an andere Personen verkauft zu haben, freilich wisse er deren Namen nicht. Ungeniert bittet er Wegener, zur nächsten Vernehmung noch ein Stück Fleisch in die Zelle mitzubringen, es brauche nicht warm gemacht zu werden, er esse es gleich so … Als der Inspektor ihm im Verlaufe weiterer Vernehmungen vorhält, einmal eine Geldbörse entwendet zu haben, ruft er voller Entrüstung: »Nein, ich bin doch kein Lump und kein Dieb!« Mit dieser Reaktion zeigt sich die absurde Moral des Verbrechers.

Wie ein Lauffeuer verbreitet sich in Chemnitz die Nachricht über die schrecklichen Vorgänge im Haus Uhlandstraße 25. Inzwischen wird das Verfahren gegen Bernhard Oehme zügig vorangetrieben. Doch die endgültige Klärung der Frage, wie er seine Schwester erschlagen hat, soll durch eine Tatrekonstruktion untermauert werden. Ein Lokaltermin wird angesetzt. Als die Polizeifahrzeuge vor dem Wohnhaus in der Uhlandstraße vorfahren, sind im Nu Hunderte von Neugierigen versammelt, um sich den Blick auf das Ungeheuer Bernhard Oehme nicht entgehen zu lassen. Die zunächst volksfestartige Stimmung der Schaulustigen schlägt schnell in eine allgemeine Wut um. »Gebt ihn uns«, fordert die aufgebrachte Menge. Und nur der starken Polizeipräsenz ist es zu verdanken, dass Oehme nicht gelyncht wird.

Die »Chemnitzer Volksstimme« druckt auf der Lokalseite unter der Überschrift »Grauenhafter Mord in Chemnitz« einen relativ ausführlichen Bericht über den Fall Oehme. Doch der Schwurgerichtsprozess findet unter Ausschluss der Öffentlichkeit statt. Bernhard Oehme muss für zehn Jahre hinter Gitter. So lautet zumindest das Urteil. In Wirklichkeit aber wird er der Sowjetischen Militäradministration überstellt.

Die Persönlichkeit Bernhard Oehmes sicher einzuschätzen fällt schwer, weil nur bruchstückartige Angaben bekannt sind. Zweifellos ist er eine rohe, kalte Natur mit der Symptomatik eines schwer gemütsarmen Psychopathen.

Er erlernt den Beruf eines Galvaniseurs, ist als Verchromer tätig, gilt als tierlieb. Er heiratet während des Ersten Weltkriegs, wird Vater einer Tochter. Seine Kenntnisse als Galvaniseur nutzt er zur Herstellung von Falschgeld und wird wegen Verbrechens gem. § 146 Reichsstrafgesetzbuch mit acht Jahren Zuchthaus bestraft. 1947 gerät er wieder in Untersuchungshaft. Wegen dringenden Tatverdachts des Mordversuches an seiner Frau und seiner Tochter werden Ermittlungen gegen ihn geführt. Er soll seine Kenntnisse über Metallgifte genutzt haben, doch in einem Indizienprozess muss ihn das Chemnitzer Schwurgericht mangels Beweises freisprechen. Frau und Tochter werfen ihn aus der Wohnung. Seine Schwester Marie hat Erbarmen und nimmt ihn bei sich auf. Sie glaubt, dass er sich in ihrem kleinen Laden beim Verkauf von Knöpfen, Garn, Nadeln und Schnallen nützlich machen wird. Ein verhängnisvoller Irrtum: Drei Wochen später stirbt sie durch seine Hand.

Da die heute übliche psychiatrische Begutachtung zur Feststellung der Schuldfähigkeit seinerzeit unterblieb, kann nicht ausgeschlossen werden, dass bei Bernhard Oehme eine Schizophrenie vorgelegen hat. Die verhältnismäßig milde Strafhöhe von zehn Jahren könnte als Indiz gelten, dass bei der Strafzumessung seine gestörte Persönlichkeit berücksichtigt worden ist. Wie dem auch sei: Er kam in sowjetische Haft, in der er angeblich an einem altersbedingten Leiden verstarb. Man kann aber auch eine andere Möglichkeit in Betracht ziehen: Die Sowjetische Militäradministration hatte längst Ukas erteilt, den Verurteilten ihrem Strafvollzug zu überantworten. Es war allgemein bekannt, dass die sowjetischen Vollzugsbehörden mit Tätern vom Schlage eines Bernhard Oehme nicht viel Federlesens machen. Der Strafausspruch von zehn Jahren Zuchthaus sollte womöglich das inoffiziell längst beschlossene Todesurteil nur kaschieren.

Am Rande dieses spektakulären Verfahrens spielt sich ein Vorgang ab, über den hinter vorgehaltener Hand im Kommissariat K 1 des Chemnitzer Kriminalamts noch lange debattiert wird.

Kurz vor Beginn der Hauptverhandlung gegen Bernhard Oehme wird Wegener zum Chef des Kriminalamts beordert, der ihm den von einem holländischen Reporter verfassten Artikel aus einer westdeutschen Wochenzeitschrift präsentiert, in dem über den Mord in Chemnitz ausführlich berichtet wird. Nun wäre das allein nicht arg, wenn der Inhalt des Beitrags der Veröffentlichung in der »Sächsischen Volkszeitung« lediglich sinngemäß entnommen worden wäre. Aber er geht über die dort gegebenen Informationen hinaus. Es werden einige Details des Falls geschildert, die offensichtlich aus einer internen Quelle des Kriminalamts kommen. Nicht auszudenken, eine undichte Stelle in den eignen Reihen! Doch nicht genug. In dem Beitrag ist auch zu lesen, dass sich die Menschen in der Ostzone schon gegenseitig auffressen. Wegeners oberster Chef tobt: So etwas zu schreiben ist üble Hetze gegen die sowjetische Besatzungsmacht, die sich stets um eine ausreichende Lebensmittelversorgung der ostdeutschen Bevölkerung bemüht!

Wegener ist fassungslos, kann dazu nichts sagen. Für seine Mitarbeiter legt er jedenfalls die Hand ins Feuer.

Doch als der Kriminalinspektor am nächsten Morgen sein Büro betritt, weist Kriminalsekretär Jeske mit einer Kopfbewegung auf den unbesetzten Schreibtischstuhl der Sekretärin Lühmann hin. Ist sie womöglich krank? Wegener will es wissen. Der Kommissariatleiter erwartet ihn offenbar schon und poltert gleich los: »Die Lühmann kommt nicht mehr!«

»Wieso das?«, fragt Wegener erstaunt und starrt seinen Vorgesetzten sprachlos an. Der wiederholt: »Wie ich sagte, die können wir vergessen!«

Tatsächlich. Tage vergehen, und Fräulein Lühmann erscheint nicht mehr. Dass ein Zusammenhang zwischen der westlichen Veröffentlichung und ihrem Fernbleiben besteht, bezweifelt niemand. Hinter den Bürotüren wird getuschelt, dass sie schon lange in einer intimen Beziehung zu einem holländischen Journalisten gestanden habe. Dieser Umstand erklärt die Preisgabe polizeiinterner Informationen. Jedoch bleiben die Vorgänge über ihr plötzliches Verschwinden für immer unklar. Einige der Mitarbeiter des Kommissariats verurteilen die »Verbindungsaufnahme zu einem Helfershelfer imperialistischer Spionagezentralen« und halten es für wahrscheinlich und angemessen, dass sich der sowjetische Sicherheitsdienst ihrer angenommen hat. Andere glauben und hoffen, Fräulein Lühmann habe Konsequenzen befürchtet und deshalb in letzter Minute der Ostzone den Rücken gekehrt. Egal welche der beiden Möglichkeiten der Wahrheit entspricht, niemals wieder wird man etwas von ihr hören.

Etwa ein halbes Jahr nach der Verurteilung Bernhard Oehmes, im Januar 1949, beginnt die politische Überprüfung aller Polizeiangehörigen, verbunden mit einer Entlassungswelle, die gleichzeitig von einer gewaltigen personellen Aufstockung durch Berufsneulinge begleitet wird. Auf diese Weise wird eine politisch zuverlässige Polizeiexekutive mit der Bezeichnung »Deutsche Volkspolizei« formiert. So gerät der Fall Oehme bald in Vergessenheit und blieb nur dem kriminologisch Interessierten in Erinnerung. Denn: In der deutschen Kriminalgeschichte gibt es kein zweites Beispiel eines so absurden, von Eigennutz geprägten »Überlebenskannibalismus« – gerichtet gegen Blutsverwandte und völlig frei von hintergründigen Sexualmotiven.

Hans Girod

Gordischer Knoten

Strafrechtlich voll verantwortlich

Beklommenheit und Abscheu liegt über dem Sitzungs-
saal des 2. Strafsenats des Dresdner Bezirksgericht, als der
Staatsanwalt im Herbst 1968 die Anklage gegen den neun-
undzwanzigjährigen Ingenieur Armin Rauschenbach wegen Doppelmordes Punkt für Punkt begründet. Regungs-
los, die Lippen fest aufeinander gepresst und den Blick auf
den Boden gerichtet, vernimmt der hochaufgeschossene, ein
wenig bärentapsig wirkende Mann auf der Anklagebank die
schweren Vorwürfe. So beginnt die mehrtägige Hauptverhandlung, die die Geschichte eines Mörders offenlegt, der
ganz und gar nicht in das kriminologische Klischee des aso-
zialen, trunksüchtigen und kriminell anfälligen Gewaltver-
brechers zu passen scheint.

Es ist Anfang Juli 1961. Ein Bilderbuchsommer kündigt
sich an. Urlaubs- und Ferienstimmung ergreift die Menschen, die nicht ahnen, dass einen Monat später der Bau
der Mauer ihre Welt verändern wird. Für die Urlauber, die
sich gerade auf dem Weg zu ihren zugewiesenen FDGB-
Heimen auf der Insel Rügen befinden, ist der Bahnhof Put-
bus einer der Umschlagsplätze. Eine lange, anstrengende
Bahnfahrt liegt bereits hinter Sigrid Wehle, einer schlan-
ken, auffalllend großen Frau von 22 Jahren, Textilhandels-

kauffrau aus Weida – dem kleinen Städtchen wenige Kilometer südlich von Gera. Jetzt wartet sie geduldig auf die Abfahrt der Schmalspurbahn, die der Volksmund liebevoll »Rasender Roland« nennt. Im Unterschied zu den meisten Reisenden benötigt sie keinen FDGB-Urlaubsscheck. Der jährliche Kampf um die ihrem Betrieb zugeteilten Urlaubsplätze findet ohne sie statt. Denn Sigrids Tante Gerda ist altangesessene Rüganerin und hat immer eine Dachkammer für ihre Nichte frei. Eine dreiviertel Stunde muss Sigrid auf die Weiterfahrt warten, ehe sich der kleine Zug schnaufend und zischend ostwärts durch die Insellandschaft in Richtung Sellin schlängelt. Währenddessen hängt sie ihren Gedanken nach, beobachtet ein wenig neidisch eine Gruppe von Burschen und Mädchen, die sich liebkosen und unbefangenen Albernheiten hingeben. Gern hätte sie selbst einen festen Freund. Aber das ist für eine Frau ihrer Statur nicht einfach. Ganz tief in ihrer Seele quält sie immer noch, dass die Klassenkameraden ihr einst den Spitznamen »die lange Weihle« verpassten. Die hämischen Tuscheleien sind längst verstummt, vor allem, seit sie sich als exzellente Schwimmerin bei den Schulmeisterschaften einen Namen machte. Und auch jetzt, nach dem kaufmännischen Lehrabschluss im Textilhandel, der ihr einen guten Job in der Absatzabteilung der volkseigenen Wäschefabrik sichert, frotzelt niemand mehr. Dennoch, das angeknackste Selbstbewusstsein hat sie introvertiert, grüblerisch und argwöhnisch gemacht. Manchmal wittert sie grundlos Gefahren für sich und andere. Überhaupt ist sie ein Mensch mit einem Hang zu einer gewissen Weltfremdheit, vertraut der Astrologie und glaubt gelegentlich an übersinnliche Kräfte, die vermeintlich ihr Leben bestimmen. Heitere Ausgelassenheit kennt sie eigentlich nur bei ihren Freundinnen, die sie für kurze Zeit mitreißen können. Männer hält sie konsequent auf Distanz, meint, die seien nur »auf das eine«

aus, viel zu oberflächlich und von zu kleiner Statur. Zurück bleibt die tiefe Sehnsucht nach einem dauerhaften Freund, zu dem sie im wahrsten Sinne des Wortes aufblicken kann.

Als eines Abends eine Selliner Freundin Sigrid zum gemeinsamen Besuch eines Tanzlokals überredet, lernt sie beim Foxtrott einen gleichaltrigen jungen Mann kennen – groß, kräftig, ein überaus netter Kerl, der in Erfurt, also fast in ihrer Nähe, daheim ist und seinen Urlaub mit ein paar Kumpels auf einem Selliner Campingplatz verbringt. Das ist der Mann ihrer Träume, einer zum Kuscheln und Anlehnen! Im Nu ist sie über beide Ohren in ihn verknallt. Auch er hat Feuer gefangen, weicht keinen Schritt mehr von ihrer Seite. Die beiden tanzen die ganze Nacht hindurch. Sigrid erfährt, dass der junge Mann Armin Rauschenbach heißt und nach seiner Lehre als Betriebs- und Verkehrseisenbahner bei der Deutschen Reichsbahn in Erfurt alsbald zum Fahrdienstleiter avancierte. Wahrhaftig, Armin scheint ein strebsamer Typ zu sein. Nun drückt er ab September wieder die Hörsaalbank, um sein Studium an der Fachschule für Eisenbahnwesen in Dresden als Ingenieur für Sicherungs- und Fernmeldetechnik zu beenden.

Dem Austausch ihrer Biografien folgt der Austausch von Zärtlichkeiten. Dieser Urlaub ist voller Glückseligkeit, ausgefüllt mit ausgiebigen Spaziergängen und innigen Liebkosungen. In der letzten Nacht vor ihrer Abreise teilt Sigrid zum ersten Mal das Bett in der Dachkammer mit Armin. Für sie ist er der erste Mann. Und Armin gesteht, dass sie die erste Frau für ihn sei.

Als Sigrid am nächsten Tag Sellin in Richtung Weida verlassen muss, bleibt Armin für den Rest seiner Urlaubstage wehmütig bei seinen Kumpels zurück. Doch die Verliebten geloben, für immer zusammen zu bleiben.

So ist es auch. Die örtliche Trennung ist kein Hindernis für die junge Liebe. Von Erfurt nach Weida dauert die

Zugfahrt nur eineinhalb Stunden. Auch Armins Studienort Dresden liegt nur zwei Fahrstunden entfernt. Ihm, der als Reichsbahner kostenlos reisen kann, ist im Dienstabteil immer ein Sitzplatz sicher. So nutzt er jede Möglichkeit, um Sigrid zu besuchen. Ihre kleine, in einem verschlissenen Altbau gelegene, gemütliche Ein-Zimmerwohnung wird an vielen Wochenenden zum gemeinsamen Liebesnest.

Nur Sigrids Besuche in Erfurt sind sehr selten. Armin ist nämlich Untermieter bei seiner Großtante. Sigrid mag die schrullige, neugierige und altmodische Alte nicht, die über jeden Schritt der jungen Leute wacht. »Sie ist eine Hexe, die nicht will, dass Armin mit mir zusammen ist«, beklagt sie sich einmal bei einer Freundin.

Armin und Sigrid scheinen wie füreinander geschaffen, trotz ihrer höchst unterschiedlichen Naturen. Sigrid ist sensibel und träumerisch-versponnen, dennoch klar perspektivisch denkend, reif und von starker Vitalität. Sie versteht es, Armin zu nehmen. Dieser große, starke Kerl nämlich, der sein Studium mit Bravour meistert und danach als Ingenieur bei der Reichsbahn in Erfurt seine fachliche Kompetenz überzeugend unter Beweis stellt, ist im Grunde innerlich weich und verletzlich, kontaktscheu und ziemlich verschlossen. Einem offensiven Austragen von Konflikten weicht er aus. Diesen Makel kompensiert er mit Opportunismus, sehr zum Wohlgefallen seiner Vorgesetzten. Demgegenüber macht ihn sein selbstgefälliges und sozial distanziertes Auftreten bei den Arbeitskollegen ziemlich unbeliebt. Allerdings: In der Zweisamkeit mit Sigrid ist er liebenswürdig, anpassungsfähig und harmoniebedürftig. Die beiden lieben und verstehen sich und planen eine gemeinsame Zukunft. So schließen sie im Herbst 1963 den Bund fürs Leben. Dem Ja-Wort vor dem Standesbeamten folgt der übliche Antrag auf Zuweisung einer gemeinsamen Wohnung beim Referat Wohnraumlenkung beim Rat der

Stadt Erfurt. Der allgemeine Wohnungsmangel zwingt meist zu langjährigem Warten. Das wissen die jungen Eheleute, sie wissen aber auch, dass Kindersegen die Realisierung ihres Wohnungsantrags beschleunigen könnte. Und da sie sich ohnehin nach einem Kind sehnen, basteln sie mit Eifer am personellen Ausbau der Familie. Doch so sehr sie sich auch bemühen, Sigrids Körper scheint nicht empfängnisbereit zu sein. Ein Frauenarzt diagnostiziert ein latentes Unterleibsleiden, das therapiert werden muss, was die Nachwuchsfrage in eine fernere Zukunft verschiebt.

Ansonsten haben Sigrid und Armin Rauschenbach ihr Leben den äußeren Bedinungen angepasst, führen trotz der Beschwerlichkeiten ihrer Trennung eine harmonische und unauffällige Ehe: Armin arbeitet in Erfurt und wohnt derweil bei der schrulligen Großtante, Sigrid bleibt ihrem Büro in der Wäschefabrik treu. In Erwartung einer größeren Wohnung und in der ungetrübten Hoffnung auf ein Kind hält sie mit eiserner Disziplin das Geld zusammen. Bereitwillig übergibt Armin seine monatlichen Lohnabrechnungen und ist mit dem ihm zugedachten Taschengeld von 160 Mark zufrieden.

Die Monate vergehen. Mitte Februar 1965 muss Armin zu einem mehrwöchigen Weiterbildungslehrgang nach Dresden. Wenige Tage vor seiner Abreise erfährt die eheliche Eintracht eine leichte Dissonanz: Und zwar hatte sich Armin kraft eines amtlichen Besichtigungsscheines eine Wohnung im Erfurter Bahnhofsviertel angesehen, diese aber kurzerhand mit der Begründung »zu laut, zu klein, zu dunkel« abgelehnt. Sigrid ist darüber sauer, weil er über ihren Kopf hinweg entschieden hatte.

»Aus den wichtigen Dingen hältst du mich raus«, klagt sie und fragt argwöhnisch, »manchmal habe ich den Eindruck, du willst mich nicht in Erfurt haben. Ist da etwa eine andere Frau im Spiel?«

Armin hat alle Mühe, sie zu beruhigen. Sigrid warnt ihn vorsichtshalber: »Wenn du mich jemals betrügst, will ich nicht mehr leben.« Doch der kleine Zusammenprall ist schnell vergessen.

Armins Fortbildung findet an der Fachschule für Eisenbahnwesen statt. Die Seminarteilnehmer, die aus verschiedenen Dienststellen der DDR angereist sind, beziehen im Studentenwohnheim einstweiliges Quartier. Dort herrscht die vertraute Ungezwungenheit, die an die alten Tage des eigenen Studentenlebens erinnert. Ansonsten muss ein straffes Tagespensum absolviert werden. Anwesenheit ist Pflicht. An den Abenden trifft man sich in geselliger Runde. Armin wohnt mit zwei ledigen und fidelen Jungingenieuren auf einer Bude. Sie kriegen ihn herum, am kommenden seminarfreien Wochenende nicht nach Weida zu fahren, sondern mit ihnen auf den Faschingsball der Pädagogischen Hochschule zu gehen. Armin legt die Skrupel ab, überlegt kurz und kramt das Schreibzeug hervor: Noch ist's Zeit für einen pünktlichen Brief an Sigrid, der neben besänftigenden Liebesbezeigungen tiefes Bedauern ausdrückt, das kommende Wochenende über den Büchern verbringen zu müssen.

Am Abend des Events gibt es Tanz in allen Räumen der Pädagogenschmiede. Armin steht, ein Glas Bier in der Hand, eine Zeitlang einsam an einer Säule und lauscht der Musik.

»Hast du Lust zu tanzen?«, raunt ihm eine süße Stimme ins Ohr. Er mustert die junge Frau einen Augenblick lang. Eine schlanke Erscheinung mit schwarzhaarigem Pferdeschwanz und pfiffigen, dunklen Augen. Armin lächelt verlegen. Ohne Umschweife ergreift sie sein Bierglas, stellt es irgendwo ab und führt ihn mit Charme und sanfter Gewalt geradewegs auf die Tanzfläche.

Er und das Mädchen mit dem Pferdeschwanz bleiben die ganze Nacht zusammen. Und von Minute zu Minute löst sich Armins innere Verkrampfung, und er wird heiter und locker. Er plaudert mit der ihm eigenen Eitelkeit über sich und seine Tätigkeit bei der Bahn. Als wolle er die Gefahr eines amourösen Abenteuers vorsorglich abwehren, baut er ein moralisches Schutzschild vor sich auf und redet lang und breit über seine harmonische Ehe. Das Mädchen mit dem Pferdeschwanz hört eine Zeitlang artig zu. Dann aber rückt sie demonstrativ nah an ihn heran und fällt ihm ins Wort: »Lass deine Frau mal aus dem Spiel, jetzt bin ich bei dir!« Im weiteren Plausch erfährt er, dass sie Helga Mansfeld heißt, 24 Jahre alt und ledig ist, als Redakteurin bei der Betriebszeitung des Sachsenwerks arbeitet und in Blasewitz bei ihren Eltern wohnt. Nein, einen Freund hat sie nicht. Und – wie im Fasching üblich – küssen sie sich. Erst weit nach Mitternacht verlassen sie das Faschingstreiben. Als Helga Mansfeld sich mit einem flüchtigen Kuss von Armin verabschiedet, fragt sie: »Hast du Lust, morgen, 18 Uhr, vor der Milchbar Prager Straße?«

Armin ist begeistert: »Klar doch, ich bin pünktlich!«

Seit dieser Verabredung treffen sich die beiden fast jeden Tag, bummeln händchenhaltend durch die immer noch winterlich kalte Innenstadt, verbringen manche Stunde in Cafés oder gehen ins Kino. Armins Innenleben ist durcheinandergeraten. Ständig muss er an die schöne Helga mit dem Pferdeschwanz denken. Ja, er ist bis über beide Ohren verknallt. Aber auch Sigrid beschäftigt ihn. Dies jedoch aus Gründen des Selbstschutzes. Eigennützig durchdenkt er sein künftiges taktisches Verhalten, wie er die Dresdener Romanze so lange wie möglich fortsetzen kann.

Zwei Tage vor Lehrgangsschluss, Armins Mitbewohner sind beide im nächsten Tanzschuppen und vor Mitternacht nicht zurück, macht er Helga den Vorschlag, den Abend in ungestörter Zweisamkeit zu verbringen. Sie folgt ihm ins Studentenheim. Und ins Bett. Erst gegen Mitternacht nehmen sie Abschied. Armin verspricht hoch und heilig, fleißig Briefe zu schreiben und recht bald nach Dresden zurückzukehren. Helga indes versichert, ihrerseits alles zu tun, dass seine Frau Sigrid von der heimlichen Affäre nichts erfährt. Dann tauschen sie einen letzten leidenschaftlichen Kuss, aber auch ihre Anschriften – und für den Notfall die dienstlichen Telefonnummern – aus. Freilich teilt Armin mit Vorbedacht nur seine Erfurter Adresse mit.

Nach der langen Trennung empfängt Sigrid ihren Armin in der verzückten Erwartung einer liebenden Gattin. Ihn aber plagen Gewissensbisse, die er mit ungewöhnlich guter Laune und ein paar netten Mitbringseln aus Dresden kaschiert. Sigrid ist zufrieden.

In der Folgezeit schreibt Armin heimlich mehrere Briefe an Helga, leidenschaftliche, sehnsuchtsvolle Liebeserklärungen. Sie antwortet auch prompt, ebenso verzückt und darauf brennend, den Geliebten bald wiederzusehen.

Ende März erhält Armin Rauschenbach einen Anruf aus Dresden, dessen Inhalt ihn schockiert: Mit ziemlicher Freude teilt Helga mit, dass sie ein Kind von ihm erwarte. Zwar stünde eine verbindliche medizinische Bestätigung noch aus, doch als Frau spüre sie die untrüglichen Zeichen. Wenn also ihre Vorahnung zuträfe, wäre sie überglücklich, denn sie wünsche sich ein Kind. Natürlich erwarte sie dann nicht nur eine moralische Unterstützung von ihm, sondern neben dem freimütigen Bekenntnis zu seiner Vaterschaft die Gewissheit, seinen Unterhaltsverpflichtungen nachzukommen. Sie wolle wissen, ob er dazu steht, wenn sich ihre Vermutung bestätige.

Armin ist fassungslos. Sollte ihn ein einmaliger Seitensprung gleich zum Vater gemacht haben? Er wagt nicht, sich die Konsequenzen für seine Ehe auszumalen, in der ein langgehegter Kinderwunsch immer noch unerfüllt blieb. Noch kann er sich mit Zweckoptimismus trösten. Vielleicht irrt sich Helga. Vielleicht wird sie in einigen Tagen Entwarnung signalisieren. Vielleicht will sie nur testen, wie er auf eine derart schwerwiegende Mitteilung reagiert. Vielleicht, vielleicht ...

Mit einem Mal bereut er das süße Dresdner Abenteuer. Nichts ist mehr geblieben von der leidenschaftlichen Verliebtheit. »Solltest du tatsächlich schwanger sein, lass es wegmachen«, fordert er. Enttäuscht und zornig beendet Helga Mansfeld das Gespräch und schreibt ihm einige Tage später, dass sie niemals abtreiben würde. Aus den bisherigen Gedankenspielen wird harte Realität, als sie ihm Anfang April schreibt, dass sie tatsächlich schwanger sei und Ende Dezember Mutter werde. Sie will das Kind und freut sich darauf, egal wie er dazu steht. Hauptsache, er kommt seinen Verpflichtungen nach.

Armin fleht Helga an, bittet unterwürfig, sie solle mit Rücksicht auf seine Ehe die wahre Vaterschaft verschweigen. Immerhin sei Sigrid krank, anfällig für Depressionen, er müsse sie schonen.

»Ich schütze deine Ehe, wenn du die Vaterschaft anerkennst und deinen Unterhaltsverpflichtungen nachkommst«, lässt sie ihn wissen. Danach bricht sie die spannungsgeladene Kommunikation mit Armin vorerst ab.

In den nächsten Monaten gerät Armin Rauschenbach zunehmend in eine Art Doppelleben, sich mit der immer näherrückenden sozialen Veränderung und Belastung abzufinden und sie gleichzeitig vor Sigrid zu verbergen. Noch kann er diesen quälenden Konflikt unbemerkt in sich hineinfressen. Und in der Tat: Sigrid merkt nichts von alledem. Sie glaubt, ihre Ehe verlaufe weiterhin in den üblichen Bahnen. Armin überrascht sie mit einer Urkunde über ihre

Mitgliedschaft bei der Erfurter AWG, der Arbeiterwohnungsbaugenossenschaft, das verheißt eine neue Wohnung, freilich nach entsprechender Wartezeit.

In den ersten Januartagen des Jahres 1966 erhält Armin Rauschenbach einen nüchtern formulierten Brief mit bedeutsamen Inhalt. Absender: Helga Mansfeld. Sie lässt ihn wissen, er sei am 30. Dezember Vater einer Tochter namens Anett geworden, und sie habe ihn bei den Behörden als rechtmäßigen Vater angegeben. Dann erinnert sie ihn an seine nun einsetzenden pekuniären Pflichten und bittet um eine Gehaltsbescheinigung zur Festlegung des Unterhalts. Armin ist schockiert, dass sie ihn entgegen seiner dringenden Bitte als Vater genannt hat. Tagelang ergeht er sich in Grübeleien und spielt die verschiedensten Verhaltenskonzepte durch, wie er die Probleme von sich und Sigrid fernhalten kann. Dann erhält er ein amtliches Schreiben der Abteilung Jugendhilfe, die Vorladung zu einem Gespräch. Gehorsam und aufs Äußerste gespannt folgt er der Aufforderung. Die streng wirkende Dame hinter dem Schreibtisch benötigt aber nur seine Unterschrift. Er soll die Vaterschaft des Kindes Anett Mansfeld anerkennen und besiegeln, seinen Unterhaltsverpflichtungen nachzukommen. Behutsam fragt er, wie hoch bei seinem Nettoverdienst von 800 Mark die monatlichen Alimente wohl seien. Die gestrenge Dame vertieft sich einen Moment lang in einen Ordner mit Tabellen. Schließlich antwortet sie: »Nach den geltenden Richtsätzen für die Festsetzung der monatlichen Unterhaltsbeträge müssen Sie für das erste Kind 100 Mark zahlen. Die entsprechende Verdienstbescheinigung legen Sie der Kindesmutter vor!«

Ohne zu zögern unterzeichnet Armin das Dokument. Ihm ist schnell klar geworden, falls er sich etwas einschränkt, könnte er die Alimente unbemerkt von seinen

160 Mark Taschengeld abzweigen und Sigrid würde davon nichts erfahren. Später kommen ihm Bedenken, ob er mit den verbleibenden 60 Mark Taschengeld auskommen wird. Wieder schreibt er Helga einen herzzerreißenden Brief und fleht sie an, sich mit 50 Mark Unterhalt zufriedenzugeben. Doch sie will für ihr Kind das, was ihr gesetzlich zusteht. »Sende mir deine Verdienstbescheinigung und danach lasse ich die Unterhaltshöhe festlegen«, antwortet sie knapp und sachlich. Wieder grübelt er, doch alle seine Überlegungen umkreisen nur den eigenen Schutz und die Vermeidung gefährlicher Ehekonflikte. Folgerichtig kommt er auf die absurde Idee, die erforderlichen Verdienstbescheinigungen zu fälschen. Bedenkenlos fertigt er mehrere Dokumente an, in denen er sich einen Nettoverdienst von 500 Mark bescheinigt, weil er weiß, dass er daraufhin nur 70 Mark zu zahlen hat. Um den Schriftstücken einen offiziellen Charakter zu verleihen, versieht er sie mit Stempelaufdrucken des Lohnbüros seines Betriebes und überweist von nun an monatlich 70 Mark an Helga Mansfeld. Damit scheint sie sich abzufinden, denn er hört seitdem nichts mehr von ihr. Armin ist einigermaßen beruhigt.

Unerwartet öffnet sich im Mai 1966 über Armin Rauschenbachs Ehe das Füllhorn des Familienglücks, als Sigrid ihm mitteilt, dass sie entgegen aller medizinischen Unkenrufe schwanger ist. Ihre Freude ist grenzenlos. Endlich werden sie eine richtige Familie. Jetzt garantiert der Mutterschutz eine schnellere Bearbeitung ihres Wohnungsantrages. Auf dem Papier richtet Sigrid sogleich ein imaginäres Kinderzimmer ein, veranschlagt die möglichen Kosten, kauft Spielzeug und Kindersachen ein. Armin kann nur mit ratloser Unsicherheit die Nachricht entgegennehmen. Um keinen Argwohn aufkommen zu lassen, täuscht er mit überzeugender Virtuosität einen Jubeltaumel vor. Ansonsten bleibt alles beim Alten. Mitte Januar 1967 bringt Sigrid ein gesundes Mädchen zur Welt. Ein Umzug nach Erfurt wird immer wahrscheinlicher. Wieder schreibt Armin heimlich an Helga Mansfeld und winselt um ihr Einverständnis zur Reduzierung des Unterhalts auf 50 Mark, da nun auch Sigrid ein Kind von ihm bekommen hätte, für das er sorgen muss. Doch Helga bleibt hart. »Ich diskutiere nicht mit Dir über Unterhaltsfragen, die lasse ich durch die Jugendhilfe klären«, schreibt sie genervt zurück. Prompt erhält er ein amtliches Schreiben aus Dresden mit der Aufforderung, »zur Festlegung der Unterhaltshöhe unverzüglich eine Verdienstbescheinigung einzureichen«. Er sieht nur den Ausweg aus diesem Dilemma, erneut gefälschte Dokumente einzureichen, worauf er zu einer monatlichen Unterhaltszahlung von 65 Mark verdonnert wird. Glimpflich davongekommen, ist sein Resümee. Die Probleme aber bleiben.

Die nächsten Monate vergehen im üblichen Trott. Eines Tages bietet die Erfurter AWG der Familie Rauschenbach eine 2-Raum-Wohnung mit Einbauküche und Balkon an. Sigrid kann das Glück nicht fassen. Sie verfolgt konsequent und unnachgiebig das Ziel, dass ihre kleine Familie endlich zusammenziehen kann. Das bedeutet aber auch, nicht nur die erforderlichen Genossenschaftsanteile von 4000 Mark, sondern auch die finanziellen Mittel für die neue Wohnungseinrichtung und den Umzug bereitzuhalten. Und wie es ihre Art ist, kalkuliert und plant sie. Schließlich legt sie Armin ein Konzept vor, aus dem aber auch hervorgeht, sein Taschengeld vorübergehend auf die Hälfte zu reduzieren. Nach außen erklärt er sich einverstanden, innerlich aber quält ihn das gewaltige, inzwischen mehr als zwei Jahre dauernde Dilemma.

Er fasst erneut einen widersinnigen Entschluss: Er will bei nächster Gelegenheit Helga Mansfeld in Dresden besuchen. Vorgeschobener Anlass ist, sein inzwischen zweijähriges Töchterlein, das er bisher noch nie zu Gesicht bekam, einmal zu sehen. Dieses Vaterrecht dürfte sie ihm wohl kaum verwehren. In Wahrheit aber will er ihr Auge in Auge die Härte seiner Situation klarmachen und sie zu einer längeren Aussetzung der Unterhaltszahlungen breitschlagen.

Mehrere Tage durchdenkt Armin diesen Plan, schwankt aber zwischen feiger Unentschlossenheit und innerem Druck und zögert immer wieder, Helga anzurufen. Dann drängt ihn der Zufall zu einer schnellen Entscheidung: Sein Betrieb delegiert ihn nämlich erneut zu einem achttägigen Fortbildungsseminar an die ihm vertraute Ingenieurschule in Dresden. Armin nutzt die Gunst der Stunde und wagt einen Anruf bei Helga. Verlegen und nervös unterbreitet er den Vorschlag, ihr in Dresden einen Besuch abzustatten, um »sein Kind kennenzulernen«. Helga weist sein Anliegen zunächst schroff zurück. Doch sie legt den Hörer nicht auf. Armin kann deshalb das Gespräch fortsetzen. In einer inbrünstigen Litanei bettelt er unterwürfig, fleht und drängt, sein Kind einmal sehen zu dürfen. Offensichtlich erweicht er damit Helgas Herz: »Das Recht, dein Kind zu sehen, kann ich dir nicht versagen. Aber bei mir zu Hause will ich Dich nicht sehen! Mir wäre es am liebsten, wenn wir uns auf neutralem Boden treffen. Mein Vorschlag: Wir treffen uns am 24. Juni an der Bushaltestelle Kaditz. Die kleine Anett bringe ich im Kinderwagen mit.« Armin ist sofort einverstanden und verspricht, pünktlich zu sein.

Dass ihr Angetrauter wieder einmal zu einem Lehrgang muss, verdrießt Sigrid. Auch die bittere Pille, die Armin mit der Ankündigung bereithält, das Wochenende vom 24. zum 25. Juni angeblich wegen verschiedener Besorgungen in Dresden zu verbringen, schluckt sie widerwillig, aber ohne zu lamentieren. Armin wiederum glaubt, das Zustandekommen des Stelldicheins mit Helga Mansfeld sei der wichtigste Schritt zur Lösung seines finanziellen Problems.

Samstag, 24. Juni 1967. Ein sonnenklarer, wolkenloser, ungewöhnlich warmer Frühsommertag. Die meisten Dresdner hat es hinaus ins Grüne oder in die Freibäder gelockt. Kurz vor 14 Uhr wartet Armin Rauschenbach an der vereinbarten Bushaltestelle in Kaditz – ein nordwestlich von Dresden-Neustadt liegender, linkerhand durch die Elbe, in südlicher Richtung durch die Autobahn begrenzter Ortsteil. In einer Hand trägt er eine Einkaufstüte aus dem »Centrum-Warenhaus Dresden«, darin ein kleiner wuscheliger Teddybär. Es soll das erste Geschenk des Vaters an seine Tochter sein, und es wird das einzige bleiben. Nach einigen Minuten ungeduldigen Wartens kommt der Bus. Ein paar Leute steigen aus und gehen eilig ihrer Wege. Auf der hinteren Plattform erblickt er Helga. Sie hat Mühe, den schweren Kinderwagen aus dem hochbeinigen Ikarus-Bus zu hieven. Armin geht ihr zur Hand. Die Begrüßung der beiden ist freundlich und sachlich, doch vermeiden sie einen allzu intensiven Blickkontakt. Nervös und unbeholfen sucht Armin nach einem unverfänglichen Gesprächsthema, nachdem Helga fast ungeduldig gefragt hat: »Und jetzt?« Um diese peinliche Situation zu überbrücken, hockt er sich vor den Kinderwagen, lächelt gekünstelt und gibt sich erstaunt: »Du bist aber schon ein großes Mädchen!« Dann überreicht er seinem Töchterlein das plüschene Mitbringsel. Das kleine, quicklebendige Mädchen lächelt den fremden Mann an, der sein Vater ist. Armin hat sich einigermaßen gefasst und wendet sich an Helga: »Wollen wir spazieren gehen?« Und sie ist einverstanden.

Unsicher trottet er neben Helga her, die den Kinderwagen routiniert vor sich her durch die Serkowitzer Straße schiebt. Mit ängstlich-wachsamen Blicken checkt er die vorübergehenden Menschen, immer auf der Hut, möglichen Bekannten schnell ausweichen zu können. So promenieren die ungewöhnlichen Eltern mit ihrem Kind am kleinen

Friedhof und der Emmauskirche entlang, lassen bald die Häuser von Altkaditz hinter sich und steuern geradewegs auf die Elbwiesen zu, die einen breiten Grünstreifen entlang des Flusses bilden, durch den sich kilometerweit beliebte Spazierpfade schlängeln. Im Schatten einer dichten Buschgruppe lassen sie sich nieder. Helga hat vorsorglich eine Decke mitgebracht. Sie platziert das Kind neben sich im Gras. Eine herrliche Ruhe liegt über den fast menschenleeren Elbwiesen. Lediglich in einiger Entfernung von der trügerischen Familienidylle weidet ein angepflocktes Pferd. Dort harkt ein sonnengebräunter Mann Heu zusammen und lädt es auf einen flachen Karren.

Armin wartet immer noch auf den geeigneten Moment, sein eigentliches Anliegen vorzubringen. Noch wagt er den Vorstoß nicht. Denn Helga redet unentwegt auf ihn ein. Schweigend liegt er auf der Decke und spielt den aufmerksamen Zuhörer. Lang und breit berichtet sie von ihrer Schwangerschaft, wie sehr sie sich auf die kleine Anett gefreut hatte und wie gut das Kind sich nun entwickle. Begeistert schildert sie, wie hingebungsvoll ihre Eltern sie unterstützen, damit ihre berufliche Karriere unter den Mutterpflichten nicht leiden muss, denn sie möchte Journalistik studieren. Mit ihrer jetzigen Lebenssituation wäre sie durchweg zufrieden. Nein, einen Mann brauche sie nicht, sie wolle frei sein. Und er, Armin, wäre im Übrigen sowieso nicht der Richtige. »Nicht etwa, weil du verheiratet bist, es ist deine Feigheit, dein ewiges Herumeiern. Das alles kotzt mich an«, meint sie geringschätzig.

Armin spürt zwar den moralischen Tiefschlag, doch er verkneift sich eine Entgegnung. Er bemerkt, dass der heuharkende Landmann seine Arbeit inzwischen beendet hat, mit seiner beladenen Karre von dannen zieht und jetzt weit und breit kein Mensch zu sehen ist. Helga unterbricht ihren Wortschwall, um aus dem Kinderwagennetz eine Erfrischung hervorzukramen. Armin nutzt die kurze Chance, auf sein Thema zu kommen.

»Ich muss etwas mit dir besprechen«, beginnt er zaghaft.

Helga blitzt ihn an. Sie scheint sofort zu ahnen, was kommt und reagiert scharf. »Ich kann mir schon denken, was du willst! Wenn es um den Unterhalt geht, sprich gleich mit der Jugendhilfe, nicht mit mir!«

Armin unterbreitet dennoch seinen merkwürdigen Vorschlag, verspricht eine großzügige Rückzahlung, begründet die Notwendigkeit seines Ansinnens mit der vor einem halben Jahr geborenen Tochter Sabine und malt die finanziellen Probleme im Zusammenhang mit der in Aussicht stehenden AWG-Wohnung in Erfurt in den schillerndsten Farben aus.

Helga hört ihm zunächst zu. Doch ihr Gesicht drückt tiefes Misstrauen aus. Schnell ist ihre Geduld erschöpft. Sie unterbricht ihn schroff mit der Frage: »Hast du Sigrid endlich reinen Wein eingeschenkt?«

Armin verneint, gibt sich altruistisch: »Das kann ich ihr nicht antun!«

»Dann sieh zu, wie du aus dem Schlamassel kommst. Klipp und klar: Ich will den Unterhalt, und zwar den, der meinem Kinde zusteht.«

Armin klagt herzerweichend: »Und was wird aus mir?«

Doch Helga bleibt unerbittlich: »Denk mal lieber an unser Kind, elender Feigling!«

Die Auseinandersetzung gewinnt an Schärfe. Immer wieder fordert sie den vollen Unterhalt, und immer wieder versucht er, sie breitzuschlagen. Schließlich gerät Helga so in Rage, dass sie ihn anschreit: »Montag bin ich bei der Jugendhilfe, mir ist jetzt alles egal. Schluss mit der Rücksicht auf deine Ehe!«

Ihre Stimme drückt eiserne Entschlossenheit aus. Plötzlich ist Armin klar, dass er Helga von einem Gang zur

Jugendhilfe nicht mehr abhalten kann. Nun muss er befürchten, dass sein Gehalt gepfändet wird und damit die ganze Angelegenheit im Betrieb publik wird. Er verschließt mit seinen großen Händen Helgas Mund, drückt ihren Körper nieder auf die Decke, beugt sich über sie und zischt gefährlich: »Untersteh dich!«

Als er die Hände wieder zurückzieht, schubst sie ihn mit aller Kraft zur Seite und richtet sich auf: »Schluss jetzt! Ich werde deiner Sigrid schreiben, damit die Geheimniskrämerei ein Ende hat!«

»Das machst du nicht!«, warnt er in scharfem Ton und ist wieder bei ihr, packt sie an den Schultern und stemmt ihren Rücken mit roher Gewalt zurück auf die Decke. Helga schlägt wild um sich.

»Du wirst es sehen!«, schreit sie ihn an und versucht vergeblich, sich zu befreien.

Armin ist außer sich. Tausend düstere Gedanken toben in seinem Hirn. Ihm wird bewusst, wie schnell seine Welt zusammenstürzen würde, wenn Helga ihre Drohung wahrmacht. Sie ist eine ernste Gefahr für sein Leben geworden, eine tickende Zeitbombe, die mit einem Schlag alles vernichten könnte, was er sich mühselig aufgebaut hat, die Familie, das Renommee im Betrieb und überhaupt. Und er spürt, dass die Verstrickungen, in denen er sich seit langem verfangen hat, einen unlösbaren Knoten bilden. Eine Art Gordischer Knoten, der nur mit einem wuchtigen Schwerthieb zerschlagen werden kann. »Ich muss sie töten, ehe sie mich vernichtet!« schießt es durch sein Hirn. Jetzt muss er handeln, sonst kann es zu spät sein! Nur einen kurzen Augenblick hält er sich noch zurück, dann umklammern seine großen, starken Hände Helgas Hals, während er mit seinem massigen Körper ihren Leib auf der Decke fixiert. Einige Minuten liegt er so, während sein Töchterchen wenige Meter von ihm entfernt im Gras spielt. Als er seine

Hände löst, ist Helga tot. Lang ausgestreckt liegt sie auf der Decke, die Augen weit aufgerissen. Armin ist innerlich völlig ausgekühlt, überlegt sein weiteres Verhalten. Er denkt an das Kind, das wenige Meter weiter unschuldig auf der Wiese herumkrabbelt. Soll er es bei der toten Mutter lassen? Armin blickt sich um. Weit und breit kein Mensch. Nein. Augenblicke später steht sein Entschluss fest: »Auch das Kind muss weg!« Er führt das Kind an der Hand zum Fluss. Mitten auf dem etwa zwei Meter breiten, aus felsigen Formsteinen gemauerten, Steilufer stellt er es ab. Er sieht, wie sich das Kind auf der schiefen Ebene kaum halten kann und hin und her schwankt. Mit eiskaltem Gemüt macht er kehrt in Richtung der toten Helga. Nach einigen Metern dreht er sich um und sieht, wie das Kind, ohne einen Schrei von sich zu geben, in die Fluten plumpst und sofort untertaucht. Unbeirrt schreitet er weiter, bis er die Tote auf der Decke erreicht hat. Plötzlich vernimmt er hinter den Büschen die Stimmen von Spaziergängern, die sich unaufhaltsam nähern. Flugs legt er sich neben die Leiche, zieht sie zu sich heran und umarmt sie. Arglos ziehen die Spaziergänger vorüber, werfen nur einen kurzen, verstohlenen Blick auf das sich vermeintlich liebkosende Paar. Als sie später von der Kripo als Zeugen vernommen werden, sind sie über die wahren Umstände entsetzt.

Armin zieht den Leichnam einige Meter weiter zu einer Mauer, legt ihn dort ab und bedeckt ihn oberflächlich mit Zweigen und Pflanzen, die er aus der Umgebung heranschafft. Er geht zurück zum Rastplatz, packt eilig die Decke, den Plüschteddy und Helgas Handtasche in den Kinderwagen und versteckt ihn in einem kleinen Graben am Elbufer, etwa an der Stelle, an der er sein Kind ins Wasser stürzen ließ. Immer wieder sieht er sich prüfend um, ob ihn jemand beobachten könnte. Dabei erblickt er in der Ferne zwei sich nähernde Männer. Eilig macht er sich davon.

Mit absonderlicher Gelassenheit kehrt er zum Studentenheim zurück, um sich zu waschen, etwas auszuruhen und im Kreise anderer Lehrgangsteilnehmer das Abendessen zu genießen. Die Zeit bis zur Nachtruhe gehört dem Skatspiel. Armin Rauschenbach verhält sich wie immer verschlossen, freundlich und unauffällig.

Der Kraftfahrer Otto Brehmer, der im Ortsteil Stetzsch direkt am Elbufer wohnt, genießt den sonnigen Nachmittag des 24. Juni auf seinem Balkon. Von dort kann er seinen Blick über den großen Fluss und die Elbwiesen bis hinüber nach Serkowitz, Kaditz und Mickten schweifen lassen, kann die großen und kleinen Schiffe oder die Spaziergänger beobachten. Mit Hilfe seines Feldstechers erspäht er auf der anderen Flussseite bisweilen sogar liebeshungrige Pärchen, die sich, unbeobachtet wähnend, ihren Spielen hingeben. Brehmers Freizeitvergnügen der besonderen Art. Als er kurz nach 14 Uhr auf die gegenüberliegende Seite des Flusses über die Elbwiesen späht, nimmt er ganz nebenbei ein auf einer Decke einträchtig lagerndes Liebespaar mit spielendem Kind wahr. Als er kurz nach 17 Uhr ein zweites Mal auf das Gelände am gegenüberliegenden Ufer blickt, fällt ihm ein merkwürdiger Umstand auf, der seine volle Aufmerksamkeit wachruft: Er sieht, wie genau der Mann, der ein paar Stunden zuvor mit einer Frau friedlich in der Sonne lag, eilig einen unförmigen, langen Gegenstand versteckt und mit Strauchwerk und Gras abdeckt. Folgerichtig fragt sich Brehmer: »Wo ist die Frau, und wo das Kind?« Überdies kann er nur den leeren Kinderwagen erkennen. Eine schlimme Vorahnung befällt ihn. Dort drüben könnte etwas Schreckliches passiert sein, schlussfolgert er. Jetzt will er wissen, ob sich sein Verdacht bestätigt oder ob sich herausstellt, dass seine Phantasie Purzelbäume schlägt. Er eilt hinunter auf die Straße, startet seinen dort abgestellten

Trabi und fährt los. Er muss den Weg über die Autobahn nehmen. Es ist die kürzeste und schnellste Verbindung zur anderen Uferseite.

Als er die Elbwiesen erreicht, verlässt er sein Auto und spricht einen älteren Mann an, der ihm zufällig begegnet. Aufgeregt schildert Brehmer die verdächtigen Wahrnehmungen, appelliert an das Rechtsbewusstsein des anderen und bittet ihn um personelle Verstärkung. Mit Erfolg. Beide Männer bewegen sich nun auf die verdächtige Stelle zu, die Brehmer schon von weitem ausgemacht hat. Dabei nehmen sie wahr, wie ein junger, großer und kräftiger Mann sich dort auffällig zu schaffen macht. Als dieser die beiden Männer bemerkt, macht er sich eilig aus dem Staub. Mangels geeigneter physischer Konstitution nehmen Brehmer und der Passant Abstand von einer Verfolgung. Dafür können sie später bei der Polizei eine ziemlich genaue Personenbeschreibung abgeben. Die Männer inspizieren großräumig den verdächtigen Platz und entdecken nicht nur die mit Gras und Gestrüpp abgedeckte Leiche einer jungen Frau, sondern auch den in einem ufernahen Graben abgestellten Kinderwagen. Höchste Zeit, Alarm zu schlagen.

Kurz nach 18.30 Uhr ist ein Großaufgebot der Polizei zur Stelle. Bereits bei der Tatbefundaufnahme am Fundort der Frauenleiche ist der Mordkommission bekannt, dass zwei Stunden zuvor flussabwärts an der Pieschener Fähre ein totes Kleinkind aus der Elbe geborgen wurde. Todesursache: Ertrinken. Der leere Kinderwagen am Tatort legt die Herstellung eines Zusammenhangs zwischen beiden Ereignissen nahe. Bei der Durchsuchung der im Kinderwagen abgelegten Damenhandtasche stößt die Polizei auf die Personaldokumente der toten Frau. Die Kriminalisten, denen die höchst unangenehme Aufgabe zuteil wird, den Eltern der Ermordeten die erschütternde Todesnachricht zu überbringen, erfahren, Helga sei nach Dresden-Kaditz gefahren, um sich für einige Stunden mit dem in Erfurt wohnhaften Kindesvater Armin Rauschenbach zu treffen.

Bereits die ersten gerichtsmedizinischen Befunde beweisen, dass Helga Mansfeld erwürgt wurde. Der Tatverdacht richtet sich sofort gegen Armin Rauschenbach. Allerdings: Die Beantwortung der Frage, inwieweit die Umstände, die zum Ertrinkungstod des Kindes führten, verbrecherischer Natur sind, ist gerichtsmedizinisch nicht zu klären, sondern Aufgabe der Kriminalpolizei.

Im Tagesverlauf des 25. Juni wird wegen Verdachts der vorsätzlichen Tötung gegen Rauschenbach ein Ermittlungsverfahren eingeleitet und Haftbefehl erlassen. Bereits gegen Abend weiß die Mordkommission, dass sich der Verdächtige zur Zeit an der Dresdener Fachschule für Eisenbahnwesen aufhält.

Armin hatte den ganzen Sonntagabend mit ein paar Kumpels Skat gespielt. Erst gegen Mitternacht entschloss man sich zur Nachtruhe. Kaum hat er eine Stunde geschlafen, wird er plötzlich durch kräftige Männerarme wachgerüttelt. »Herr Rauschenbach?«, fragt eine resolute Stimme. Er springt aus dem Bett, sieht vor sich mehrere Männer mit ernsten Gesichtern, ist auf der Stelle hellwach und weiß Bescheid. »Sie sind verhaftet, packen Sie Ihre Sachen!«, herrscht ihn einer an. Wortlos folgt er der Aufforderung. Ruhig und gelassen, ohne eine Miene zu verziehen, lässt er sich abführen.

Was nun folgt, ist der Routineablauf eines Ermittlungsverfahrens gegen »Bekannt«, unspektakulär, ohne besondere kriminalistische Herausforderung, ohne die sonst üblichen Beweisnöte. Rauschenbach bekennt sich nach anfänglichem Widerstreben unter dem Druck der vorhandenen Beweise zu seinen Taten: Ein Mord durch Tun, ein Mord durch Unterlassen und ganz nebenbei die fortgesetzte Urkundenfälschung.

Wie generell bei Kapitalverbrechen wird auch Rauschenbach gerichtspsychiatrisch begutachtet. Es soll u. a. festgestellt werden, ob er während der Taten nur eingeschränkt einsichts- und steuerungsfähig war und womöglich in einem die strafrechtliche Verantwortlichkeit mindernden Affektzustand handelte. Doch der Gutachter verneint dies und schätzt ein: Rauschenbach ist eine gehemmte, kontaktschwache, seit früher Kindheit emotional unterversorgte, eitle, egoistische Persönlichkeit mit guter Intelligenz und geringer Fähigkeit zu vernünftiger Konfliktbewältigung. Die beiden Morde bilden den Endpunkt einer langen Kette von Problemanhäufungen, derer er nicht mehr Herr wurde. Jedoch war seine Einsichts- und Steuerungsfähigkeit in keiner Phase der Tat beeinträchtigt. Er handelte kaltschnäuzig und mit Vorbedacht. Auch wenn der Tötungsvorsatz erst am Ende der Auseinandersetzung mit Helga Mansfeld im Zustand heftiger Erregung gefasst wurde, rechtfertigt diese Gemütsaufwallung keinen strafmildernden Affekt im Sinne eines Totschlags. Strafrechtlich voll verantwortlich, wird Armin Rauschenbach wegen Doppelmords zu einer lebenslangen Freiheitstrafe verurteilt.

Nachsatz: Niemand zweifelt an Rauschenbachs Täterschaft. Bis auf eine Ausnahme: Es ist Sigrid, seine Ehefrau. Sie kann nicht fassen, was viele Jahre hinter ihrem Rücken geschah. Die plötzlich freigelegten Geschehnisse um ihren Gatten stürzen wie eine gewaltige Lawine auf sie ein. Ihre Seele nimmt ernsthaften Schaden. Eine schwere psychiatrische Symptomatik macht therapeutische Maßnahmen erforderlich. Wahnhaft sieht sie die eigentliche Ursache des Verbrechens in Armins betagter Großtante, die ihn mit einem Hexenfluch belegt und zu den Untaten angestiftet habe.

Rauschenbach wurde kurz nach Vollendung seines 48. Lebensjahres im Jahre 1987 amnestiert.

Hans Girod

Chronik eines gemeinschaftlichen Mordes

Verhängnisvolle Familienbande

Als wenige Monate vor der Kapitulation Hitlerdeutschlands die Truppen der Roten Armee aus Richtung Ostpreußen unaufhaltsam gegen Berlin vorrücken, eilt ihnen der schaudererregende Ruf nach Rache an der deutschen Bevölkerung voraus. In panischer Angst verlassen Millionen Menschen aus den Gebieten jenseits von Oder und Neiße Haus und Hof. Nur mit dem Notdürftigsten ausgestattet, schließen sie sich den endlosen Trecks gen Westen an, einer ungewissen Zukunft entgegen. Hunger, Kälte, Krankheit und Tod sind ihre Gefährten.

In einem dieser Flüchtlingsströme befindet sich ein blassgesichtiges, strohblondes dreizehnjähriges Mädchen. Rosi. In ihrer Begleitung die bei einem Luftangriff verletzte Mutter, die sich nur mühsam mit Hilfe von Krücken fortbewegen kann. Einen Vater gibt es nicht mehr: gefallen an der Ostfront, sein Leichnam irgendwo verscharrt.

Die letzten Jahre gelten kaum einer sauberen ethischmoralischen Erziehung, zu der die Mutter ohnehin nicht fähig wäre. Schulische Bildung spielt in den vielen Monaten unfreiwilliger Wanderschaft und Heimatlosigkeit eine völlig untergeordnete Rolle. Es geht vielmehr ausschließlich um die Strategie nackten Überlebens. Die traumatischen Erlebnisse dieser Zeit brennen sich in Rosis Seele ein, er zeugen Verbitterung, verbiegen ihren ungefestigten Charakter zu Egoismus, Unaufrichtigkeit, Verschlagenheit und Misstrauen.

Da der Gesundheitszustand der Mutter besorgniserregende Ausmaße erreicht, entschließen sich die beiden zu einem baldigen Ende der Odyssee. So gelangen sie schließlich nach Weimar. Es gelingt ihnen, bei einem Bauern in Kromdorf ein bescheidenes Zimmer zur Untermiete zu beziehen. Eine Zeitlang verdingt sich die Mutter mit Näharbeiten, während Rosi widerwillig die Schulbank drückt.

Dann stirbt die Mutter. Mit Ach und Krach hat Rosi das Ziel der Grundschule erreicht. Doch für eine Lehre fehlt die Lust. Jetzt will sie teilhaben am beginnenden Leben. Sie bestreitet ihren Lebensunterhalt mit allerlei Hilfsarbeiten und nutzt jede Gelegenheit für oberflächliche Minne und Müßiggang.

Im Jahr 1949, Rosi ist gerade neunzehn Jahre alt, lernt sie auf einem Jahrmarkt den zwei Jahre älteren Karl Hempel kennen: ein mittelgroßer, muskulöser Mann mit glatt nach hinten gekämmtem, pomadisiertem schwarzen Haar, in Weimar gebürtig und von einfacher intellektueller Struktur. Er arbeitet als Hilfsschlosser in einem Werk für Landmaschinen, zeichnet sich dort durch großen Fleiß aus. Auch in seiner Biografie zeigt sich die grässliche Fratze des letzten Krieges: Der Vater und sein großer Bruder sind auf dem Schlachtfeld geblieben. Die Obhut lag seitdem in den Händen der Mutter. Die aber leidet an Tuberkulose und verbringt viele Wochen im Jahr in einem fernen Sanatorium. Karl wird unterdessen in Pflegefamilien oder Heimen untergebracht. Doch eine richtige Erziehung, den menschlichen Umgang mit anderen betreffend, findet so nicht statt. Meist sich selbst überlassen, kümmert sich niemand ernsthaft um das Seelenleben des Heranwachsenden. Schule empfindet er schon immer als lästig und bricht sie vorzeitig ab. Körperliche Arbeiten sagen ihm aber zu. Und Hilfsarbeiter werden überall gebraucht. Im Landmaschinenwerk fühlt er sich wohl.

Er wohnt noch gemeinsam mit seiner Mutter in einer viel zu kleinen Wohnung. Reibereien sind vorprogrammiert. Dass er die wenigen Quadratmeter mit ihr teilen muss, verdrießt ihn schon lange. So ist es nicht verwunderlich, wie der auf Gegenseitigkeit beruhende Wunsch nach Selbständigkeit, Wärme und Geborgenheit, aber auch ein überschäumendes Liebesverlangen die jungen Leute, Rosi und Karl, schnell zusammenführt. Rosi wird mit neunzehn Jahren zum ersten Mal schwanger. Noch ehe ein Jahr vergeht, gibt sie Karl offiziell das Ja-Wort und bezieht mit ihm die kleine Behausung seiner Mutter.

Die Wohnbedingungen führen bereits bei geringen Anlässen zu heftigen Auseinandersetzungen zwischen den jungen Eheleuten. Überdies verhält sich Karl zu dem Baby ziemlich unterkühlt. Rosi fühlt sich überfordert, die Pflichten im Haus mit denen einer Tätigkeit als Zeitungsausträgerin in Einklang zu bringen. Schließlich gibt sie die morgenstundliche Arbeit bei der Post auf und widmet sich fortan dem Hausfrauendasein.

Trotz der ehelichen Querelen wird im Jahr 1952 ihr zweites Kind geboren wird. Die Familie erhält eine kleine Wohnung, in der sie zwei Jahre lang lebt, bis 1954 das dritte Kind unterwegs ist. Ein erneuter Umzug wird notwendig. Bereits zwei Jahre später erblickt das vierte Kind das Licht der Welt. Und so geht es fort, bis 1962 das achte Kind geboren wird. In der zuständigen Abteilung Wohnungswesen beim Rat der Stadt Weimar hat man alle Hände voll zu tun, der Familie immer wieder eine noch größere Wohnung zuzuweisen. All dies ändert nichts daran, dass die inneren Verhältnisse im Hause Hempel von einem einzigen Chaos bestimmt werden. Ein konzeptionsloser, kontroverser, auf maßloser Züchtigung basierender Erziehungsstil und chronische wortgewaltige Duelle zwischen den Eheleuten kennzeichnen das Familienklima. Die Kinder sind dem ausgesetzt, Verhaltensstörungen das Ergebnis. Folgerichtig ertönt das nicht enden wollende Klagelied der Schulbehörde. Inzwischen gehen nämlich sechs Kinder der Familie, denen Disziplinlosigkeit, schlechte Leistungen, Schulschwänzen und äußere Verwahrlosung gemeinsam ist, in die gleiche Schule. Das Referat Jugendhilfe hat bereits ein wachsames Auge auf das Ehepaar Hempel gerichtet. Längst sind die Auffälligkeiten der Kinder und die permanenten ruhestörenden Auseinandersetzungen zwischen den Eheleuten in dicken Aktenordnern bürokratisch exakt erfasst. Die Behörden wittern nicht zu Unrecht die Gefahr einer Fehlentwicklung der Kinderschar.

Im Jahre 1964 schließlich, als Rosi Hempel von ihrem neunten Kind entbunden wird, wohnt die Großfamilie bereits in einer geräumigen Doppelhaushälfte im Westen Weimars. Die Ermahnungen von Amts wegen, dem Ehepaar Hempel das Erziehungsrecht zumindest über einen Teil ihrer Kinder zu versagen, scheinen Erfolg zu haben. Plötzlich verstummen die Klagen der Nachbarn über den ruhestörenden Familienbetrieb. Rosi und Karl haben richtig geschlussfolgert, wenigstens durch äußere Sittsamkeit und Ruhe ihren Leumund in der Nachbarschaft aufzubessern und damit die drohende amtliche Dezimierung ihrer Kinderschar abzuwenden. Auch den Lehrern ihrer Kinder gegenüber verhalten sie sich anscheinend einsichtig und kooperativ. Ansonsten ändert sich nichts an dem von Hassliebe geprägten Verhältnis der Eheleute. Immerhin: Karl sorgt durch fleißige Arbeit im Betrieb, Überstunden und Sonderschichten für ein erträgliches Einkommen, das, zusammen mit den staatlichen Zuwendungen, die kinderreichen Familien gesetzlich zustehen, einen bescheidenen Lebensstandard sichert. Wenn er jedoch zu Hause ist, verhält sich Karl gereizt und streitsüchtig. Die Kinder leiden unter seiner Stimmungslabilität und Unberechenbarkeit ebenso wie die Mutter. Sie indes zahlt es ihm auf ihre Weise heim: Jede Gelegenheit nutzt sie, um mit bauernschlauem Geschick und suggestiver Kraft die Kinder gegen ihren Vater aufzuwiegeln. Und das, obwohl sie selbst Strenge ausübt und Züchtigung nicht scheut. Mit der Zeit gelingt es Rosi, in den Kindern Hass gegen den Vater zu säen. Auch die Freundin der ältesten Tochter, Britta Obgartel – ein labiles Mädchen, deren Mutter sich herumtreibt und deren Vater die meiste Zeit in Kneipen herumhängt –, kann Rosi für sich gewinnen, indem sie zeitweise bei Hempels wohnen darf. Im Verlaufe der Zeit baut sich zwischen den beiden Frauen ein enges Vertrauensverhältnis auf, bei dem Rosi die Rolle einer mütterlichen Freundin einnimmt. Dies alles bildet den Nährboden für eine unheilvolle Entwicklung.

Die Situation hinter der großen Fassade des Hauses in der Martersteigstraße spitzt sich weiter zu, als die älteste Tochter ihren neuen Freund, Helmut Hellriegel, zu Hause einführt. Er ist ein schlanker junger Mann, der zur Freude der Hempelschen Kinderschar sogar Gitarre spielen kann. Erst vor kurzem hatten sich für ihn die Knasttore geöffnet, hinter denen er wegen Diebstahls, sexueller Nötigung und vorsätzlicher Körperverletzung längere Zeit Enthaltsamkeit üben musste.

Die Kinder mögen den freundlichen, zu Scherzen aufgelegten »Onkel« Helmut. Nur Vater Hempel macht keinen Hehl daraus, seine Nähe nicht zu dulden, und verweist ihn kurzerhand des Hauses. Doch wenn er fern ist, sorgt seine Gattin Rosi betont heimlich dafür, dass Helmut Hellriegel die große Tochter auch nachts ungestört besuchen kann. Auf diese Weise gelingt es ihr, selbst mit ihm enge Bande des Vertrauens zu knüpfen.

Der junge Mann zeigt sich bald erkenntlich: Eines Nachts verlässt er auf leisen Sohlen das Bett seiner Freundin, um unter Rosis Decke zu kriechen und seine Dankbarkeit zu beweisen. Lustvoll lässt sie ihn gewähren. Diese Nacht ist der Beginn einer Dreierbeziehung, und für einige Zeit teilen sich Mutter und Tochter Helmut Hellriegel.

Argwöhnisch ist nur Karl Hempel, denn er vermutet die heimliche Anwesenheit Hellriegels bei seiner Ältesten. Nach der Rückkehr von der Arbeit prüft er deshalb gewissenhaft jeden Winkel seines Heims. Die Erfahrung hat ihn gelehrt, besonders den Oberboden des Dachgeschosses abzusuchen, denn dort konnte er den unerwünschten Gast schon einige Male aufstöbern, um ihn unsanft aus dem Haus zu komplimentieren. Derartige Kontrollgänge werden zu seinem festen Ritual.

Monate vergehen. Als im Jahr 1967 das Herbstlaub fällt, befindet sich Rosi Hempel längst im Banne des dreizehn Jahre jüngeren Geliebten. Sie ist fest entschlossen, mit ihm zusammenzuleben, und lässt ihre älteste Tochter wissen, Helmut Hellriegel innig zu lieben. Bitterböse tritt diese ihren Freund an die Mutter ab, tröstet sich aber schnell mit einem neuen, den sie allerdings niemals mit nach Hause bringt. Auch Helmut Hellriegel findet Gefallen an Rosis Idee einer gemeinsamen Zukunft. Schließlich ist seine Geliebte eine reife, in Liebesdingen perfekte Frau, die ihn verwöhnen und versorgen könnte. Ihre vielen Kinder stören dabei nicht. Einziges Problem: Karl Hempel, der Ehemann.

»Lass dich scheiden«, lautet daher seine Forderung.

Doch Rosi winkt ab: »Halte dich da raus, lass mich nur machen!«

Längst geistert in ihrem Hirn der wahnwitzige Gedanke, den Gatten zu töten und einen Selbstmord vorzutäuschen. Tag für Tag beschäftigt sie dieses Thema. Und mit der Zeit entsteht ein perfider, bis ins letzte Detail ausgearbeiteter

Plan. Doch zu seiner Realisierung bedarf es moralischen Beistands und technischer Unterstützung. Behutsam, aber zielstrebig wählt sie aus ihrer Kinderschar den fünfzehnjährigen Sebastian und den dreizehnjährigen Uli aus. Dabei geht sie von der Überlegung aus, dass die Jungen den Vater am meisten hassen und folglich am ehesten motiviert werden können, das todbringende Vorhaben zu verwirklichen. Mit kalter Überlegung und suggestiver Überzeugungskraft geht Rosi nun vor. Zunächst verwöhnt sie die beiden Jungen, schmeichelt ihnen über alle Maßen. Gleichzeitig schürt sie den Hass gegen den Vater und lenkt die heimlichen Gespräche immer wieder auf die Frage, wie gut sie alle ohne den Alten leben könnten.

Im Januar 1968 ist es dann so weit: Rosi Hempel stiftet die beiden Jungen an, den Vater zu vergiften. Sie würde alles heranschaffen, was man dazu benötige, allerdings müsse sie selbst im Hintergrund bleiben. Zur Sicherheit, versteht sich. Einzelheiten werden erörtert.

»Falls die Bullen doch was mitkriegen, müsst ihr alles auf euch nehmen«, appelliert sie an die beiden Söhne, »ich darf mit der Sache nicht in Verbindung gebracht werden. Denkt an eure Geschwister. Die müssten ins Heim, wenn man mich einsperrt!«

»Aber wir machen doch einen Mord, da gibt's lebenslänglich«, geben Sebastian und Uli zu bedenken.

»Es kommt nichts raus! Und wenn schon, euch kann nichts passieren. Ihr seid Kinder, und die kommen nicht ins Gefängnis!«, zerstreut sie die Besorgnis der Jungen. Daraufhin geloben die Söhne ihrer Mutter absolutes Stillschweigen über das Besprochene.

Geraume Zeit danach vergräbt Rosi Hempel im Hausgarten eine verendete Katze. Was niemand weiß: Sie hatte versuchsweise aus verschiedenen Medikamenten einen Cocktail zubereitet und der Katze ins Futter gemischt. Und das mit überzeugendem Ergebnis. Einer Nachbarin, die die Grabeaktion beobachtet, erklärt sie mit gespielter Betroffenheit: »Ich weiß auch nicht, aber plötzlich war sie tot!«

Bald darauf treibt sie ein Röhrchen mit zwanzig Tabletten »Neo-Secatropin« auf. Es ist ein wirksames Beruhigungsmittel, das in hoher Dosis durchaus ein Leben auslöschen kann. Der Test an der Katze hatte es bewiesen. Rosi Hempel pulverisiert das Medikament und instruiert ihre Söhne Sebastian und Uli. Termin und Ablauf des Szenarios werden festgelegt.

Als am vereinbarten Tag der Vater heimgekehrt ist und sich wie gewöhnlich in die Küche begibt, um einen starken Kaffee aufzubrühen, beschäftigt sich Rosi in der oberen Etage mit irgendwelchen Hausarbeiten. Mit gespitzten Ohren und hellwachen Sinnen verfolgt sie die Vorgänge im Parterre. Uli hat sich in der Nähe der Küche in Deckung gebracht, während Sebastian außerhalb des Hauses in einem Versteck lauert. Seine Aufgabe ist es, nach geraumer Zeit an der Haustür zu klingeln. Das soll den Vater ablenken. Wenn dieser die Küche verlässt, um die Haustür zu öffnen, soll Uli in die Küche eilen und unauffällig das Pulver in den Kaffee mischen.

Genauso geschieht es. Doch der Vorgang endet anders als erwartet: Als Karl Hempel nämlich einen kräftigen Schluck aus der Tasse nimmt, spuckt er den Kaffee in hohem Bogen wieder aus und gießt den Rest in den Ausguss: »Wollt ihr mich verarschen? Da hat doch einer was reingeschüttet!« Karl Hempel hält den verdorbenen Kaffee für ein grobes Lausbubenstück seiner Kinder.

Rosi Hempel ärgert sich über den Misserfolg, sinnt aber unentwegt über eine neue Variante nach, den Gatten zu beseitigen. Ihre Überlegungen führen schließlich zu dem Entschluss, den Kreis der Eingeweihten zu erweitern, um die verschiedenen Möglichkeiten der Tötung und Verschleierung besser erörtern zu können. So geschieht es auch. Mehrmals finden unter ihrer Leitung höchst vertrauliche Beratungen statt, an denen ihr Geliebter, Helmut Hellriegel, die Freundin ihrer ältesten Tochter, Britta Obgartel, aber auch ihre beiden minderjährigen Söhne Sebastian und Uli teilnehmen. Stück für Stück zimmert dieser familiäre Geheimbund an dem tödlichen Spektakel. Schließlich kommt man überein, Karl Hempel zu erdrosseln, ihn anschließend auf dem Oberboden aufzuhängen und die Situation so herzurichten, dass es nach Selbstmord aussieht.

Rosi Hempels Dramaturgie sieht folgenden Ablauf vor: Bevor ihr Gatte von der Arbeit heimgekehrt ist, soll Hellriegel bereits mit einer vorbereiteten Schlinge auf dem Oberboden warten. Währenddessen halten sich Sebastian und Uli im Dachgeschoss in sicherer Deckung bereit. Wenn der Vater dann zu Hause ist, werden absichtliche Geräusche vom Oberboden seinen Argwohn wecken und ihn zu einer Kontrolle veranlassen. Und weil er dazu die im Dachgeschoss stehende Leiter benutzen muss, bietet sich für Hellriegel eine Möglichkeit zu schnellem Handeln. Sobald nämlich Karl Hempel durch die Bodenluke späht, kann er ihm blitzschnell die Schlinge um den Hals werfen und den Strick an einem Balken fixieren, während unterhalb der Luke Sebastian und Uli flugs die Leiter wegziehen. Auf diese Weise würde Hempels Körper frei über dem Fußboden hängen und jeglichen Selbstrettungsversuch vereiteln. Rosi Hempel und Britta Obgartel wären dann für das Kaschieren der Szene verantwortlich.

Rosis Plan trifft auf die ungeteilte Zustimmung der verschworenen Gemeinschaft. Jetzt erwarten alle den entscheidenden Abend. Vorher erhält Helmut Hellriegel einen Strick, den er von nun an ständig bei sich führt.

Ende Juli bietet sich eine günstige Gelegenheit zur Realisierung des Vorhabens. Eigentlich läuft alles so ab, wie besprochen. Doch Helmut Hellriegel kann den Strick nicht um den Hals des alten Hempel legen. Sebastian hat nämlich in seinem Versteck ein Geräusch gemacht, das den Vater ablenkt. Bereits auf der Leiter stehend, wendet er den Kopf zur Seite und klettert zurück. Helmut muss alle Mühe aufwenden, sich klammheimlich zurückzuziehen. Karl Hempel aber befindet sich im Zustand naiver Arglosigkeit.

Rosi ist nun vorsichtig geworden, befürchtet, trotz der guten Vorbereitung könnte etwas schiefgehen. Um letzte Bedenken zu zerstreuen, entschließt sie sich zu mehreren praktischen Übungen: Alle Beteiligten müssen die vorgeschriebene Position einnehmen, die Länge des Strangwerkzeugs wird angepasst, Sebastian und Uli müssen zeigen, wie gut sie sich verstecken und wie schnell sie die Leiter wegziehen können. Doch damit nicht genug. Um ganz sicher zu gehen, verlangt Rosi Anfang August eine wirklichkeitsnahe Generalprobe der Hinrichtung ihres Ehemanns. Sie sorgt dafür, dass die anderen Kinder in dieser Zeit nicht zu Hause sind. Niemand soll Zeuge des makabren Spektakels werden. Diesmal muss Uli die Rolle des Vaters einnehmen. Alles klappt, wie mehrmals geprobt.

Am Abend des 9. August 1968 läuft der Countdown: Es ist gegen 20 Uhr, als das Abendessen in der großen Familie beendet wird. Rosi dämpft jede aufkeimende Streitlust ihres Gatten, den sie mit diabolischer Heuchelei sogar zu einem Spaziergang durch das Kirschbachtal überreden kann. Und genau das ist ihre Absicht.

»Wir sind in zwei Stunden zurück!«, gibt sie der Kindermeute zu verstehen. Und wie üblich müssen die großen ihre kleinen Geschwister zu Bett bringen.

Unterdessen promeniert das Ehepaar Hempel in scheinbar friedvoller Eintracht durch den warmen Augustabend. Rosis überaus freundliches Gebaren hält den Gatten in absoluter Ahnungslosigkeit. Uli und Sebastian hingegen halten sich zu Hause bereit und warten, bis Britta Obgartel und Helmut Hellriegel zur Stelle sind. Kurz vor 22 Uhr beziehen die vier ihre vorgesehenen Posten im Hinterhalt. Von nun an heißt es, mucksmäuschenstill auszuharren ...

Es ist Freitag, der 16. August 1968. Ein trockener, warmer Sommervormittag. Klopfenden Herzens macht sich Rosi Hempel auf den riskanten Weg zum VP-Kreisamt. Das unangenehme Vorhaben ist unvermeidbar, es ist ein wichtiger Bestandteil ihres Selbstschutzes. Seit einer Woche ist Karl nicht mehr gesehen worden. Sein Betrieb hat schon nachgefragt, wo er bleibt. Um keinen Verdacht aufkommen zu lassen, ist es ratsam, sich so wie andere Menschen zu verhalten, die einen lieben Angehörigen vermissen. Sie muss daher tiefe Sorge über Karls Verschwinden und Interesse an seiner unbeschadeten Rückkehr demonstrieren. Und das heißt vor allem, ihn bei der VP offiziell als vermisst zu melden.

Der Uniformierte an der Hauswache des VP-Kreisamtes verweist Rosi an den Kriminaldienst im dritten Stock. Ein ziemlich finster dreinschauender Polizist in Zivil bittet sie in sein Büro. Unter Aufbietung allen Talents liefert Rosi ihm den bühnenreifen Auftritt einer zutiefst besorgten Ehefrau und Mutter von neun Kindern, deren Angetrauter am späten Abend des 9. August nach einem harmlosen Streit unversehens seine Jacke angezogen und, ohne ein Wort zu sagen, das Haus verlassen habe. Dies alles können ihre Kinder Sebastian und Uli bestätigen. Seit diesem Abend nun sei ihr Mann spurlos verschwunden. Eine Woche lang habe sie auf seine Rückkehr gewartet und überall gesucht, wo sie ihn vermuten würde. Vergeblich. Deshalb erbitte sie jetzt die Hilfe der Volkspolizei.

Der Gesetzesvertreter mit dem ernsten Gesicht notiert gewissenhaft Rosis Angaben und stellt etliche Fragen zu

Karls Personenbeschreibung. Er will Näheres über Freunde und Bekannte wissen, durchleuchtet die Tiefen des Familienlebens, forscht nach möglichen Hintergründen für das Verschwinden und verspricht schließlich, die Angelegenheit mit der notwendigen Dringlichkeit zu behandeln. So geht alles gut, und Rosi Hempel verlässt kurz darauf das Haus der Staatsgewalt mit dem Gefühl enormer Erleichterung.

Mehr als vier Wochen vergehen. Seit ihrer Anzeige hat Rosi Hempel keinen Polizisten mehr zu Gesicht bekommen. Um ihre vermeintliche Besorgnis zu bekunden, ruft sie wiederholt im VPKA an und fragt nach. Dort, so meint sie zu verstehen, ist man offensichtlich mit den Nachforschungen noch keinen Schritt weiter. Das beruhigt sie sehr, macht sie beinahe glücklich. Noch nie zuvor waren die wollüstigen Nächte mit Hellmut Hellriegel so ungestört. Selbst ihre Kinderschar ist zufrieden und genießt die Abwesenheit des ständig keifenden und prügelnden Familienoberhaupts. Rosis Befinden ist so gut, dass sie erfolgreich im Rathaus eine tränenreiche Bittstellszene vorführt. Die Mitarbeiter der Abteilung »Innere Angelegenheiten« nicken verständnisvoll und gewähren bis zur endgültigen Klärung der Vermisstensache ein großzügiges Darlehen aus der Staatskasse.

Rosi Hempel unterliegt allerdings dem Irrglauben, die Polizei vernachlässige die Angelegenheit ihres Mannes. Die für Vermisstenfälle verantwortlichen Männer des Kommissariats 3 verfolgen längst die Fährte des vermeintlich abtrünnigen Familienvaters. Wenn der Vater einer neunköpfigen Kinderschar plötzlich verschwindet, muss sich die Exekutive einschalten, denn es besteht durchaus die Möglichkeit unterzutauchen, um so weiteren Unterhaltspflichten zu entgehen.

In der Abteilung »Jugendhilfe und Heimerziehung« beim Rat der Stadt Weimar studieren die Kriminalisten die dicke Akte über die Großfamilie mit den Berichten über deren chaotische Zustände. Erkundigungen in Hempels Betrieb werden eingeholt. Dort ist man des Lobes voll. »Karl ist ein gewissenhafter Kollege, der nie über Gebühr krankfeiert und noch nie unentschuldigt fehlte«, ist das Urteil des Brigadiers. Auch der ABV, der Vorsitzende des Wohnbezirksausschusses, Nachbarn aus der Martersteigstraße und das Schulpersonal werden über die Familie ausgefragt.

Bald steht fest: Karl Hempel ist eigentlich ein gutmütiger, starker Mann mit schwacher Psyche, dem Einfluss seiner ihm geistig überlegenen Frau ausgeliefert. Die ehelichen Scharmützel trägt er lautstark und mit vollem Körpereinsatz aus. Außerdem misshandelt er seine Kinder. Rosi Hempel indes ist eine durchtriebene, intrigante Person, der man stets mit Misstrauen begegnen sollte. Auch sie ist bei den Ehestreitigkeiten keineswegs zimperlich, wenngleich sie mehr die »psychologische Kriegführung« bevorzugt.

Am Samstag, dem 19. September 1968, erhält Rosi Hempel den Besuch zweier Männer. »Kriminalpolizei«, stellen sie sich vor und präsentieren ihre Ausweise. Die bisherigen Ermittlungen in der Vermisstensache hätten noch keine nennenswerten Ergebnisse erbracht, meinen sie. Deshalb schlagen sie eine polizeiliche Besichtigung des Hauses vor, die natürlich Rosis Einverständnis voraussetzt, so wie es das Gesetz fordert.

»Das ist keine Durchsuchung«, betonen die Männer, »wir wollen uns nur mal umschauen, ob wir neue Hinweise über den möglichen Verbleib Ihres Mannes finden!«

Rosi fühlt sich in einer Zwickmühle, hat Bedenken. Blitzschnell überlegt sie: Das amtliche Ansinnen zu verweigern wäre ein großer Fehler, dem nur lästige Fragen folgen würden. Im Übrigen aber dürften die beiden im Hause nichts finden, was ihren Argwohn wecken könnte. Deshalb stimmt sie mit gespielter Kooperationsbereitschaft der Schnüffelei zu.

Länger als eine Stunde durchstöbern die Polizisten das unappetitliche Durcheinander im Hause der Familie Hempel vom Keller bis zum Boden. Rosi weicht ihnen keinen Augenblick von der Seite, verfolgt misstrauisch jede ihrer Bewegungen. Die Polizeiaktion erweist sich als Flop: Nicht ein einziger Hinweis auf Karl Hempels Verbleib lässt sich aufspüren.

Als die Kriminalisten ihren dienstlichen Besuch beenden wollen, kommt der sechzehnjährige Sebastian von der Arbeit heim. Er ist vor einigen Monaten vorzeitig aus der 7. Klasse entlassen worden und ackert jetzt lustlos als Handlanger auf dem Bau.

Er wendet sich an seine Mutter, weist mit dem Kopf in Richtung der Polizisten und fragt unüberhörbar: »Sind die wegen dem Alten da?«

Rosi macht eine beschwichtigende Handbewegung und nickt wortlos. Die Männer beobachten diese Szene genau, grienen sich an, und der eine gibt seinem Mitstreiter deutlich zu verstehen: »Hörst du, der kann seinen Vater nicht leiden!«

Sebastian kapiert, reagiert sofort und ohne Hemmung: »Der Alte ist ein Mistkerl!«

»Wann hast du denn den Mistkerl das letzte Mal gesehen?«, fragt der eine Polizist ironisch.

Sebastian ist verlegen, schaut hilfesuchend die Mutter an, die sofort für ihn antwortet: »Na, am neunten August abends, als er mir-nichts-dir-nichts verschwand!«

»Hatte er Koffer oder Taschen bei sich?«, will der Polizist wissen.

Wieder blickt der Junge die Mutter fragend und unsicher an. Diese pariert auf der Stelle: »Nein, nichts, weder noch.«

Das Gesicht des Polizisten verfinstert sich. Er schickt einen strafenden Blick zu Rosi und fragt den Jungen erneut: »Und was hast du an diesem Abend gemacht?«

Sebastian druckst einen Moment lang herum und blickt hilfesuchend seine Mutter an. Wieder spricht sie für ihn: »Der Junge war die ganze Zeit ...«

Da fällt ihr der Polizist schroff und ungehalten ins Wort: »Halten Sie doch mal die Klappe, der Junge kann doch wohl selbst antworten!«

Rosi gibt sich geschlagen und schweigt. Der Mann klopft Sebastian kumpelhaft auf die Schulter und schiebt ihn sanft vor sich her nach draußen: »Komm, lass uns zur Dienststelle fahren, da können wir in aller Ruhe reden.«

Wieder blickt der Junge beschwörend seine Mutter an. Sie sagt nichts, nickt ihm nur wortlos zu. Sebastian deutet diese Geste, als würde sie sagen: Geh nur, wir haben ja alles besprochen! Dann fragt er ängstlich: »Dauert's lange?«

Die Kriminalisten kennen Sebastian Hempel ziemlich gut. Seine kleine Ganovenbiografie füllt bereits einige Seiten der dicken Akte beim Referat Jugendhilfe der Stadt Weimar:

Anfangs beschreibt Sebastian die Vorgänge am Abend des 9. August streng nach dem Drehbuch seiner Mutter. Doch die Sätze, die er von sich gibt, sind stereotyp, klingen auswendig gelernt. Er kann auch bestimmte Details über den Ablauf des fraglichen Abends in keinen logischen Zusammenhang bringen. Die gelernten Aushorcher der Kriminalpolizei wittern sehr schnell, dass er mehr über die Umstände des Verschwindens seines Vaters wissen könnte, als er vorgibt. Ein Dauerfeuer von Fragen und Vorhalten sind die Folge. Sebastians dünnes Nervenkostüm hält dem nicht stand. Die Trümmer des zusammenbrechenden Lügengebäudes lasten zuletzt derart auf ihm, dass er unter Tränen gesteht, er habe seinen Vater in der Nacht zum 10. August mit einem Strick erdrosselt und den Leichnam im Gesträuch am Lottenbach, abseits der Straße nach

Nohra, verscharrt. Und immer wieder schwört er, die Tat ganz allein begangen zu haben.

Noch am gleichen Abend muss der Junge, eskortiert von einer ansehnlichen Schar Uniformierter, die Kriminalpolizei zu dem Ort führen, an dem er den toten Vater verscharrt haben will. Tatsächlich wird dort der bereits teilweise skelettierte Leichnam gefunden. Mit diesem Ermittlungsstand ist die Zuständigkeitsgrenze der Kriminalisten im VP-Kreisamt erreicht: Der Fall muss zur weiteren Bearbeitung an die zuständige Mordkommission in Erfurt übergeben werden, die zu diesem Zweck im VP-Kreisamt einstweiliges Quartier bezieht.

Sebastian Hempels Eingeständnis, das Ergebnis der Fundortuntersuchung und gerichtsmedizinischen Sektion sind hinreichende Gründe, gegen ihn ein Ermittlungsverfahren wegen des Verdachts der vorsätzlichen Tötung einzuleiten und Haftbefehl zu erlassen.

Rosi Hempel nimmt die Inhaftierung ihres Sohnes mit geheuchelter Fassungslosigkeit und Bestürzung zur Kenntnis. Insgeheim aber ist sie beruhigt, da er sich offenbar an ihre geheime Abmachung hält.

Drei Wochen vergehen. Inzwischen erfolgte die staatsanwaltliche Freigabe der sterblichen Überreste Karl Hempels. Im engsten Kreise der Großfamilie und einiger Neugieriger aus dem Wohngebiet wurden sie bestattet, freilich unter den wachsamen Augen des Gesetzes.

Sebastian, der der Zeremonie fernbleiben musste, hält hartnäckig an seiner Behauptung fest, den Mord an seinem Vater ebenso allein bewerkstelligt zu haben wie die Beseitigung des Leichnams. Doch die Untersucher sind argwöhnisch. Als Sebastian mit einer dem Körpergewicht seines Vaters entsprechenden Attrappe vorführen muss, wie er den Leichnam mit dem Fahrrad zum Versteck am Lottenbach transportiert haben will, versagen an einer Wegsteigung seine Kräfte. Dieser banale Umstand ist Ausgangspunkt für weitere nervenzehrende Vernehmungen. Kurz darauf bekennt Sebastian, den Mord zusammen mit dem Freund seiner Mutter, Helmut Hellriegel, begangen zu haben: »Ich habe ihm die Schlinge um den Hals geworfen, Helmut hat die Leiter weggezogen. Danach haben wir die Leiche am Lottenbach verschwinden lassen.«

Warum er erst jetzt mit der Wahrheit herausrücke, wollen die Kriminalisten wissen. »Ich wollte Helmut nicht verraten«, rechtfertigt er sich.

Postwendend wird Hellriegel zugeführt, befragt und verhaftet. Da der Vierundzwanzigjährige im Zusammenhang mit seinen Vorstrafen bereits Erfahrung mit polizeilichen Vernehmungen gemacht hat, vermuten die Untersucher, dass er vehement leugnen wird. Doch wider Erwarten gesteht er schon in der ersten Beschuldigtenvernehmung, an der Ermordung Karl Hempels und an der Beseitigung seiner Leiche beteiligt gewesen zu sein: »Sebastian und ich waren es, ganz allein!« Er übernimmt sogar die Hauptschuld für die mörderische Aktion: »Ich habe den Alten erdrosselt, als er über die Leiter auf den Oberboden wollte, während Sebastian lediglich die Leiter wegzog.«

Obwohl Helmut Hellriegel, wie sich noch herausstellt, wenigstens hinsichtlich seines eigenen Tatbeitrages die Wahrheit sagt, muss er sich in den Vernehmungen wochenlang gegen den Vorwurf wehren, der Mord müsse sich anders abgespielt haben. Er weiß nämlich nicht, dass Sebastian eine ganz andere Tatbeteiligung schildert. Und Sebastian wiederum hat keine Ahnung davon, dass Hellriegel in Haft ist. Auf diese Weise treten bei jeder Vernehmung weitere Widersprüche hervor.

Am 17. Oktober wird Sebastian Hellriegel gegenübergestellt. Auge in Auge müssen sie zu ihren sich widersprechenden Aussagen Stellung nehmen. Mit Erfolg. Während

Hellriegel dabei bleibt, auf dem Oberboden stehend das Seil um Karl Hempels Hals geschlungen zu haben, korrigiert Sebastian seine früheren Angaben dahingehend, dass nicht seine, sondern Helmut Hellriegels Aussage der Wahrheit entspräche, indes sein Tatbeitrag darin bestand, gemeinsam mit seinem jüngeren Bruder Uli die Leiter wegzustoßen. Dann fügt er hinzu: Die drei hätten unter dem Siegel größter Verschwiegenheit ausgemacht, den Vater zu erledigen, um ihn dann verschwinden zu lassen. Und er beschwört: Von all dem wisse die Mutter nichts.

Dass Sebastian unversehens seinen Bruder Uli als weiteren Mittäter ins mörderische Spiel bringt, verdrießt die Kriminalisten. Wenn nämlich diese Behauptung zutrifft, hat sich auch Uli an dem Mord aktiv beteiligt. Um dies zu überprüfen, wird der Junge zugeführt. Aber er ist ein Kind, darf nicht beschuldigt und förmlich vernommen werden, denn »Personen, die noch nicht 14 Jahre alt sind, sind strafunmündig und daher strafrechtlich nicht verantwortlich«, heißt es im Gesetz. Nur eine sogenannte Anhörung ist erlaubt, und die darf üblicherweise nur im Beisein eines Erziehungsberechtigten stattfinden.

Rosi und ihr Sohn Uli werden nun freundlich, aber mit Nachdruck zum VP-Kreisamt gebracht, wo in einem Büro der Mordkommission das schwierige Gespräch mit dem Jungen stattfinden soll. Zur Sicherheit, und um zu vermeiden, dass die anwesende Mutter weder verbal noch durch Gesten in das Geschehen eingreifen kann, ist auch ein Vertreter der Abteilung Jugendhilfe erschienen, der jede ihrer Regungen kritisch verfolgen soll. Die Beteiligten werden entsprechend platziert.

Anfangs druckst der Junge herum, ist wortkarg und ängstlich. Hilflos sucht er immer wieder den Blickkontakt zu seiner Mutter. Vergeblich. Doch die Art, wie der Vernehmer mit ihm umgeht, löst schrittweise die innere Verklemmtheit. Bald beginnt Uli zu reden. Erst stockend und zaghaft, dann immer flüssiger, bis es aus ihm heraussprudelt. Der Vergiftungsversuch mit den zerriebenen Tabletten wird ebenso Gegenstand des Dialogs mit dem Kriminalisten wie sein Beitrag zum gewaltsamen Tod seines Vaters.

Rosi, die einige Meter entfernt hinter ihrem Sohn sitzt und nur dessen Rücken sehen kann, zeigt sich zunächst selbstsicher. Doch je mehr der Junge von sich gibt, um so nervöser wird sie. Als Uli schließlich meint, den Plan für die Tötung seines Vaters hätte eigentlich seine Mutter ausgeheckt, sackt sie mit blutleerem Kopf kläglich in sich zusammen, unfähig, mit überzeugenden Gegenargumenten zu parieren. Ihr Verhalten ist Anlass genug, sich ihrer anzunehmen. In einem Nebenraum wird sie verhört, hart und unnachgiebig. Die starke, kaltherzige Frau, die in der Familie das Zepter uneingeschränkter Autorität und Selbstherrlichkeit schwingt, ist plötzlich zu einem kleinlauten, unterwürfigen Häuflein Elend geschrumpft. Heulend gesteht sie, Initiator und Organisator des Mordkomplotts gegen ihren Gatten gewesen zu sein. »Ich wollte ihn loswerden, um mit Helmut zusammenleben zu können«, gibt sie als Motiv an. Ermittlungsverfahren und Haftbefehl sind die staatliche Reaktion.

Uli und seine kleinen Geschwister werden, wie in solchen Fällen üblich, der Obhut der Jugendhilfe anvertraut und noch am gleichen Abend im Kinderheim Weimar untergebracht.

In den Folgevernehmungen präzisiert Rosi Hempel ihre Rolle als treibende Kraft im mörderischen Familienunternehmen und schildert die Details.

Sebastian und Helmut aber behaupten noch eine Zeitlang felsenfest, Rosi hätte mit dem Mord nichts zu tun. Erst Gegenüberstellungen und die Konfrontation ihrer Aussagen mit denen von Rosi führen zur Aufhebung der

Widersprüche. Auf diese Weise wird schließlich auch die Mitwirkung der letzten Mittäterin, der siebzehnjährigen Britta Obgartel, bekannt, deren Verhaftung Mitte November erfolgt. Ihre Aussagen tragen wesentlich dazu bei, dass sich alsbald ein scharf umrissenes Bild der Geschichte des Mordes an Karl Hempel ergibt.

Endlich ist es den Kriminalisten möglich, den Fall abzuschließen. Anfang Februar 1969 übergeben sie die mehr als 600 Seiten umfassende Akte an den Staatsanwalt. Drei Wochen später wird beim Bezirksgericht Erfurt die Anklage erhoben ...

Rückblick: Als das Ehepaar Hempel von seinem Spaziergang am späten Abend des 9. August 1968 heimkehrt, herrscht im Hause bereits nächtliche Stille. Denn gleich nach dem Weggang der Eltern hat Sebastian seinen jüngeren Geschwistern Order erteilt, in ihren Betten zu verschwinden. Sebastian, Uli und Britta hocken im Dachgeschoss in ihren Verstecken. Helmut Hellriegel lauert, das Seil in der Hand, auf dem Oberboden. Die Leiter steht griffbereit neben der Luke. Es ist stockdunkel. Sebastian flüstert leise: »Los!« Das ist Brittas Stichwort. Sie tritt mit den Füßen einige Male kräftig auf und verschwindet eilig in einem der Kinderzimmer. Karl Hempel spitzt die Ohren. Was war das? »Ist die Arschgeige schon wieder im Haus?«, keift er laut und stürmt fluchend die Treppe zum Dachgeschoss empor, während Rosi ahnungsvoll in der Toilette verschwindet. Er wirft einen Blick in die Kinderzimmer. Dort ist alles unauffällig, die Kinder scheinen zu schlafen. Dass Britta unter einem Bett versteckt liegt, entgeht ihm.

»Ich krieg dich!«, triumphiert Karl böse und stellt, genauso wie es Rosis mörderisches Drehbuch vorsieht, die Leiter an die Luke zum Oberboden. Kaum hat er die ersten Stufen erklommen, spürt er ein straffes Seil um seinen

Hals. Im selben Moment wird die Leiter unter seinen Fü-ßen weggezogen. Schon hängt er frei in der Schlinge, stram-pelt einige Male hilflos mit Armen und Beinen. Dann geht nur noch ein Zucken durch seine Glieder. Sekunden später Stille. Karl Hempel ist tot.

Mit vor Aufregung rotem Gesicht eilt Britta Obgartel nach unten zu Rosi. Ihre Mitteilung ist kurz und knapp: »Es ist vorbei!«

Unterdessen hieven die beiden Jungen und Hellriegel den toten Hempel auf den Oberboden. Sie werfen das freie Ende des Strangwerkzeugs über einen Querbalken und zie-hen den Leichnam empor, bis die Füße des Getöteten fast einen Meter über dem Fußboden schweben. Dann wird das Seil am Querbalken fixiert.

Als sich alle nach vollbrachter Tat bei Rosi in der Küche einfinden, ist es kurz vor Mitternacht. Alle sind zufrieden. Nun wird darüber beraten, wie es weitergeht. Fast zwei Stunden dauert die Sitzung, bis Rosi neue Regieanweisun-gen erteilt. Das Verhalten jedes Einzelnen wird festgelegt, denn es ist klar, dass die Kripo den Selbstmord ihres Man-nes untersuchen wird. Mögliche Fragen werden aufgewor-fen, Antworten abgestimmt. In einigen Stunden wird Rosi die zufällige Entdeckung des toten Mannes anzeigen und die von Trauer erschütterte Witwe spielen.

Plötzlich ein schweres, dumpfes Poltern aus Richtung Oberboden. Entsetzen in den Gesichtern des mörderi-schen Quintetts. Rosi gewinnt als Erste die Fassung zurück, mahnt die anderen, die Nerven nicht zu verlieren. Dann eilen sie nach oben, finden die Erklärung: Der Strick, an dem Karl Hempels Leichnam hing, war gerissen, der tote Körper auf die Dielen geplumpst.

Rosi Hempel überlegt: Noch einmal aufhängen? Nein, zu riskant. Das würde Spuren verursachen, die die Insze-nierung verraten könnten. Dann sagt sie zu den anderen:

»Wir bringen ihn weg, er muss verschwinden, niemand darf ihn finden!«

Es ist kurz nach drei Uhr. Der Morgen dämmert bereits. Während Britta Obgartel auf dem Oberboden mögliche Spuren beseitigt, wickeln die anderen den toten Karl Hempel in Decken, verschnüren ihn zu einem großen Paket, das sie hinaus auf den Hof tragen. Rosi holt das Fahrrad aus dem Keller. Mit vereinten Kräften heben die fünf die Leiche auf das Fahrrad. Es erfordert einige Mühe, bis das unförmige, schwere Bündel sicher und im Gleichgewicht über dem Fahrradrahmen hängt. Helmut Hellriegel öffnet das Tor zur Straße einen Spalt weit und sieht sich vorsichtig um. Die Luft ist rein. Sogleich transportiert sie die unheimliche Fracht bis zum Flurstück am Sonnenberg, um sie am Lottenbach im dichten Strauchwerk zu verscharren.

Nach Hause zurückgekehrt sinken Britta, Sebastian und Uli erschöpft und hundemüde auf ihre Matratzen. Rosi hingegen genießt in vollen Zügen Helmuts Manneskraft …

Am Ende des ersten Quartals 1969 verhandelt der 2. Strafsenat des Bezirksgerichts Erfurt die Mordsache Karl Hempel. Auf der Anklagebank sitzen Rosi Hempel, ihr Sohn Sebastian, ihr Liebhaber Helmut Hellriegel und ihre Bekannte Britta Obgartel. Nur der strafunmündige Uli bleibt der letzten, unfreiwilligen Zusammenkunft der Mörderclique fern. Zuschauer sind »wegen Gefährdung der öffentlichen Ordnung und Sittlichkeit« vom Prozess ausgeschlossen. Lediglich ein paar handverlesene Pädagogen, Psychologen, Mitarbeiter der Abteilung Inneres des Rates der Stadt und politische Funktionsträger sind zugelassen.

Nach mehrtägiger Verhandlung wird im Namen des Volkes schließlich für Recht erkannt: »Rosi Hempel und Helmut Hellriegel werden zu lebenslanger Freiheitsstrafe verurteilt. Die bürgerlichen Ehrenrechte werden ihnen auf Lebenszeit aberkannt.« Unter Anwendung des Jugendstrafrechts und unter Berücksichtigung des Gutachtens eines Psychologen, der gemäß § 16 StGB die beiden anderen für nur vermindert zurechnungsfähig hält, muss Sebastian Hempel für sechs Jahre und Britta Obgartel für drei Jahre hinter Gitter. Uli Hempel, der nur im nichtjuristischen Sinne Mittäter war, wird strafrechtlich ebensowenig belangt wie seine jüngeren Geschwister, die Mitwisser des Mordes wurden. Fortan aber liegt ihre weitere Erziehung in den Händen der Kinder- und Jugendfürsorge.

Die Erscheinungsformen der Frauenkriminalität in der DDR unterschieden sich kaum von denen anderer europäischer Länder. Die weibliche Delinquenz war zahlenmäßig gering, ihr Anteil an der Gesamtkriminalität betrug lediglich 25 Prozent. Dabei galten mehr als 75 Prozent der durch Frauen begangenen Straftaten als sogenannte Vergehen, also leichte bis mittelschwere Delikte, die mit Bewährungsstrafen oder maximal zwei Jahren sanktioniert wurden.

Als typische Frauendelikte galten »Kindestötung«, »Verletzung der Aufsichtspflicht bei Kindern und Jugendlichen«, »Vernachlässigung und Misshandlung«, »Beeinträchtigung der öffentlichen Ordnung und Sicherheit durch asoziales Verhalten«, aber auch Ladendiebstahl, Betrug, Raub – hier lag der Anteil weiblicher Täter bei etwa einem Drittel – und »Schwere Körperverletzung«, ein Delikt, bei dem ein Zehntel der Täter Frauen waren.

Weibliche Täter begingen etwa 15 Prozent der vorsätzlichen Tötungsdelikte. Die Statistik weist dabei zu 80 Prozent Kindestötungen aus, die verbleibenden 20 Prozent vorsätzlicher Tötungen unterteilten sich in der Reihenfolge ihrer Häufigkeit auf Eliminationstötungen (Beseitigung lästiger Personen, »Freimorden zum erwünschten Partner«), in materiell motivierte Tötungen (Habsucht) und in Tötung aus Hass oder Rache.

Frauenkriminalität war in der DDR kein expliziter Gegenstand kriminologischer Analysen. Allenfalls bemühten sich forensische Disziplinen um die Aufhellung des Phänomens. Die Kriminalstatistik beschränkte sich bei der Erfassung lediglich auf die allgemeine Angabe »strafmündige Täter« und wies die Geschlechterverteilung nicht aus.

Hans Girod

Tod eines Lehrers

Angst geht irre Wege

Die heutige Bundesstraße 1 schlängelte sich einst als Reichsstraße 1 von Deutschlands Westgrenze nordwärts bis zum ostpreußischen Königsberg. Für die DDR begann die Straße bei Marienborn an einem gewaltigen Schild aus Eisen und Beton mit mannshohem Staatswappen und der Aufschrift »Wir begrüßen Sie in der Deutschen Demokratischen Republik«, von hier an war sie eine Fernverkehrsstraße, kurz die F 1. Als solche endete sie bei Kietz, einem stillen Dörfchen im Oderbruch, nahe der Grenze zu Polen. Im nördlichen Sachsen-Anhalt führte die Straße durch Burg. Einige Kilometer hinter Burg zweigen von der B1 mehrere Landstraßen ab, die die Ortschaften Ziegelsdorf, Stresow, Grabow und Theeßen verbinden. Dort begann die Abgeschiedenheit ländlicher Idylle.

Anfang Juni 1964 jedoch schreckte die Bewohner dieser Gegend ein ungewöhnliches Ereignis aus ihrem täglichen Einerlei auf. Die LPG-Scheune in Grabow brannte lichterloh. Das Aufgebot an Einsatzkräften aus dem VPKA Burg und der Kreisdienststelle des Ministeriums war beeindruckend. Das hatte seinen Grund. Der Brandursachenermittler der Feuerwehr hegte den Verdacht einer vorsätzlichen Brandstiftung. War hier ein Feind tätig geworden, ein Saboteur des friedlichen Aufbaus der sozialistischen

Landwirtschaft? Wenige Jahre zuvor erst hatte die Kollektivierung der Landwirtschaft ihren Abschluss gefunden. Die meisten Bauern hatten sich teils aus Einsicht, teils aus Gehorsam in die Landwirtschaftlichen Produktionsgenossenschaften gefügt. Doch nicht wenige hatten ihren Hof bereits vor dem Bau der Mauer bei Nacht und Nebel verlassen, und mancher überließ aus Zorn und Trotz den Flammen, was mitzunehmen ihm verwehrt blieb. Die Sicherheitsorgane besaßen mit solchem Tun reiche Erfahrungen.

In Grabow ging man davon aus, dass der Täter mit den örtlichen Gegebenheiten bestens vertraut war, und so brodelte es denn in der Gerüchteküche. Allein, kein Verdacht vermochte sich verdichten, und sowohl die bevorstehenden großen Schulferien als auch die Vorbereitungen auf die täglichen Mühen der Erntezeit wären Anlass genug gewesen, dass sich die aufgebrachten Gemüter allmählich wieder anderen Dingen zuwendeten, wenn nicht ein viel größeres Unheil seinen Lauf genommen hätte.

An der Polytechnischen Oberschule in Theeßen nutzte am 25. Juni 1964 Lehrer Winfried Fanselow die letzte Stunde in seiner 10 b, um einigen seiner Schüler Besuche bei deren Eltern anzukündigen. »Es geht um die Berufsausbildung und um ein paar Dinge, die mit dem Schulabschluss zusammenhängen. Also: Stötzel, Wasdow und Pandelitz, ihr informiert bitte eure Eltern, dass ich heute im Laufe des Nachmittags mal auftauche.«

Wasdow vermutete, dass es um Werbung als Soldat auf Zeit ging, die ihm eine Lehrstelle als Feinmechaniker sicherte. Beim Verlassen des Schulgebäudes wandte er sich fragend an Pandelitz, dem der Anlass des Elternbesuches ebenfalls sonnenklar schien: »Der Fanselow will meinen Alten überzeugen, dass ich auf der LPG als Melker anfange. Da können die aber machen, was sie wollen. Nach der Fahne hau ich sowieso ab aus meinem Kaff.«

Stötzel indes zuckte auf die Frage, warum der Lehrer auch zu seinen Eltern nach Grabow kommen wollte, gespielt gleichgültig mit den Schultern: »Keine Ahnung. Soll er doch, wenn's ihm Spaß macht.«

Die Sechzehnjährigen schwangen sich auf ihre Fahrräder und radelten in verschiedene Richtungen heimwärts in ihre Dörfer.

In Manfred Stötzel wuchs die Beklemmung. Ein schlechtes Gewissen plagte ihn seit geraumer Zeit. Denn er war es, der Anfang des Monats die Scheune in Brand gesteckt hatte. Doch noch verdächtigte ihn niemand, und beim Löschen hatte er besonderen Eifer an den Tag gelegt. Als schlimmer hatte er Lehrer Fanselows Standpauke vor einer Woche empfunden. Er hatte in letzter Zeit mehrmals geschwänzt. Die Schule machte ihn fertig. Oft fühlte er sich hundeelend, hatte Kopfschmerzen und war für den Rest des Tages über alle Maßen gereizt. Wenn es ganz schlimm war, zitterten seine Hände, und ihm wurde so schlecht, dass er sich übergeben musste. Anstatt dem Unterricht zu folgen, streifte er deshalb viel lieber durch die Wälder und dachte sich Geschichten aus. Gern würde er Elektriker werden. Nun rechnete er damit, keine Lehrstelle zu erhalten, seine schulischen Leistungen waren zu schlecht.

Die Eltern, unermüdliche Landwirte und fest verhaftet mit ihrem Grund und Boden, gehörten noch zu den wenigen nicht kollektivierten Einzelbauern der Gegend. Tag und Nacht waren sie auf den Beinen. Der Vater war ein stiller, fleißiger, im Grunde anspruchsloser Mann. Dass die Mutter im Hause das Sagen hatte, nahm er widerspruchslos hin, empfand es eher als entlastend.

Manfred fürchtete sich nur vor einem: Wenn es herauskäme, das Schuleschwänzen oder gar das Feuerlegen an der Scheune, dann würde er von der Mutter eine tüchtige Tracht Prügel beziehen. Mindestens. Dabei war er fast einen Kopf größer als seine Mutter. Was konnte er tun? Nur eins beschäftigte ihn: Wie konnte er es anstellen, dass Lehrer Fanselow nicht in Grabow bei seinen Eltern erschien? Vielleicht konnte man ihn davon abhalten, ihn überreden. Bloß wie? Alles Grübeln half ihm nicht weiter. Als er das elterliche Gehöft erreichte, hatte er noch keinen Ausweg gefunden. Wie einen Abgrund empfand er, was vor ihm lag. Er musste den Sturz abwenden, durfte nicht länger zögern. Manfred stellte sich den möglichen Zeitplan seines Lehrers vor. Der musste so gegen sechs Uhr abends im benachbarten Stresow bei den Eltern von Pandelitz sein.

Beim Mittagessen erinnerte ihn der Vater daran, dass er den ganzen Nachmittag auf dem Rübenacker beschäftigt sein würde. Die Mutter indes plante, nach Burg zu fahren, um einen Einkauf zu erledigen. Der Junge, dessen Schweigsamkeit auffällig war, presste heraus: »Fanselow kommt heute Abend. Elternbesuch.«

»Heute?«, fragte die Mutter unwillig. »Kann er nicht früher Bescheid sagen? Oder weißt du das schon länger?«

»Nein, er hat's heute gesagt, es geht um den Schulabschluss oder so was.«

»Das passt mir aber gar nicht.« Doch die Mutter beschwichtigte. »Ist nicht so schlimm, dann fahre ich ein anderes Mal nach Burg«, reagiert sie überraschend. »Du bist mir schon wichtiger.«

Der Vater war vom Tisch aufgestanden: »Manne, kommst du mit raus in die Rüben?«

»Nee, geht nicht, wir haben noch von der FDJ was – in Theeßen«, log Stötzel.

Hinter seinen Schläfen hämmerte es schmerzhaft, so sehr beschäftigte ihn die nahende Bedrohung. Während sein Bruder der Mutter beim Abwasch half, zog er sich nachdenklich zurück. Der Schuppen war der einzige Ort, an dem er sich allein und sicher fühlte. Dort stand sein

Fahrrad, an dem er gern herumbastelte, dort befand sich allerlei Werkzeug, dorthin hatte er Omas alten Volksempfänger gerettet, der immer noch funktionierte. Zwar hatte er noch keinen Plan, aber eins stand fest: Fanselow durfte nicht nach Grabow kommen!

Beim Anblick der Werkzeuge nahm die Lösung Gestalt an: Ich werde ihn irgendwie verwunden, dann muss er zum Arzt und kann nicht zu uns kommen. Nur ein bisschen stechen, irgendwie ritzen oder so. Nur verletzen. Es darf nicht schlimm sein, aber er muss gleich zum Arzt! Nein, sterben darf er nicht. Das war's. Endlich wurde er ruhig, merkwürdig ruhig. Seine Blicke tasteten über die Werkzeuge. Dann setzte er sich an das verstaubte Radio und suchte den Freiheitssender 904. Es war einer der Tarnsender der DDR, der als Waffe im Kalten Krieg eingesetzt wurde. Mit seinen Schlagern sollte er vor allem die westdeutsche Jugend auf sich aufmerksam machen. Die DDR-Jugend indes weigerte sich zu akzeptieren, dass ihnen verboten sein sollte, diesen Sender zu hören. Seine Sendeantennen verbargen sich in einem polizeilich geschützten Wald bei Reesen, in der Nähe von Burg. Das alles wusste Stötzel nicht. Viel wichtiger war etwas anderes: Hier kam Musik nach seinem Geschmack. Nur hin und wieder wurden die heißen Rhythmen für kurze Augenblicke unterbrochen. Dann hauchte eine zarte Frauenstimme geheimnisvolle Sätze in den Äther, wie »Achtung, Bäckermeister! Der Teig wird sauer.« Kein Mensch verstand das. Doch es erweckte den Eindruck, dass die kommunistischen Untergrundkämpfer Westdeutschlands auf diesem Wege wichtige Nachrichten erhielten.

Bis zum Nachmittag saß er so da, die Reibahle in den Händen. Dann verstaute er sie in seiner Gesäßtasche, nahm sein Fahrrad und verließ endgültig den Schuppen. Er war ohne Hast und Anspannung, sah noch nach der Mutter im

Gemüsegarten hinter dem Haus, ohne sie anzusprechen, und radelte gemächlich nach Stresow.

Sein Ziel war das Gehöft der Familie Pandelitz. Wie erwartet, entdeckte er das abgestellte Motorrad seines Lehrers auf dem Hof. Sein Schulkamerad war nicht zu sehen, aber dessen jüngere Geschwister, die dort spielten, kamen Manfred eilig entgegen, um ihm das Geheimnis anzuvertrauen: »Euer Klassenlehrer ist da!«

»Ich weiß«, antwortete Stötzel sicher. Eins der Kinder lief ins Haus, und bald darauf kam Frau Pandelitz heraus und fragte Manfred, was er wolle.

»Herr Fanselow wollte auch zu uns kommen, aber meine Mutter fährt heute noch nach Burg, und mein Vater ist in den Rüben, bis spät. Ich will nur fragen, ob er gleich kommen könnte, weil meine Mutter noch da ist.« Manfred sprach es ohne Hemmungen.

»Wir sind sowieso fertig, ich sage ihm Bescheid. Fahr zu deiner Mutter und sag ihr, er kommt gleich«, entgegnete Frau Pandelitz und kehrte ins Haus zurück.

Manfred schwang sich auf sein Fahrrad und radelte langsam zurück zur Grabower Landstraße. Um Zeit zu schinden, beschrieb er riesige Achten um scheinbare Hindernisse. Endlich vernahm er hinter sich das ferne Knattern eines nahenden Motorrads.

Fanselow! – Das musste er sein. Schlagartig wich das Blut aus dem Gesicht des Jungen. Er bemühte sich, unauffällig weiterzufahren Nur wenige Augenblicke später war das Motorrad heran und verlangsamte das Tempo. Die abgewetzte Aktentasche hing dem Lehrer an einem Riemen über der Schulter. Fanselow passte sich der Geschwindigkeit an und begann gleich das Gespräch: »Du kannst dir ja denken, was ich mit deinen Eltern besprechen muss.«

»Meine Mutter schlägt mich zusammen«, presste der Junge hervor.

»Wird wohl nicht so schlimm werden, Stötzel. Schule-schwänzen ist doch kein Verbrechen.« Und nach einer kurzen Pause: »Oder hast du noch mehr auf dem Kerbholz?«

Die Frage verwirrte Manfred Stötzel. Ahnte der Fanselow etwas wegen der Scheune? Der blieb die Antwort schuldig.

In stiller, irgendwie makabrer Eintracht fuhren der Rad- und der Motorradfahrer nebeneinander her. Der Junge nahm die Geräusche der Umgebung nicht mehr wahr, das Motorrad des Lehrers glitt lautlos wie ein Phantom neben ihm her. Er verlangsamte sein Tempo. Fanselow fuhr nun eine Nasenlänge vor ihm. Manfred fixierte den Rücken seines Lehrers und dachte: »In die linke Seite muss ich stechen!« Kein Gedanke mehr an ein bloßes Ritzen.

Fanselow spürte die peinliche Situation und versuchte sie mit Worten zu überspielen: »... wenn du eine Abreibung kriegst, die kannst du doch wohl verkraften.«

Das war der Moment. Manfred zog die Reibahle aus der Hosentasche, fuhr dichter an den Mann heran und rammte sie mit voller Wucht in dessen Rücken. Der Stoß ließ ihn schwanken, und beinahe wäre er vom Rad gestürzt. Der Lehrer fuhr noch einige Meter, ehe ein Schlagloch das Motorrad zum Kippen brachte.

Fanselow lag bäuchlings im Sand. Er versuchte sich aufzustützen und stöhnte: »Stötzel, warum?«

Aus dem Tank des Motorrads lief inzwischen Benzin. Die Räder trudelten allmählich aus. Immer wieder wollte sich Fanselow aufrichten, aber Manfred war bereits bei ihm und stach abermals in den Rücken seines Lehrers. Der stöhnte. Mit weit aufgerissenen Augen drehte er den Kopf zur Seite und starrte auf den Angreifer. Immer wieder stieß er hervor: »Stötzel, warum, Stötzel!«

Der Junge war über die Wirkung seiner Attacke erschrocken, Angst schüttelte ihn. Gleichzeitig überkam ihn eine unbeschreibliche Wut über die Fassungslosigkeit des Lehrers, der doch hätte wissen müssen, wie sehr er gelitten hatte. Die Wut machte ihn so benommen, dass er sich später nur noch bruchstückhaft daran erinnern kann, wie er das Tatwerkzeug wieder einsteckte und einen großen Feldstein nahm, um seinem Lehrer den Kopf zu zertrümmern. Erst als er kein Lebenszeichen mehr wahrnahm, ließ er von seinem Opfer ab.

Es war still geworden auf der Landstraße nach Grabow. Manfred betrachtete seine Hände und die Kleidung. Sie waren fast sauber. Das Hemd des Lehrers dagegen sog sich mit Blut voll. Aus den Wunden sickerte es rot in den Sand.

Ein neuer Gedanke ergriff von dem Jungen Besitz: Fanselow muss verschwinden! Also packte er seinen Lehrer an den Füßen und schleifte ihn weit ins dichte Unterholz des Waldes. Abseits jedes zufälligen Blicks ließ er den Körper im Dickicht liegen. Wieder auf der Landstraße, fand er die Aktentasche, die er weit in den Wald schleuderte, ehe er das Motorrad aufrichtete, um es sorgfältig hinter einer dichten Gebüschgruppe zu verstecken. Mit einem Zweig fegte er den Sand über die kleinen Blutlachen und verwischte sie bis zur Unkenntlichkeit.

Jetzt hatte sich der Schüler beruhigt. Ohne Emotionen bestieg er sein Fahrrad und radelte zum Rübenacker seines Vaters, der weit draußen auf dem Feld arbeitete, griff sich einen Spaten und kehrte zu dem Dickicht zurück. Alles dort war ruhig und schien unverändert. Den Spaten bei seinem Opfer zurücklassend, kehrte er unverzüglich zum Rübenacker zurück. Das alles nahm nur wenige Minuten in Anspruch. Jetzt benahm er sich so auffällig, dass der Vater ihn bemerkte und ihm aus der Mitte des Ackers zuwinkte. Warum Manfred den Spaten zu Fanselow brachte, um dann gleich wieder umzukehren, konnte er sich selbst nicht beantworten. Bloß nichts anmerken lassen, so tun, als sei nichts geschehen! Er griff sich eine Hacke und stapfte über die Furchen hinweg auf seinen Vater zu, sorgsam darauf achtend, dass er die jungen Rübenpflanzen nicht niedertrat.

»Ich habe nicht viel Zeit, muss noch nach Stresow«, sagte er anstelle einer Begrüßung.

»Mach, solange du kannst«, kam es kurz zurück.

Mit schnellen, geübten Bewegungen lockerten die beiden Männer den verkrusteten Ackerboden rings um die Pflänzchen. Bei dieser Arbeit sprach man nicht, sondern hing seinen Gedanken nach. Nach gut einer halben Stunde meinte Manfred, seiner Pflicht nachgekommen zu sein, und überließ, still und wortkarg wie sonst auch, die endlosen Rübenreihen der Ausdauer des Vaters. Je weiter er sich vom Vater entfernte, um so stärker plagte ihn der Gedanke an den leblosen Fanselow im Wald. Da war auch wieder die Angst, die kalte Angst, und eine Frage bohrte sich in sein Hirn: Hat ihn schon jemand gefunden?

Aber die Landstraße lag ruhig. Das Knacken der Pedale seines Fahrrads und das Schlagen der Kette an den blechernen Schutz blieben das einzige Geräusch, das der Wald schnell schluckte. Doch ihm kam es laut vor, er meinte sogar, ein Echo zu hören.

Bei dem Versteck angekommen, hatte er das Gefühl, als liege Fanselows Körper nicht mehr so, wie er ihn verlassen hatte. Das Herz schlug ihm bis zum Halse. Er beugte sich über ihn, und panischer Schrecken packte den Schüler, als er das leise, kaum hörbare gurgelnde Atemgeräusch vernahm, das Fanselows zertrümmerter Körper noch von sich gab. Hastig zog er die Reibahle hervor und stach blindlings auf den Sterbenden ein. Neunzehn Stiche zählte man später. Jetzt musste die Leiche verschwinden. Da lag auch noch der Spaten, mit dem er neben dem Toten eine Grube aushob, tief und breit genug, um den leblosen Körper ohne Anstrengungen hineinzurollen. Sodann schüttete er das Grab zu, trat die Oberfläche fest und glich die Stelle mit Laub und Zweigen der Umgebung an.

Er hatte sich wieder in der Gewalt, hatte seine eiskalte Teilnahmslosigkeit wiedererlangt, ja, er fühlte sogar eine gewisse Zufriedenheit über das Werk seiner Spurenbeseitigung. Schließlich fiel ihm noch die weggeworfene Aktentasche seines Lehrers ein. Er fand sie bald und vergrub sie zwei Spatenstiche tief.

Wieder auf dem Weg nach Grabow, kam ihm das Motorrad in den Sinn, das er eigentlich auch hätte eingraben sollen. Doch seine Energie war aufgebraucht. Nur die Ahle, von ihr musste er sich noch trennen, und beim Fahren schleuderte er das unheimliche Werkzeug in weitem Bogen in ein Roggenfeld. Daheim säuberte er sofort den Spaten und stellte ihn zu dem anderen Gerät.

Wenig später saß die Familie am Abendbrottisch. Er hatte sich wieder so weit gefaßt, daß er eine Riesenportion Bratkartoffeln und Spiegeleier mit großem Appetit verdrücken konnte. Gleichgültigkeit stieg in ihm auf.

Am nächsten Morgen war die Hölle los. Die Frau des Lehrers hatte nach schlaflosen Stunden und dunklen Ahnungen, dass ihrem Mann etwas zugestoßen sein könnte, in aller Frühe beim ABV eine Vermisstenanzeige aufgegeben. Sie wusste, dass er am Vorabend das Gehöft der Familie Pandelitz in Stresow verlassen hatte, um in Grabow einen weiteren Elternbesuch abzustatten. Doch Frau Stötzel beteuerte, vergeblich auf den Klassenlehrer ihres Ältesten gewartet zu haben. Der ABV tat sofort das Naheliegende. Auf seine Bitte hin erklärte sich der Revierförster bereit, mit einer Gruppe von Schülern den Weg von Stresow nach Grabow abzusuchen. Unter den Freiwilligen der Suchaktion befand sich auch Manfred Stötzel. Noch am Morgen wurde der Wald zwischen den beiden Dörfern in einer Breite von etwa hundert Metern links und rechts der Landstraße durchgekämmt. Nur eine knappe Stunde dauerte es, bis der Revierförster das Motorrad des Lehrers fand. Wenn bis dahin die meisten Beteiligten nicht im Geringsten an ein Verbrechen gedacht hatten, zweifelte mit der Entdeckung des Motorrads niemand mehr daran, dass dem Lehrer etwas Ungeheuerliches zugestoßen sein mußte.

Nun brauchte es nur noch wenige Minuten, bis der Förster hinter einem Gebüsch auf frisches Erdreich stieß. Der ABV ließ die Suche abbrechen. Ein untrüglicher Verbrechensverdacht lag vor und musste an den Kriminaldauerdienst des VPKA Burg gemeldet werden. Wenig später trafen die Spezialisten ein: Drei Mitarbeiter der MUK gemeinsam mit ihrem Chef, zwei Kriminaltechniker, eine Gerichtsärztin und ein Fährtenhundeführer mit »Rex«, einem stattlichen Schäferhundrüden. Mit großer Vorsicht wurde die vermeintliche Grabstelle freigelegt und der Leichnam des Lehrers Fanselow geborgen. Da die Tatzeit noch nicht weit zurücklag, konnte die junge Magdeburger Gerichtsärztin noch am Tatort ihre erste Diagnose treffen: Tod durch innere Verblutung infolge scharfer Gewalteinwirkung.

Diensthund »Rex« leistete indes eine zuverlässige Sucharbeit. Angesetzt am Fundort der Leiche, verfolgte er die Spur nicht allein bis zur Stelle, an der die Aktentasche vergraben war, sondern verwies sogar in dem an den Wald grenzenden Roggenfeld auf das blutbehaftete Tatwerkzeug.

Die weiteren Ermittlungen bedeuteten für die MUK reine Routine. In der Aktentasche des Lehrers fand man drei Schülerakten, eine trug den Namen »Manfred Stötzel«. Stötzels Angaben zu seinem Alibi für die fragliche Zeit waren voller Ungereimtheiten. Ausreichende Fingerabdruckspuren am Motorrad, an der Tasche und am Tatwerkzeug sorgten ebenso für eine schnelle Begründung seiner Täterschaft wie die an seiner Hosentasche nachgewiesenen Blutspuren.

Noch am selben Tag wurde das Ermittlungsverfahren gegen Manfred Stötzel eingeleitet, und er wurde verhaftet.

In den ersten Stunden seiner Vernehmung stellte Manfred ein naives, leicht durchschaubares Verteidigungsverhalten zur Schau. Darauf folgte eine kurze Phase der Verstocktheit. In den späten Abendstunden schließlich brach er sein Schweigen und begann zunächst zu schildern, wie er den Brand an der Grabower Scheune gelegt hatte. Er habe erst ein kleines Feuer machen wollen, doch konnte er die Flammen nicht mehr bändigen. Da habe er das Weite gesucht. Dann gestand er, den Lehrer getötet zu haben. Eigentlich habe er Fanselow ganz gut leiden können, aber sein bevorstehender Elternbesuch habe ihn so verrückt gemacht, dass er keinen anderen Ausweg gesehen habe. Erst wollte er ihn nur stechen, damit der Lehrer zum Arzt hätte gehen müssen, doch dann sei der Jähzorn über ihn gekommen, und er habe ihn getötet.

Im Ermittlungsverfahren wurde Manfred Stötzel psychiatrisch begutachtet. Mehrere Wochen stand er unter fachärztlicher Beobachtung. Die zahlreichen klinischen Untersuchungen und Explorationen nahm er widerstandslos hin. Er blieb wortkarg und in sich gekehrt, wenngleich er sich an manchen Tagen freundlich und aufgeschlossen, zuweilen sogar albern zeigte. Das Ergebnis der psychiatrischen Untersuchung beeinflusste den weiteren Verlauf des Verfahrens: Der Gutachter wies nach, dass Manfred Stötzel an einer organischen Schädigung des Stammhirns litt – Folge einer früheren Enzephalitis, einerGehirnentzündung.

Diese Schädigung und eine die Persönlichkeit beeinträchtigende auffällige hormonelle Störung, die in der Fachsprache als endokrines Psychosyndrom bezeichnet wird, veranlassten das Gericht, wegen verminderter Zurechnungsfähigkeit die Unterbringung Stötzels in einer Heil- und Pflegeanstalt anzuordnen.

Wolfgang Mittmann

Der Frauenmörder vom Salzigen See

Zwei Täter und keine Leiche

Still und verträumt liegt die Schrankenwärterbude in der
Nachmittagssonne, ein kleines rotes Backsteingemäuer,
noch vor der Jahrhundertwende erbaut, wie die meisten
Dienstgebäude an der Reichsbahnstrecke zwischen Halle
und Eisleben. In dem nur drei mal vier Meter großen Ge-
viert der Wärterbude läutet es lang. Eine junge Frau tritt
aus der Tür, geht rasch zur Schranke und kurbelt die Barrieren herunter. Wieder im Dienstraum nimmt sie an dem
braungestrichenen Tisch Platz, von dem aus sie die Strecke durch zwei schmale Seitenfenster bequem beobachten
kann. Sie angelt den Hörer von dem schwarzen Kurbel-
telefon und meldet: »Posten sechzehn – Schranke geschlossen!« In der Leitung ist die Stimme des Fahrdienstleiters
vom Bahnhof Röblingen, der die nächste Zugfahrt ankün-
digt: »Dg 53 226 voraussichtlich ab siebzehn Uhr vier –
Fünfzehn wiederhole!«

Monika Kolz hört, wie die Schrankenwärterin auf dem
Nachbarposten mit der Nummer 15 die Durchsage reka-
pituliert. Während der Fahrdienstleiter mit »Richtig.
Schluss« das Gespräch beendet, trägt Monika die Angaben
in den Zugfahrtennachweis ein. Dann nimmt sie das Sig-
nalhorn und die zusammengerollte Gefahrenflagge von der
Wand und tritt erneut ins Freie. Neben dem Schranken-

bock postiert, erwartet sie den Güterzug. Aus den Telegrafenstangen entlang der Strecke tönen summende Akkorde.

Schrankenwärterdienst war ein typischer, aber schlechtbezahlter Frauenarbeitsplatz bei der Deutschen Reichsbahn. Nicht sehr abwechslungsreich; man blieb viel allein mit sich und seinen Gedanken. An den Werktagen, ja, da herrschte hier am Posten 16 noch einiger Verkehr. LKW, die zur Kippe des Amsdorfer Tagebaues fuhren, passierten den Bahnübergang. Und zu den festgelegten Zeiten kamen die Rangierabteilungen vom Bahnhof Röblingen.

Der Dg 53 226 dröhnt heran. Monika Kolz tritt einen Schritt zurück. Triebfahrzeugführer und Beimann winken von der Diesellok herab. Der Anblick der jungen Frau im schwarzen Rock und in der hellgrauen Reichsbahnerbluse gefällt den beiden »Schwarzen«. Und Monika ziert sich nie, gern grüßt sie zurück.

Wieder im Dienstraum gilt Monikas erster Griff dem Kofferradio. Sie sucht nach der Schlagerhitparade von Radio Luxemburg. Obwohl Radiogeräte auf den Dienstposten verboten sind, versteckt die Schrankenwärterin ein Transistorradio in ihrem schmalen Holzspind.

Vierundzwanzig Jahre ist sie, verheiratet und Mutter von zwei Kindern. Von einem unbändigen Erlebnishunger beherrscht, träumt sie von einem imaginären Stück Glück, sehnt sich nach endloser Zärtlichkeit und einem idealen Mann. Mit ihrem Ehemann, einem biederen Traktoristen, dem sie an Geist und Temperament überlegen ist, hatte sie kein großes Los gezogen. Vielleicht, so denkt sie, wird sich ihre Situation bald ändern. Seit Wochen kennt sie einen jungen Mann, dessen Ungestüm sie stets aufs neue überraschte. Wenn er sie nur in die Arme nahm und streichelte, schwanden ihr vor lauter Glückseligkeit die Sinne.

Monika Kolz sieht zur Uhr. Voller Ungeduld wartet sie auf das Ende ihrer Schicht. In Gedanken weilt sie schon bei der Tanzveranstaltung, die heut im »Haus des Bergmannes« in Unterröblingen stattfindet. Um 21.50 Uhr verstaut sie das Kofferradio im Schrank, dreht die Schrankenbäume herunter und meldet sich beim Fahrdienstleiter ab. Der Bahnübergang wird Samstag- und Sonntagnacht nicht benutzt. Den Schlüssel zur Wärterbude schiebt die junge Frau in das Versteck, das jeder Schrankenwärter am Posten 16 kennt.

Die Familie Kolz wohnt in Erdeborn, einem kleinen Dorf, vier Kilometer westlich von Röblingen gelegen. Zum Ort gehört eine Bahnstation, sodass Monika die Zugverbindungen von und nach Erdeborn benutzen kann. War sie samstags zum Spätdienst eingeteilt, wie am 29. Juli 1978, nahm sie oft den letzten Personenzug, der kurz vor Mitternacht in Richtung Eisleben fuhr. Und sie musste früh wieder raus, wenn ihr Name auf dem Dienstplan für die zwölfstündige Sonntagsschicht stand.

Als Günter Kolz nach dem Sonntagsläuten der Kirchenglocke aufsteht, um die Kinder zu versorgen, sieht er, dass das Bett seiner Frau unberührt ist. Wahrscheinlich, so denkt er, hat sie bei einer Bekannten in Röblingen übernachtet und ist am Morgen gleich wieder zum Frühdienst gegangen. Bei kurzem Schichtwechsel kam das vor.

Am Sonntagabend, Monika ist noch immer nicht zu Hause aufgekreuzt, bringt Kolz die Kinder bei seinen Schwiegereltern unter. Dann zieht er in die Dorfkneipe und ertränkt seinen Ärger in Alkohol. Voller Trübsinn ahnt er, dass seine Frau ein weiteres Mal aus der Ehe ausgebrochen ist. Lange gedauert hat es ja nie, tröstet er sich.

Am Montag steigt Kolz auf den Traktor und fährt das Futter zur LPG. Gegen Mittag ruft man ihn ins Büro.

»Ich bin Dienstregler beim Bahnhof Röblingen. Wo steckt denn Ihre Frau, Herr Kolz? Ist sie krank geworden?«

Kolz zieht die Schultern hoch. »Keine Ahnung«, knurrt er. »Hab sie seit Sonnabend nicht mehr gesehen.«

»Sie müssen doch wissen, wo sich Ihre Frau aufhält«, entrüstete sich der Eisenbahner. »Am Sonntag ist sie nicht zur Schicht gekommen. Heut lässt sie uns schon wieder sitzen. Wie soll ich denn die Dienstposten besetzen? Überall fehlen mir die Leute!«

Kolz schüttelt den Kopf. »Ich weiß wirklich nicht, wo sie ist!«, beteuert er dumpf.

»Dann suchen Sie gefälligst nach ihr!«, fordert der Eisenbahner. »Monika hat sich umgehend zum Dienst zu melden!« Er steigt auf sein Moped und knattert vom Hof.

Erst am Dienstag – Monikas Eltern haben gleichfalls gedrängt – fragt Kolz halbherzig nach seiner Frau herum. Monikas frühere Schulfreundin, bei der sie manchmal in Unterröblingen übernachtet, weiß nichts. Und eine gleichaltrige Kollegin vom Bahnhof Röblingen schüttelt ebenso ratlos den Kopf. Kolz fragt auch in der Mitropa-Gaststätte nach. Doch auch hier kann man ihm nicht weiterhelfen. Übereinstimmend erklären ihm die beiden Serviererinnen, Monika seit Tagen nicht mehr gesehen zu haben.

Etwa 6300 Einwohner leben 1978 in Röblingen am See. Die zum äußersten Südosten des Mansfelder Landes zählende Großgemeinde war in mehrere Siedlungen und Ortsteile gegliedert. Kupfer-, Salz- und Braunkohlenbergbau hatten das Gesicht der Landschaft geprägt. Den Beinamen »am See« verdankt Röblingen einem salzhaltigen Gewässer, dessen Fluten im Jahr 1892 durch Wassereinbruch in die Kupfergruben der Wimmelburger Otto-Schächte verschwanden. Der Salzige See musste leergepumpt werden und verlandete.

Zwei grünbetuchte Ordnungshüter wachen über das Wohl und Wehe der Bürger von Röblingen, Erdeborn,

Stedten, Schraplau, Wansleben, Aseleben und Seeburg am Süßen See. Der Abschnittsbevollmächtigte und sein Stellvertreter gehören zum öffentlichen Leben im Röblinger Revier, in jedem Betrieb, in jeder Schule, in den Kneipen und auf der Straße kennt man die beiden Volkspolizisten.

Erst am 4. September erfährt der ABV während eines nächtlichen Streifengangs vom Verschwinden der Schrankenwärterin. Süffisant erzählt ihm ein freiwilliger Helfer, der ihn in dieser Nacht begleitet, den jüngsten Dorfklatsch. Der Leutnant ist lange genug im Geschäft, um nicht jedes Wort für bare Münze zu nehmen. Zudem kennt er Monika und Günter Kolz und weiß um die Probleme, die zwischen den Ehepartnern stehen. Acht Tage später entschließt er sich, dem Gerücht außerhalb des offiziellen Protokolles nachzugehen.

Der ABV findet den Traktoristen beim Pflügen eines Stoppelfeldes hinterm Windmühlenberg. Er bockt die »Schwalbe« am Feldrain auf und fingert ein Päckchen Zigaretten aus seiner Kartentasche. Kolz klettert unterdessen vom »Famulus«. Quer über den Acker stapft er heran, wortlos hält ihm der Leutnant die Schachtel entgegen.

»Alles in Ordnung, Kolz?«, fragt der ABV.

»Ja. Was soll schon sein? Passiert doch sowieso nicht viel in unserm Kaff.«

»Deine Frau, hört man, ist nicht nach Hause gekommen?«

»Abgehauen«, nickt Kolz. »Aber ich werd sie schon holen.«

»Du weißt, bei wem sie sich aufhält?«

»Keine Ahnung. Muss ich noch rausfinden.«

»Hat's Streit gegeben in letzter Zeit?«

»Weiß nicht.« Kolz' Gesichtsausdruck bleibt verschlossen. Der Leutnant nimmt seine Mütze ab, wischt über das Schweißband. Die Abwehr des Traktoristen ist deutlich.

Man will helfen, aber die Entscheidung liegt nun mal bei Kolz. Der ABV hat es zu respektieren. »Also, wenn du eine Anzeige erstatten willst«, sagt der Uniformierte, »dann komm zu uns in die Dienststelle. Und bring ein Foto mit, damit wir nach deiner Frau suchen können. Verstanden?«

Ende September erscheint Günter Kolz beim VP-Gruppenposten ins Wansleben. Die Schwiegereltern haben kategorisch verlangt, dass er die Volkspolizei einschalten müsse. »So lange ist sie noch nie weggeblieben«, erklärt Kolz dem ABV mit bedrückter Miene.

»Wir müssen systematisch vorgehen«, erläutert der ABV, während er das Anzeigenformular in die Maschine dreht. »Ich werde dir Fragen stellen, du beantwortest sie nach bestem Wissen. – Also, wann hast du deine Frau zum letzten Mal gesehen?«

»Das war am Sonnabend. Da ist sie mittags zur Schicht gefahren.«

»An welchem Sonnabend, Kolz? Ich muss das schon ein bisschen genauer wissen.«

Der Traktorist beginnt zu rechnen. »Am 29. Juli«, gibt er schließlich Auskunft. »Sie hat ihre Tasche genommen und ist zum Mittagszug gegangen. Sie fuhr ja immer mit der Bahn bis Röblingen. Eisenbahner haben doch Freifahrt.«

»Hat jemand sie in den Zug steigen sehen?«

»Weiß ich nicht. Aber sie hat ihren Dienst gemacht auf dem Posten 16. Die Eisenbahner haben's mir erzählt.«

»Bis wann dauerte die Schicht?«

»Abends, so gegen zehn war sie zu Ende. Monika ist dann immer mit dem letzten Zug gekommen. Ich hab schon in Erdeborn gefragt. Niemand hat sie am Haltepunkt gesehen. Wahrscheinlich hat sie in Röblingen übernachtet, dachte ich. Weil sie doch am Sonntag gleich wieder zum Frühdienst musste. Manchmal hat sie es so gemacht.«

»Und bei wem übernachtet sie dann?«

»Bei Gerlind Funke. Ist ihre Freundin. Die beiden haben zusammen bei der Eisenbahn gelernt.«

Der ABV weiß, von wem die Rede ist. »Und?«, fragt er. »War sie bei der Funke?«

»Gerlind sagt nein. Sie weiß auch nicht, wo die Monika geblieben ist.«

»Habt ihr Streit gehabt?«

»Bestimmt nicht, Leutnant. Da war nichts. Manchmal war sie ziemlich krötig zu mir, und ich bin auch leicht ausgerastet. Aber diesmal gab's keinen Grund.«

»Hat Monika mal von Selbstmord gesprochen? Denk jetzt in Ruhe nach, Kolz. In jeder Ehe passieren solche Geschichten.«

Der junge Mann stützt seine Hände auf die Knie. »Manchmal, wenn wir in Streit gerieten, hat sie geschrien, dass sie sich den Strick nehmen will. Aber das war doch bloß so dahingesagt. Unsere Kinder hätte Monika nie im Stich gelassen!« Kolz hebt die Schultern und lässt sie wieder fallen. »Glaub mir, Leutnant, ich weiß wirklich nicht, wo ich noch suchen soll. Vor einem Rätsel stehe ich.«

Am nächsten Morgen fährt der Abschnittsbevollmächtigte ins Volkspolizei-Kreisamt Eisleben und übergibt die Vermisstenanzeige der Kriminalpolizei, wo sie auf dem Tisch des Fahndungsoffiziers im Kommissariat V landete.

Dass Menschen aus ihrem gewohnten Lebensumkreis entschwinden, war auch in der DDR kein außergewöhnliches Phänomen. Polizeiinterne Statistiken sprechen von 10 000 Fällen pro Jahr. Etwa 78 Prozent aller Vermissten waren Kinder und Jugendliche im Alter zwischen 9 und 18 Jahren. 41 Prozent der Erwachsenen gehörten dem weiblichen Geschlecht an. Der weitaus überwiegende Teil stellte sich nach wenigen Tagen oder gar Stunden unversehrt wieder ein. Obwohl die Zahl der Fälle, die sich auf diese Art und ohne nennenswertes Zutun der Kriminalpolizei von selbst erledigten, relativ hoch war, galten strenge Maßstäbe für die Bearbeitung von Vermisstenvorgängen. Denn mit jeder Anzeige stellte sich zugleich die Frage »Wurde an der vermissten Person ein Tötungsdelikt begangen?«

Eine alte kriminalistische Regel besagt, dass man bei der Suche nach Vermissten dort ansetzen soll, wo sie sich zuletzt aufgehalten haben. Der Oberleutnant beginnt seine Ermittlungen bei der Bahnhofsverwaltung in Röblingen. »Kollegin K. ist in ihrer Arbeit ordentlich und gewissenhaft«, notiert der Kriminalfahnder. »Stets einsatzbereit. Übernimmt freiwillig Sonderschichten, wenn andere Kollegen im Dienst ausfallen. In ihrem Wesen freundlich und aufgeschlossen und ihrem Alter entsprechend auch lebenslustig. Jüngeren Mitarbeitern gegenüber zeigt sie sich kontaktfreudig und hilfsbereit.«

Eine geschönte Charakteristik, wie die meisten Beurteilungen in solchen Kaderakten. Denn die Eheprobleme der Familie Kolz waren nicht nur in Erdeborn bekannt. »Ich möchte mir den Dienstposten ansehen, auf dem Frau Kolz am 29. Juli gearbeitet hat.«

Der Bahnhofsvorsteher begleitet ihn nach Unterröblingen zum Schrankenposten 16. Ein Eisenbahner im vorgerückten Rentenalter bedient die Schrankenanlage. Beim Anblick seines Dienstvorgesetzten nahm er stramme Haltung an. »Ohne Vorkommnisse, Kollege Vorsteher!«

Die zackige Meldung amüsiert den Oberleutnant.

»Wegen der Kolz kommen Sie?«

Der Eislebener Kriminalist hatte Mühe, den Alten zu verstehen.

»Hören Sie mir auf mit dem Flittchen. Wer weiß, mit wem die durchgebrannt ist. Mindestens ein halbes Dutzend Kerle treibt sich manchmal hier rum. Drüben vom Werk sind auch welche bei.« Sein Kinn deutet über die Gleise, wo sich der Gebäudekomplex des Kaolinwerkes mit dem hochragenden Turm der Aufbereitungsanlage erhebt. Zwei Schienenstränge zweigen am Posten 16 ab, führen unmittelbar zur Verladestelle am Rande des Betriebsgeländes.

»Kennen Sie die Männer?«

»Namen weiß ich nicht«, wehrt der Alte rasch ab.

»Aber Karl«, ruft der Dienstvorsteher, »du wohnst doch in Unterröblingen. Ein paar von den Burschen wirst du schon kennen.«

Nach einiger Überwindung zählt der solchermaßen Ermahnte die Namen von drei jungen Männern auf. »Hoffentlich kriege ich deswegen keinen Ärger mit den Leuten«, schließt er brummig.

Selbstverständlich würde die Vertraulichkeit gewahrt, sichert ihm der Oberleutnant flugs zu. Dann sieht er sich in der Wärterbude um. Sein Blick gleitet von dem braungestrichenen Tisch zu den schmalen zweitürigen Holzschränken hinüber. »Welcher gehört Frau Kolz?«

»Der zweite von links.«

»Hilft nichts«, meint der Kriminalfahnder. »Müssen wir aufbrechen. Haben Sie einen Hammer?«

Der Schrankenwärter schleppt Werkzeug herbei. Zwei kräftige Schläge, das Schloss fällt zu Boden. Der Oberleutnant öffnet die Tür. Ein Eisenbahnerregenmantel und eine Uniformjacke, auf der Mützenablage ein Transistorradio, unten auf dem Schrankboden eine braune Tasche. Wenn es noch Zweifel an der Identität der Besitzerin gegeben hätte, Monika Kolz' Portemonnaie, ihr Dienst- und ihr Personalausweis, die sich in der Tasche befinden, beseitigen sie.

»Kann man feststellen, bis wann Frau Kolz sich am 29. Juli in der Schrankenbude aufgehalten hat?«

Der Bahnhofsvorsteher nickt. »Zeig ihm das Dienstübergabebuch, Karl!«

Monika Kolz' Abgangsort und der Zeitpunkt ihres Verschwindens stehen nach diesen Ermittlungen fest. Das Rätsel um ihren derzeitigen Aufenthaltsort aber bleibt ungelöst.

»Jetzt drück doch mal ein bissel auf die Tube, Ebs!« Voller Ungeduld trommelt Siegfried Schwarz auf die kunststoffbezogene Armlehne der Wartburgtür.

»Hier sind bloß siebzig erlaubt!« Eberhard Schäfer, der Mann am Steuer, grinst seinen Dienstvorgesetzten an, gibt aber zugleich stärker Gas. Von Halle kommend, schießt der dunkelbraune Wartburg-Kombi über die F 80 dahin, bis sich ihnen der Blick in die weite offene Landschaft des Mansfelder Landes bietet. Rechts grüßt die Wasserfläche des Süßen Sees mit der imposanten Kulisse der Seeburger Schlossanlage. Links hügelige Ackerflächen für den Obstanbau. Und weit voraus der Talkessel, aus dem die Türme der Eislebener Kirchen ragen. Die Kreisstadt ist das Ziel ihrer Dienstfahrt.

Siegfried Schwarz ist Chef der vierköpfigen Morduntersuchungskommission in der Abteilung K der VP-Bezirksbehörde. Während der Wochenendbereitschaft hatte er den Vermisstenvorgang Kolz aus Eisleben kommen lassen. Was ihm da unter die Augen kam, alarmierte den erfahrenen Morduntersucher. Die Anzeigenerstattung war so ungewöhnlich spät erfolgt, das musste einfach Argwohn wecken. »Seit sechsundsechzig Tagen ist die Frau abgängig«, sagt Schwarz zu seinem Mitarbeiter, »und der Mann zeigt scheinbar kein Interesse, die Polizei einzuschalten. Verstehst du das?«

»Wenn du mich fragst – die Sache stinkt!«, stimmt Eberhard Schäfer ihm zu.

»Was mag das für ein Typ sein, dieser Günter Kolz?«, sinniert Schwarz. Die gleiche Frage stellt er eine knappe

Stunde später dem Vermisstensachbearbeiter im VPKA Eisleben.

Der Oberleutnant blättert in seinen Aufzeichnungen. »Keine geistige Leuchte«, gibt er seinen Eindruck kund. »In der Schule ein paarmal sitzengeblieben. Arbeit im Kupferbergbau, dann in der Braunkohle. Wechselte oft die Arbeitsstellen, weil er mit den allgemeinen Anforderungen nicht klar kam. Zuletzt in Erdeborn bei der LPG, wo er mit Ach und Krach die Ausbildung zum Traktoristen schaffte. 1972 heiratete er Monika Schößler, die Frau brachte ein Kind mit in die Ehe. 1973 Geburt eines zweiten Kindes. Kolz' größtes Problem ist der Alkohol.«

»Die Ehe lief nicht gut?«

»Anscheinend nicht. Die Frau war auf Abenteuer aus, manchmal für mehrere Tage unterwegs. Ich habe zwei Zeugen aufgetrieben, nach deren Aussage die Kolz noch Mitte August in Eisleben gesehen worden sein soll. Im Stadtcafé.«

»Glaubhaft?«

»Zwei Kolleginnen der Kolz. Ich gehe davon aus, dass sie sie erkannt haben.«

»Die früheren Liebhaber sind bekannt?«

Der Sachbearbeiter nickt. »Bin gerade dabei, die Liste aufzustellen, um sie der Reihe nach abzuklopfen.«

»Was ist mit dem Ehemann? Stimmt sein Alibi? Kolz muss doch einen Grund haben, wenn er das Verschwinden seiner Frau nicht anzeigen wollte. Genug der Theorie, Amigos. Beim Ehemann setzen wir jetzt an!«

Günter Kolz öffnet den Männern die Haustür. Der Hof, den er mit seiner Familie bewohnt, gehört zum Vermögen der LPG, bei der er beschäftigt ist. Kolz kaut an einem trockenen Brotkanten. Sein gedrungener Körper steckt in einem speckigen Jeansanzug. Ungekämmtes zotteliges Langhaar umrahmt sein gutmütiges, rundes Gesicht.

»Sie wollen zu mir? Hab bloß keine Zeit, muss gleich wieder zur Arbeit. Hab unser Vieh gefüttert.« Er deutet über den Hof zur Kaninchenstallanlage. Irgendwo im Hintergrund gackern Hühner.

»Sie müssen sich nicht beeilen. Ihr Chef weiß nämlich Bescheid. Wir sind von der Kripo in Halle.«

»Sie haben … meine Frau gefunden?«

»Leider nein«, antwortet Schwarz wahrheitsgemäß. »Deshalb wollen wir mit Ihnen reden. Am besten, wir gehen erst mal ins Haus.«

Kolz tritt zurück in den grobgefliesten Hausflur. Gleich hinter der Tüt staut sich ungeputztes Schuhwerk. Der Fußboden hat schon ewig keinen Schrubber und keinen Wischlappen mehr erlebt. Zwei Zimmer, eine Küche und ein handtuchschmales Bad. Die Wohnung mit neueren, aber sichtlich ungepflegten Möbeln vollgestellt. Bestimmt vom staatlichen Ehekredit gekauft, mutmaßt Schwarz.

»Also, was ist nun mit Ihrer Frau, Herr Kolz?«

»Weg ist sie«, antwortet der Traktorist.

»Ja, aber wohin? Irgendwo muss sie doch sein?«, meint Schwarz.

»Zum Dienst ist sie gegangen. Damals. Und kam nicht mehr nach Hause.«

»Haben Sie wenigstens nach ihr gesucht? Im Betrieb oder bei den Verwandten nachgefragt?«

Kolz nickte heftig. »Ja, schon. Bloß nicht gefunden.«

»Wo haben Sie denn gesucht?«

»Überall. Hier und da. Weiß ja keiner was.« Unsicher klingt seine Stimme, als er dies sagt.

»Warum haben Sie die Polizei nicht sofort eingeschaltet?«

»Ich hab jeden Tag gewartet, dass sie von alleine kommt. Dachte, sie lässt mich absichtlich schmoren, damit ich nicht gleich schimpfe, wenn sie wieder da ist.«

»Dann haben Sie sicher nichts dagegen, wenn wir uns im Haus und auf dem Grundstück ein wenig umsehen.« Kolz zuckt mit keiner Wimper.

»Genosse Hauptmann!« Eberhard Schäfer ruft von der Kellertreppe her. Auf den Stufen hat der Leutnant mit Hilfe einer Analysenquarzlampe im violetten Schräglicht mehrere dunkle Flecke auf dem Zementboden entdeckt. »Erscheint mir blutverdächtig«, kommentiert Schäfer.

»Ist bestimmt von mir«, erklärt Kolz hastig. »Bin mal auf der Kellertreppe ausgerutscht. War ganz schön duhn. Und dann Nasenbluten, verstehen Sie.«

»Da muss die Spurensicherung ran!«, entscheidet Schwarz. Und zu Kolz gewandt: »Blut kann man nach verschiedenen Gruppen und Untergruppen unterscheiden, Herr Kolz. Sie können sich darauf verlassen: Unsere Chemiker werden ganz schnell herausfinden, ob es sich um Ihr Blut handelt oder ob es das Blut Ihrer Frau ist. Bis zur Klärung des Sachverhaltes müssen wir Sie mitnehmen!«

Dicke Schweißtropfen perlen über das Gesicht des Traktoristen. Günter Kolz sitzt vornübergebeugt. Nur mühsam und mit äußerster Anstrengung kann er seine Angst in Zaum halten. Seit Stunden wird er im obersten Stockwerk des Polizeigebäudes neben der Untersuchungshaftanstalt in Eisleben vernommen. Hauptmann Schwarz reiht die Fragen aneinander, mal sachlich und gelassen, dann wieder lauter, um den Vernehmungsdruck zu verstärken, bis er erneut in ruhigeres Fahrwasser überleitet.

Inzwischen ist es 23 Uhr. Kolz hockt, die Hände gegen seinen Kopf gepresst, auf dem Stuhl. Kopfschmerzen plagen ihn. Er versteht nicht, warum sie ihn nicht endlich in Ruhe lassen. Der Hauptmann reicht ihm ein Glas Wasser. »Wie erklären Sie sich denn das Verschwinden Ihrer Frau?«, fragt er zum wiederholten Mal.

Kolz trinkt. »Ich weiß es doch nicht«, beteuert er. »Plötzlich war sie spurlos weg.«

»Spurlos? Wieso spurlos, Kolz? Mitte August wurde Ihre Frau noch in Eisleben gesehen! Die Tasche mit ihren persönlichen Dokumenten haben wir in der Schrankenbude gefunden. Wäsche und Kleider sind vollständig, wie wir uns überzeugen konnten. Und das Kosmetiktäschchen Ihrer Frau liegt noch im Bad! Was Sie uns auftischen, ist nicht stubenrein, Herr Kolz! Die Fakten sprechen eine andere Sprache!«

»Keine Ahnung«, würgt Kolz hervor.

»Sie hatten Streit mit Ihrer Frau, haben auf sie eingeschlagen, ja?«

»Nein …, ja … Ach, ich weiß nicht.«

Schwarz stützt seine Ellenbogen auf. Er legt die Fingerspitzen gegeneinander. »Vielleicht … übermäßig derb beim letzten Schlag?«

Schweigen.

»Wir wollen Ihnen doch nur helfen. Aber Sie müssen uns schon die Wahrheit sagen.« Und wieder bohrt Schwarz. »Das eine kann ich Ihnen versprechen, Kolz, wir werden nach Ihrer Frau suchen, bis wir sie gefunden haben – lebendig oder tot. Und dann kommt die ganze Wahrheit ans Licht!«

Für einen Moment hat es den Anschein, als helle das Gesicht des anderen sich auf. »Sie wollen wirklich suchen?«, fragt er stockend.

»So wahr ich hier sitze, das ist mein Versprechen!«

Weit nach Mitternacht seufzt Günter Kolz tief auf. Seine Stimme klingt brüchig. »Also gut – ich habe meine Frau erschlagen«, quetscht er widerstrebend hervor.

»Wann und wo?«

»Vor vierzehn Tagen, so um den zwölften September herum, ist sie wieder nach Hause gekommen. Ich wollte wissen, wo sie so lange war. Ich war wütend, auch vom Alkohol, und da hab ich ihr eben ein paar geknallt. Also, ich hab sie geschlagen ins Gesicht, ja, auch mit der Faust. Und plötzlich ..., plötzlich atmete sie nicht mehr.«

Schwarz, der gelernt hat, aus der Haltung und Gestik eines Menschen Schlüsse zu ziehen, bleibt skeptisch. »Und die Leiche?«, fragt er. »Sagen Sie schon, wo ist die Leiche Ihrer Frau geblieben?«

Erdeborn liegt an den Südhang des Höllenberges gebettet. Die weite Talsenke zwischen Windmühlen- und Wickenberg zerschneidet der Zellgrundbach. Hier, irgendwo im Gelände, will Günter Kolz die Leiche seiner Frau abgelegt haben.

Seit neun Uhr in der Frühe sind sie unterwegs: Leutnant Schäfer, der den Traktoristen vermittels Knebelkette am Handgelenk führt, der Fahndungsoffizier und Hauptmann Schwarz am Lenkrad des Wartburg-Kombi. Ein Sicherungskommando der Schutzpolizei folgt im dichten Abstand. Hinter der Bahnunterführung dirigiert Kolz den Fahrzeugkonvoi nach rechts. Sie holpern in Richtung Hornberg. Sie passieren eine Reihe von Datschengrundstücken. Eine wilde Müllkippe schiebt sich ins Sichtfeld der Männer. Kolz lässt halten.

»Hier?«, fragt Schwarz überrascht, während sein Blick über den Ausfluss der Konsumgesellschaft made in DDR tastet.

»Mit dem Handkarren hab ich sie hergebracht«, erklärt Kolz.

Die Suche auf der unkrautbewachsenen Müllhalde setzt ein. Die Polizisten schwärmen aus.

»Kolz!«, faucht Schwarz mit drohendem Unterton. »Das ist doch ein Windei! Wenn Sie uns verarschen wollen, dann ist aber die Messe gelesen!«

Der mordverdächtige Ehemann zieht furchtsam den Kopf ein. »Hierher hab ich sie gefahren«, wiederholt er kleinlaut. »Bis zum Hang und dann runtergerollt!«

»Dann wäre die Leiche aber längst gefunden worden!«, poltert Schwarz. »Allein der Verwesungsgeruch hätte Aufmerksamkeit erregt. Jeder Radfahrer, der auf der Straße vorbeikommt, hat den Blick auf den Müllplatz!«

»Vielleicht …, vielleicht hab ich sie doch eingegraben …«

»Hatten Sie denn einen Spaten mit?«

»Muss ja wohl …«

»Dann zeigen Sie uns endlich die Stelle! Aber ein bisschen Tempo, wenn ich bitten darf!«

Nicht einmal dazu ist Kolz in der Lage. Erbost pfeift der Hauptmann die Aktion ab. Über Funk fordert er einen Leichensuchhund an. Aber auch dieser bringt die Kriminalisten nicht zum Ziel. »Auf der Halde«, so der eindeutige Befund des Pretzscher Diensthundeführers, »ist keine Leiche vergraben worden.«

Ein weiteres Mal nehmen sie Kolz in die Mangel. Nach einer knappen Stunde die erlösenden Worte: »Ich habe mich geirrt, Herr Hauptmann, weil ich so durcheinander bin. Aber jetzt … jetzt weiß ich's wieder. Ich glaube, sie liegt im alten Schacht …«

Kolz lotst die Kriminalpolizisten in Richtung Oberröblingen. Hinter einem löcherigen Drahtzaun, mit reichlichen Warnschildern bespickt, stoßen sie auf das Mundloch eines toten Bergbaustollens. Eine Mauer aus Schieferbruch, etwa 150 Zentimeter hoch, umgibt die Schachtöffnung, die mit terpentingetränkten Holzplanken abgedeckt ist. Das an der Mauer hochrankende Gestrüpp gestattet ein müheloses Erklettern der Brüstung. Zwei Schutzpolizisten und der Oberleutnant vom Fahndungskommissariat rücken die Planken vorsichtig zur Seite. Schwarz späht über den Mauerrand in die dunkle Schachtröhre. Die Sohle ist nicht zu erkennen. »Wie kommen wir jetzt zur Sohle? Abseilen?«

»Das geht nur mit der Grubenwehr«, schränkt der Fahndungsoffizier ein. »Aber heute wird das nichts mehr.« Er tippt auf seine Armbanduhr. »Wenn Sie einverstanden sind, Genosse Hauptmann, kümmere ich mich morgen früh um den Einsatz.«

Der festgenommene Traktorist wird nach Halle überführt. Der Leiter der MUK leitet ein Ermittlungsverfahren, der Staatsanwalt Winfried Wölfel wird über den Stand der Ermittlungen informiert.

»Gut, ein Geständnis liegt vor«, konstatiert Wölfel, »aber keine Leiche.« Er hatte die Akte vor sich auf dem Tisch. Das Fehlen der Leiche stört Wölfels Ordnungssinn, aber Schwarz stellt in Aussicht, dass sie die Tote aus dem Schachtloch heraufholen würden. Noch einmal überfliegt Wölfel die Aussagen der beiden Eisenbahnerinnen. Drei Wochen nach ihrem Verschwinden hatte die Schrankenwärterin noch gelebt. So gesehen erscheint Kolz' Geständnis wahrhaftig. Der Staatsanwalt unterschreibt den Haftantrag.

Vor dem Haftrichter wiederholt Klotz sein Geständnis. Ja, er habe seine Frau während eines Streites getötet. Die Leiche läge in dem alten Stollen bei Erdeborn. Der Richter ordnet die Untersuchungshaft an.

Schwarz erhält ein beifälliges Kopfnicken von seinem Dezernatsleiter. Gegen Mittag fällt der Chef der MUK aus allen Wolken. Aus Eisleben ereilt ihn die telefonische Mitteilung, dass der tote Schacht durch die Grubenwehr befahren wurde. Ein zerfetztes Herrenjackett und mehrere morsche Stiefel bildeten die Ausbeute. Von einer Leiche keine Spur.

»Verdammte Scheiße!«, macht Schwarz seinem Ärger Luft. »Den Kerl zerreiße ich in vier Stücke!«

Günter Kolz, zur zweiten Vernehmung vorgeführt, wartet mit tränenreicher Redseligkeit auf. Er wolle jetzt endgültig die Wahrheit sagen, beteuert er ein ums andere Mal und gibt eine dritte Variante der Leichenverbringung preis. Während Eberhard Schäfer die Aussage protokolliert, setzt Schwarz einen neuen Suchtrupp in Marsch. Die Antwort, die man Stunden später aus Erdeborn übermittelt, reißt schon keinen mehr vom Stuhl: Am angegebenen Ort lag keine Leiche!

Und als Bernd Heyroth vom Dezernat KT im selben Moment ins Zimmer des Hauptmanns schaut, liest Schwarz die Nachricht am Gesicht des Kriminaltechnikers ab: »Die Blutspuren auf der Kellertreppe stammen von Günter Kolz!«

Siegfried Schwarz verschränkt die Hände hinter dem Kopf verschränkt starrt er zur Zimmerdecke. Die Gedanken quirlen in seinem Kopf. Warum behauptet der Traktorist steif und fest, dass er seine Frau getötet hat, wenn er andererseits den Ablageort der Leiche nicht nennt? Will er es nicht, um sich möglicherweise ein Hintertürchen offenzuhalten, oder kann er es tatsächlich nicht? Was spricht für Kolz' Täterschaft? Die zerrütteten Beziehungen zwischen den Eheleuten, Alkohol und der häufige Streit, der von Handgreiflichkeiten begleitet war. Ein ganzes Bündel von Gründen. Und dann noch die verschleppte Anzeigenaufnahme. So weit – so gut. Was steht dawider? Das Fehlen der Leiche natürlich und Kolz' primitive Persönlichkeitsstruktur. Schwarz grübelt und kommt zu einem weiteren Widerspruch: Günter Kolz hatte den 12. September als Tattag bezeichnet, seine Frau wurde aber schon seit dem 29. Juli vermisst. Wo und bei wem hatte sie sich in den sechs Wochen aufgehalten? In Eisleben, wie die Zeugen behaupten? Wer bestritt ihren Lebensunterhalt, bot ihr Kleidung und ein Bett? Krampfhaft sucht der Hauptmann nach einer Erklärung. Er spekuliert, mutmaßt und muss sich dennoch eingestehen, dass er mit seinem Latein ziemlich am Ende ist.

Anfang November macht ein Gerücht in Röblingen die Runde. Nicht der Ehemann habe Monika Kolz getötet. Ein anderer habe sich zu der Tat bekannt. Es bleibt nicht aus, dass der Abschnittsbevollmächtigte von dem Gerede Wind bekommt. Pflichtgemäß nimmt er die ersten Ermittlungen auf. Die Spur führt den Leutnant zu einem neununddreißigjährigen Invalidenrentner aus Unterröblingen. Peter Lohberg hatte als Kläuber im Mansfeld-Kombinat gearbeitet. Bei einem Schachtunglück war er mit dem linken Bein unter einen Hunt geraten. Seither hinkte er durchs Leben und lebte von einer Rente, die er zum überwiegenden Teil in den Kneipen der Umgebung in Alkohol umsetzte. Noch vor der Festnahme des Ehemannes Kolz hatte Lohberg seine Kneipenkumpel mit der Eröffnung überrascht: »Die Bullen sind doof. Die finden die Bahnmieze nie!« Auf den Einwand: »Hört sich an, als wüsstest du, wo sie liegt?«, parierte er mit der mysteriösen Andeutung: »Vielleicht weiß ich's ja wirklich ...?«

Zuerst hatten Lohbergs Reden pures Gelächter provoziert. Aber je mehr man ihn in den Kneipen mit der »Bahnmieze« aufzog, um so störrischer wurden seine Antworten, bis ihm schließlich die Behauptung entschlüpfte, er habe die Kolz erwürgt. Nachdem der ABV zwei glaubhafte Zeugen aufgetrieben hat, verständigt er die MUK in Halle. Schwarz lässt den Telefonhörer sinken. Kann es sein, dass er sich mit dem Tatverdächtigen Kolz verrannt hat? Mit seinem Stellvertreter Manfred Löser erwägt er die Wendung des Falles, die beiden kommen überein, Lohberg in Halle vorführen zu lassen. In den abgeschotteten Diensträumen der MUK wollen sie ihn in aller Ausführlichkeit vernehmen.

Wider Erwarten bereitet ihnen der Mann, der sich beim Laufen auf einen Spazierstock stützt, keine großen Schwierigkeiten. »Ich weiß schon, was Sie von mir hören wollen«, sagt er friedlich. »Ob ich die Monika Kolz umgebracht habe, wollen Sie aus mir rauskriegen.«

»Kennen Sie die Schrankenwärterin?«, fragt Schwarz.

»Freilich. Ich hab sie auf der Schrankenbude besucht.«

»Der Schrankenposten ist ein Dienstraum für die Eisenbahner«, erinnert Löser. »Fremde Besucher sind dort nicht erlaubt.«

Lohberg lacht. »Ich war kein Fremder«, meint er.

»Sondern …?«

»Na, Monis Freund. Hab sie deshalb auch immer besucht.«

»Und weil Sie mit ihr befreundet waren, haben Sie die Schrankenwärterin umgebracht?«

»Nee, so einfach war das nicht.« Lohberg beugt sich plötzlich vor. »Ham Sie nicht mal 'ne Zigarette?«

Lohberg lässt sein einfältiges Lächeln erkennen, wird dann unvermittelt ernst und erklärt mit fester Stimme: »Also, ich war an dem Abend bei ihr auf der Schrankenwärterbude. Als Feierabend war, bin ich mit ihr ein Stück gegangen, und dann meinte ich, wir könnten doch auch mal ein bisschen vögeln. Ich hab sie oben angefasst, an die Brüste und so. Das wollte sie nicht. Ich war stinksauer, dachte: Na gut, dann eben mit Gewalt. Erst hab ich ihr einen Schwups mit dem Stock verpasst, dann den Knorpel zugedrückt. Hier vorn am Hals.« Er zeigt auf seinen Kehlkopf.

Schwarz und Löser blicken sich an. So rasch hatten sie noch kein Geständnis erlangt. »Was haben Sie denn mit der Leiche gemacht, Herr Lohberg?«

»Über die Schulter genommen und weggetragen.«

»Ja, aber wohin?«

»Das, Ihr Herren«, hohnlacht der Invalide, »werde ich Ihnen nicht sagen. Finden Sie es selber heraus!«

Ein Geständnis, so absurd wie grotesk, das Schwarz in Wallung bringt. Abrupt springt er auf und verlässt den Raum. »Der Knabe ist doch bekloppt!«, beschwert er sich bei Eberhard Schäfer. Die Männer unterbrechen das Verhör und versammeln sich um Schwarz' Schreibtisch. Sie schlürfen frischgebrühten Kaffee und tauschen ihre Eindrücke aus. Die Spreu vom Weizen trennen, nennen sie das.

Staatsanwalt Winfried Wölfel, zwischenzeitlich vom Leiter der MUK über die Situation unterrichtet, schaltet sich in die Vernehmung ein. Mit vereinten Kräften ringen sie Lohberg ein Zugeständnis ab: »Ja, ich habe die Leiche vergraben. Sie können mich jetzt ruhig einsperren, Herr Staatsanwalt. Da kriege ich fünfzehn Jahre. Aber wenn Sie die Leiche finden, wird lebenslänglich draus. Da schweige ich lieber!«

Jetzt drehen sie den Spieß um. Aus taktischem Kalkül versuchen sie, Lohberg das Verbrechen auszureden. Die schlimmsten Torturen eines Lebens hinter Gittern malen sie ihm aus, allein es hilft nichts – der Invalide beharrt auf seinem Geständnis. »Sie müssen mich einsperren, Herr Staatsanwalt. Das ist Ihre Pflicht!«, moniert er.

Staatsanwalt Wölfel rauft sich die Haare. »Normalerweise bestreiten Mörder ihre Verbrechen. Jetzt haben wir mit einem Schlag gleich zwei, von denen jeder die Tat für sich reklamiert. Ich kann's nicht fassen, Leute!«

Um die Unsicherheit zu überspielen, ruft man gemeinsam den Bezirksstaatsanwalt Dr. Trautmann an. Der will sich selbst einen Eindruck verschaffen. »Bringt mir den Lohberg in mein Büro. Dann sehen wir weiter.«

Schwarz rafft die Akte zusammen. Sie fahren zum Hansering. Dr. Trautmann erwartet sie an der Vorzimmertür, lässt sich die Akte geben, mustert Lohberg von Kopf bis zu den Füßen und verschwindet dann in Begleitung Wölfels mit dem Delinquenten in seinem Büro. Vor Schwarz' Nase schlägt die gepolsterte Tür zu. Peinlich für den Hauptmann, aber er begreift zugleich, dass es für die MUK nur von Vorteil sein kann, wenn Trautmann unbeeinflusst entscheidet.

Vierzig Minuten später geht die Tür wieder auf. Dr. Trautmann erscheint auf der Schwelle. »Was er sagt, erscheint doch plausibel. Ich denke, wir beantragen U-Haft. Aber schaff mir, um Gottes willen, die Tote herbei, Schwarz! Zwei Täter und keine Leiche, eine solche Konstellation ist mir neu.«

Solange die spätherbstliche Witterung es erlaubt, mobilisiert Schwarz die Hundertschaften der Bereitschaftspolizei. In breiter Front ziehen grünuniformierte Suchketten über die Wiesen und Äcker im Südosten des Mansfelder Landes. Grubenwehren nehmen stillgelegte Schächte in Augenschein, von denen es mehr als genug im Raum Wansleben – Röblingen – Erdeborn – Stedten gab. Spezialtrupps überprüfen unzählige Abraumhalden. Wo der Boden brüchig und deshalb für des Menschen Fuß zu gefährlich wurde, kommen Leichensuchhunde der in Pretzsch ansässigen VP-Spezialschule für Diensthundewesen zum Einsatz. Mehrfach inspizieren sie die Tagebaukanten am Amsdorfer Braunkohlentagebau. Bergbaufachleute beraten Schwarz und seine Ermittler.

Zu den ortskundigen Kriminalisten zählt Oberleutnant Helmut Lieneweit. Schwarz, Schäfer und Lieneweit untersuchen die Gärten rund um den Schrankenposten 16. Eine Weile beobachten sie den Straßenverkehr in Richtung Amsdorf. Ab und zu passiert ein LKW den Bahnübergang, verschwindet auf dem Betriebsgelände des Kaolinwerkes jenseits der Gleise. Dann wird die Schranke geschlossen. Aus Richtung Röblingen nähert sich eine geschobene Rangierabteilung. Auf dem Trittbrett des letzten Waggons steht ein Rangierleiter. Mit Armzeichen und kurzen oder langen Signalpfiffen dirigiert er den Lokführer. Schwarz' Blick folgt den topfartig geformten Kesselwagen, die unter einer Verladeanlage auf den Betriebsgleisen zum Halten kommen. Vielleicht zweihundertfünfzig oder dreihundert Meter von der Schrankenbude entfernt.

»Kaolin – eine durch Verwitterung feldspatreichen Gesteins entstandene weiße Tonerde«, rekapitulierte Eberhard Schäfer tiefsitzendes Schulwissen.

»Die Waggons gehen in den West-Export«, merkt Lieneweit an. »Zunächst bis Nordhausen und dann bei Ellrich und Walkenried über die Grenze.«

Ein Gedanke durchfährt Schwarz. »Könnt ihr euch vorstellen«, sagt er, »dass der Täter die Leiche in so einen Kessel gesteckt hat?«

»Möglich wär's«, stimmt Lieneweit ihm zu. »Aber dann ist sie für immer und ewig verschwunden.«

Bei allem Aufwand der Suchmaßnahmen, Monika Kolz' Leichnam finden sie nicht. Die Schrankenwärterin wird republikweit zur Vermisstenfahndung ausgeschrieben. Das Kriminalistische Informationsblatt zeigt das Porträt einer jungen Frau. Das dunkle Haar zu einem schlichten Madonnenscheitel geteilt, schwarze, mandelförmig geschnittene Augen in einem freundlichen, sympathischen Gesicht.

Auf Antrag der Staatsanwaltschaft hebt das Gericht am 23. November den Haftbefehl gegen Günter Kolz auf. Bevor der Traktorist das Gebäude der Untersuchungshaftanstalt verlässt, wird er von Wölfel und Oberleutnant Löser zu den Gründen seines falschen Geständnisses vernommen. Die erfahrenen Vernehmer glauben ihren Ohren nicht zu trauen, als Kolz ihnen allen Ernstes versichert: »Ich gebe zu, dass ich die Kriminalpolizei beschwindelt habe. Ich möchte mich dafür entschuldigen, denn ich habe meine Frau nicht umgebracht. Ich dachte, wenn ich zugebe, dass ich es war, dann sucht die Polizei überall im Freien, und dann wird Monika schneller gefunden. Niemand hat mich bedroht oder zu der Aussage gezwungen.«

Peter Lohberg blieb im Visier der Ermittler. Die Untersuchung fährt sich fest. Schwarz kommt mit dem Verdächtigen nicht mehr zurande. Lohberg lehnt ihn als Vernehmer ab. In solchen Fällen übernimmt ein anderer Sachbearbeiter den Vorgang. Oberleutnant Löser erhält die Akte. Er zieht alle Register der Vernehmungskunst, doch auch ihm vertraut Lohberg das Geheimnis der verschwundenen Leiche nicht an. Dafür löst er ein anderes Geheimnis. Die Aussagen der beiden Eisenbahnerinnen, die Monika Kolz angeblich im August im Eislebener Stadtcafé gesehen hatten, beruhen auf einer Verwechselung.

Staatsanwalt Wölfels Vorgesetzte drängen, es sei an der Zeit, die Anklage beim Bezirksgericht einzureichen, das Strafverfahren müsse endlich vom Tisch. Wölfel, der findige Jurist, zögert. Monate streichen ins Land.

Sonntag, der 11. November 1979. Röblingen am See.

In der Seestraße 13 sitzt das Rentnerpaar Kling vor dem Fernseher. Plötzlich ist ein dumpfes Poltern zu vernehmen und das Klappen einer Tür. Helene Kling richtet sich auf und blickt unsicher auf ihren Mann. War das draußen im Treppenhaus, oder kamen die Geräusche aus dem Fernsehgerät? »Schalt doch mal den Kasten aus!«, sagt sie.

Noch bevor Helmut reagieren kann, beginnt das Rumoren erneut. Stimmen, die auf einen Wortwechsel schließen lasse. Undefinierbare Geräusche. Das Poltern kommt aus der Wohnung unter ihnen. Ellen Träkel wohnt dort, eine neunundsiebzigjährige Rentnerin, erst vor einigen Monaten zugezogen. »Das lässt mir keine Ruhe«, sagt Helene. »Vielleicht ist sie hingefallen und braucht unsere Hilfe. Ich schau mal nach.« Sie geht ins Treppenhaus.

Fünf Mietparteien wohnen in der Seestraße 13. Niemand außer den Klings hat den Lärm registriert. Das Rumoren in der Parterrewohnung ist jetzt verstummt. Helene klopft gegen die Wohnungstür. »Frau Träkel, ist alles in Ordnung?«

Keine Antwort.

»Hallo, Frau Träkel! Fehlt Ihnen was?« Beherzt drückt Helene Kling gegen das Holz der Türfüllung. Die Tür schwingt auf, gibt den Blick in die Diele frei. Licht fällt aus einem Zimmer. Warum ist die Tür nur angelehnt? Jede weitere Überlegung wird jäh unterbrochen. Ein junger Mann steht plötzlich vor Helene Kling. Den Oberkörper entblößt. Blut an den Händen. Ein gewaltiger Schreck fährt der Frau in die Glieder. »Was ist denn hier los?«, stammelt sie atemlos. »Ist mit Frau Träkel was passiert? Ist sie krank?«

»Ja, so ein bisschen krank.«

»Soll ich Hilfe holen?«

»Nein, nein. Ich bin ja da.«

Wie angewurzelt steht der Unbekannte vor ihr, mit stierenden Augen, die Helene Kling bis an ihr Lebensende verfolgen. Klugerweise tritt sie sofort den Rückzug an, steigt die Treppe hinauf und betritt leichenblass und mit jagendem Puls ihre Wohnung. Es dauert einen Moment, bis Helmut begreift, was seine Frau ihm da erzählt. »Vielleicht sollte man der Polizei Bescheid sagen«, drängt Helene. »Der ABV wohnt doch gleich um die Ecke!«

Seufzend schlüpft Helmut Kling in Schuhe und Mantel. Oberleutnant Friedrich Sonderhausen ist zwar nicht mehr Abschnittsbevollmächtigter – die Ärzte hatten ihn aus gesundheitlichen Gründen in den Innendienst verbannt –, doch bis zu seiner Wohnung sind es nur zehn Minuten Fußweg.

»Ich bin nicht mehr der ABV!«, ruft Friedrich, erbost wegen der späten Störung. Trotz seiner Versetzung wenden sich die Röblinger aus alter Gewohnheit noch immer an ihn. »Für solche Sachen ist der Gruppenposten zuständig. Ruft dort an!«

Niemand meldet sich. Nun streift Sonderhausen doch seine Uniform über und begleitet Helmut Kling. Um 23.10 Uhr dringt Oberleutnant Sonderhausen in die abgedunkelte Diele vor. Helmut Kling gewährt ihm Rückendeckung. Die Männer finden die Küchentür nur angelehnt. Ein schmaler Lichtstreifen fällt in den Korridor. Nachdem ihr Rufen unbeantwortet bleibt, öffnet Friedrich Sonderhausen die Küchentür. Noch auf der Schwelle stockt sein Fuß. Der Anblick, der sich ihnen bietet, lässt den Polizisten vor Entsetzen schaudern. Helmut Kling klammert sich am Türrahmen fest.

Eine halbe Stunde nach Mitternacht wird es auf der Straße lebhaft. Polizeiautos rollen heran. Zuerst ein Funkwagen, dessen Besatzung für die Absperrung sorgte, dann der Kriminaldauerdienst des VPKA Eisleben. Etwas später der Wartburg der Morduntersuchungskommission aus Halle, ein B-1000-Laborfahrzeug mit den Kriminaltechnikern, die Gerichtsmediziner der Martin-Luther-Universität zu Halle, ein Staatsanwalt und zuletzt das schwarze Transportfahrzeug eines Eislebener Bestattungsunternehmens. Jeder dieser Männer hat Erfahrungen im Umgang mit dem Tod, betrachtet ihn gewissermaßen als Routinebestandteil seines Berufes. Doch das Bild von der reglosen Frau, die hinter dem Herd, zwischen Küche und Wohnzimmer, bäuchlings auf dem Boden liegt, prägt sich jedem als unauslöschliche Erinnerung ein. Eine riesige Blutlache sickert unter dem rechten Arm hervor. Der unbekleidete Körper ist mit Stichwunden übersät. Dazu das viele Blut auf dem Fußboden, an den Wänden und am Türrahmen.

Manfred Löser, der als Bereitschaftsdienst der MUK den ersten Einsatz leitet, steht wie festgenagelt auf der Schwelle.

»Wer überfällt eine alte, mittellose Frau und richtet sie auf solch entsetzliche Weise zu?«, äußert er betroffen.

»Das sieht verdammt nach einem Lustmord aus«, greift der Gerichtsmediziner, der an Lösers Seite tritt, den Gedanken auf. »Das Töten wird zum Selbstzweck, verstehen Sie. Es ersetzt sozusagen den Geschlechtsakt. Von unbezähmbarem sexuellen Verlangen getrieben, kennt ein solcher Täter keine Hemmungen.«

»Er handelt wie im Blutrausch?«

»Auf jeden Fall eine schwere Form von Sadismus, die meines Wissens eher auf die Spezies männlicher Individuen projiziert ist. Wenn der Täter nicht rechtzeitig gestoppt wird, sind weitere Verbrechen vorprogrammiert.«

Oberleutnant Löser nickt zu den Worten des Mediziners. Die beiden Ermittler, die Löser aus Halle mitgebracht hat, schwärmen im Wohnhaus und in der unmittelbaren Nachbarschaft aus. Weitere Einsatzkräfte will Löser bei Tagesanbruch über den ODH der Bezirksbehörde anfordern. Dann kann er den Radius der flächendeckenden Befragungen auf die angrenzenden Straßenzüge ausdehnen. Auch Friedrich Sonderhausen und Helmut Kling geben ihre Aussagen zu Protokoll. Zum Tathergang oder einem möglichen Verdächtigen haben sie keine Hinweise. An der Befragung der wichtigsten Zeugin, Helene Kling, nimmt Löser persönlichen Anteil. Der Arzt hatte ihr zur Beruhigung eine Spritze verabreicht, sodass sie einigermaßen gefasst alle Fragen beantworten kann. Mitte dreißig sei der Mann gewesen, groß und kräftig, blondhaarig, und ja, sie meint, sie würde ihn wiedererkennen.

Der Hallenser Dezernatsleiter Wolfgang Lorenz, Staatsanwalt Wölfel und Hauptmann Schwarz reisen zu einer ersten Visite in Röblingen an. Löser, der die Leitung der Untersuchung behalten soll, hat seinen Führungsstab in den Räumen des ABV-Stützpunktes aufgeschlagen. Schon zur Routinearbeit einer MUK gehören die Überprüfung der Personen, die wegen Sexual- oder Roheitsdelikten vorbestraft sind, und Erkundigungen in Krankenhäusern und psychiatrischen Einrichtungen nach flüchtigen Patienten. Unter Punkt sechs »fremde Personen« hat Löser sich das Stichwort »Monteure« notiert. »Auf der Südseite der Bahnstrecke steht eine Barackenunterkunft für Montagearbeiter«, erläutert er. »Die Männer, nämlich Belgier und Westdeutsche, bauen eine Staubanlage im Braunkohlenwerk.«

Dezernatsleiter Lorenz wirkt alarmiert. »Größte Vorsicht, Genossen. Bevor wir da was unternehmen, müssen wir uns mit dem MfS arrangieren. Nur in Absprache und über meinen Tisch, bitte ich mir aus!«

Auf der Rückfahrt nach Halle schließt Schwarz für einen Moment die Augen. Die vermisste Monika Kolz kommt ihm flüchtig in den Sinn. Die Leiche der jungen Frau ist noch immer nicht gefunden worden. Wäre es nicht denkbar, dass die Schrankenwärterin ein Verhältnis zu einem der Monteure unterhielt, der ihr später zur Flucht in die Bundesrepublik verhalf?

Ein halbes Dutzend Wirtshäuser gibt es 1979 in Röblingen. In allen Gaststätten bekommt das Schankpersonal Besuch von der Kripo. Anhand vorbereiteter Listen erkundigen sich die Ermittler nach den Namen der Gäste, die den Sonntagabend von Bierdurst geplagt in den Kneipen verbracht hatten. Rund achtzig Männer unterschiedlichen Alters geraten ins Netz der MUK. Die Listen landen bei der Auswertergruppe. Um die Zeitdauer des jeweiligen Gaststättenbesuches zu verifizieren, muss jede Person aufgesucht und nach ihren Erinnerungen und Eindrücken befragt werden.

Am Mittwoch, dem 14. November, fährt ein Kriminalmeister nach Erdeborn, wo er mit dem zweiundzwanzigjährigen Karl-Heinz Schoch spricht. Der junge Mann wohnt in Oberröblingen, arbeitet aber als Kranfahrer im Trocknungswerk Erdeborn. Schoch ist keineswegs überrascht, als man ihn von der Krananlage weg ins Verwaltungsgebäude ruft, um dem Kriminalisten Rede und Antwort zu stehen. Die Befragungsaktion der Kripo hat sich wie ein Lauffeuer herumgesprochen.

»Ich kann mir schon denken, worum's geht«, erklärt der kräftige Bursche, nachdem der Kriminalmeister sich vorgestellt hat. »Also, ich hab am Sonntag in der Mitropa gesessen.«

Ob er die Zeit nicht etwas genauer bestimmen könne?

So gegen vier Uhr müsse das wohl gewesen sein. Zum Skatspiel sei er hingegangen.

Mit wem er am Tisch gesessen habe?

Schoch nennt einige Namen. Der Kriminalmeister notiert sie akkurat.

Viel wisse er aber nicht mehr von dem Abend, weil er »ne wahnsinnige Naht geladen« hatte.

Wie hoch die Zeche war?

»An die zwölf Doppelkorn und vierzehn oder fünfzehn Bier werden's gewesen sein. Vielleicht weiß Regina, die Kellnerin, das noch genau. Sie hat mich abkassiert.«

Wann er aufgebrochen sei? – »Um halb zehn hab ich bezahlt. In der Wohnung war ich gegen zehn. Auf die Minute kann ich mich nicht festlegen.« Schoch kratzt sich verlegen am Kopf. Naja, ein Stück Film fehle ihm natürlich. Meistens gehe er ja an der Bahn entlang, bis zur Hauptstraße. Die überquere er bei der Bahnschranke, dann weiter auf dem Eisenbahnerweg, bis zu seinem Haus im Winkel. Im Allgemeinen eine halbe Stunde Fußweg.

Ob ihm jemand auf dem Heimweg begegnet sei?

Schoch weiß es nicht. Unterwegs habe er stehenbleiben müssen, weil ihm sauelend war. »Wie's in dem fröhlichen Lied heißt: ›Eins von den dreißig Bierchen war wohl schlecht.‹ Kennen Sie bestimmt auch, Herr Genosse.«

Der Kriminalmeister übergeht die plumpe Anspielung. »Jetzt sagen Sie mir bitte noch, wer Ihre Angaben bestätigen kann?«, fordert er.

»Ach so, wegen's Alibi? Fragen Sie lieber die Gäste aus der Mitropa. Und dann noch meine Frau. Die merkt sich immer, wenn ich zu Hause war.«

Der Kriminalmeister steigt in seinen Dienst-Trabbi. Auf der Rückfahrt nach Röblingen erledigt er den fälligen Besuch bei Schochs Ehefrau.

Sieglinde Schoch öffnet ihm die Wohnungstür, auf dem Arm ein Kleinkind von anderthalb Jahren. Das Kind greint.

»Dann will ich mich mal kurz fassen. Sie sollen mir nur sagen, wann Ihr Mann am Sonntagabend nach Hause gekommen ist.«

Sieglinde Schoch zaudert. Angestrengt überlegt sie. »Ich weiß es nicht genau. Um dreiviertel zehn bin ich schlafen gegangen. Karl-Heinz war noch nicht da. Ich schlief gleich ein, musste aber noch mal aufstehen, weil die Kleine einen Hustenanfall hatte. Als ich in die Küche kam, saß mein Mann am Tisch und trank eine Flasche Bier. Ich will nichts Falsches sagen, aber es könnte gegen 23 Uhr gewesen sein.«

Auch diese Angaben bringt der Kriminalmeister gewissenhaft zu Papier. Das Ergebnis seiner Recherchen liefert er im Führungspunkt ab. Sämtliche Ermittlungsprotokolle wandern über den Tisch der Auswertergruppe. Aufgabe der hier eingesetzten Kriminalisten ist es, mögliche Widersprüche zwischen den Aussagen der Befragten und ihren Alibigebern aufzuspüren.

Vier Tage nach dem Verbrechen zeichnet sich noch keine heiße Spur ab. Die Überprüfung der Krankenhäuser und der klinischen Einrichtungen ist abgeschlossen. Die Sichtung der kriminalpolizeilichen Karteien und Sammlungen, die per Hand zu durchforsten waren, dauert an. In der Röblinger Einsatzzentrale klingelt ohne Unterlass das einzige Telefon, das der MUK zur Verfügung steht. Jeder Anruf wird vom diensthabenden Telefonisten notiert, Zeit, Name und Art der Information in einem Lagefilm festgehalten. Wichtiges wurde von Nebensächlichem getrennt, Mögliches von Unwahrscheinlichem.

Lösers Kommission wird von zwei Mordspezialisten der Hauptabteilung Kriminalpolizei im Innenministerium beraten. Man entschließt sich, die Bevölkerung um Mithilfe anzusprechen. Der ABV und seine Freiwilligen Helfer verteilen Handzettel. In der SED-Bezirkszeitung »Freiheit« erscheint am 16. November die Notiz:

Die Volkspolizei bittet um Mithilfe! Am 11. November 1979 wurde in Röblingen, Kreis Eisleben, Seestraße (Ortsausgang Richtung Aseleben), an einer Rentnerin ein Tötungsverbrechen begangen. Gesucht wird eine männliche Person im Alter bis 35 Jahre, mit blondem, linksgescheiteltem, glatten Haar. Wer hat die gesuchte Person in der Zeit von 20.00 bis 23.00 Uhr in der Ortslage Röblingen gesehen? Wer hat eine Person dieser Beschreibung bzw. mit auffälligem Verhalten in Röblingen oder Umgebung gesehen bzw. Kenntnis vom Aufenthalt in diesem Bereich? Hinweise, die auf Wunsch vertraulich behandelt werden, nimmt das Volkspolizei-Kreisamt Eisleben, Telefon 570, oder jede andere VP-Dienststelle entgegen.

Noch am Freitag hält Löser das Ergebnis der Opferumfeld-Ermittlungen in der Hand. Der Personenkreis, der zu Frau Träkel Kontakt hatte, ist samt und sonders aufgelistet. Nicht nur die Namen der wenigen Verwandten, auch die Nachbarn, der Briefträger, die Gemeindeschwester stehen auf dem Papier. Von besonderem Interesse erscheint jedoch der letzte Absatz in dem Bericht. Der Chef der Auswertergruppe hat ihn mit einem Bleistiftstrich versehen. Bis zum Herbst des vergangenen Jahres war Frau Träkel in der Kesselstraße wohnhaft gewesen. Natürlich hatten sich die Ermittler auch dort umgehört, wobei sie einem Hausbewohner die Information entlockten, dass drei Männer aus der Familie Schoch der Rentnerin Träkel beim Umzug behilflich waren. Karl Schoch, der achtundfünfzigjährige Senior der Familie, und seine beiden Söhne Herbert und Karl-Heinz!

»Alles zusammentragen, was über die Schochs bekannt ist!«, weist Löser an.

Als Oberleutnant Helmut Lieneweit sich am anderen Morgen beim Einsatzleiter meldet, sagt Manfred Löser: »Draußen wartet der Kranführer Karl-Heinz Schoch. Beschäftige dich mal mit ihm. Wir brauchen seinen genauen Tagesablauf vom 11. November. Nimm jede Minute zu Protokoll. Widersprüche nimmst du zur Kenntnis, kommentierst aber nichts. Am besten – wortwörtlich aufschreiben, was er dir erzählt!«

»Aufgabe verstanden.« Lieneweit nimmt seinen Platz in dem provisorischen Vernehmungszimmer ein, dann lässt er den Kranfahrer kommen. Karl-Heinz Schoch bleibt an der Tür stehen und sieht sich mürrisch um. Seine ganze Körperhaltung signalisiert Trotz und stummen Widerstand.

»Treten Sie näher und nehmen Sie Platz. Unser Gespräch wird einige Zeit in Anspruch nehmen.« Lieneweit beobachtet das Gebaren des jungen Burschen. Auf sein Äußeres scheint er wenig Wert zu legen, ist nachlässig rasiert, trägt verwaschene Jeans, einen braunen Anorak aus synthetischer Faser und darunter ein kariertes Hemd.

»Was wollen Sie denn schon wieder von mir? Ich hab Ihrem Kollegen alles gesagt.«

Lieneweit lächelt friedlich, als ginge es wirklich nur um Kleinigkeiten. »Routinefragen, Herr Schoch. Wir müssen jeden hören, der am Sonntagabend nicht in den eigenen vier Wänden war.«

»Bitte, bitte, wie Sie wollen«, erwidert Schoch gekränkt, nimmt aber auf dem angebotenen Stuhl Platz. »Wo soll ich anfangen?«

»Nun, zum Beispiel: Wann sind Sie am Sonntag aufgestanden?« – »Ich schlief bis um neun. Meine Frau war mit den Kindern beschäftigt.« – »Und dann?« – »Nach dem Frühstück bin ich mit der Töle rausgegangen.« – »Sie besitzen einen Hund?« – »Einen Riesenschnauzer. Ich war mit ihm auf dem Übungsgelände unseres Vereins. So bis gegen Mittag.« – »Allein?« – »Nein, nein.« Schoch zählt die Namen der Sportfreunde auf, mit denen er im Spartenheim gesprochen hat. »Zwei, drei Flaschen Bier haben wir auch noch gekippt«, gab er bereitwillig Auskunft. »Dann bin ich nach Hause, weil meine Frau das Essen um zwölf Uhr fertig hatte.« – »Nach dem Mittagbrot?« – »Hat Sieglinde sich mit den Kindern hingelegt. Ich bin zum Sportplatz und hab mir das Fußballspiel angesehen.« – »Wer hat gewonnen?« – »Aktivist natürlich. Zwei zu eins. Ganz gut für den Klassenerhalt.« – »Nach dem Spiel?« – »Das war um sechzehn Uhr. Ich bin in die Mitropa. Hab Karten gespielt.« Ohne dass Lieneweit nachfragen muss, benennt er seine Skatbrüder. »Und um halb zehn, also einundzwanzig Uhr dreißig, bin ich nach Hause.« – »In Begleitung?« – »Nein. Allein. Unterwegs war mir schlecht, musste kotzen. Und an der Bordkante bin ich auch noch hingefallen. Sehen Sie, hier!« Schoch krempelt das linke Hosenbein hoch und zeigt Lieneweit die Schürfwunde an seinem Schienbein. – »Sie hatten getrunken?« – »Zwölf Doppelkorn und fünfzehn Bier.« – Der Oberleutnant will schon den Kopf schütteln, besinnt sich aber noch rechtzeitig auf die Leitlinie, die Löser ihm vorgegeben hat: Kein Kommentar, keine Diskussion! »Welche Kleidung trugen Sie am 11. November?« – »'ne alte Lederjacke. Hab sie von 'nem westdeutschen Monteur gekauft. Und die Jeans aus Ungarn.« – »Beschreiben Sie den Heimweg!« Schoch tut es. – »Was war mit der Schranke?«, unterbricht Lieneweit. »Geöffnet oder geschlossen?« – Schoch schluckt. Die Zwischenfrage behagt ihm nicht. »Die Schranke ...«, setzt er an, »ja, ich glaube ..., also, die Schrankenbäume waren oben!« – »Es fuhr kein Zug?« – »Nein«, antwortet Schoch gepresst. Das Thema beunruhigt ihn augenscheinlich. – »Wann sind Sie zu Hause angekommen?«, lautet Lieneweits erneute Frage. – »Kurz nach zweiundzwanzig Uhr.«

Erst als der Oberleutnant die Schreibmaschine aufdeckt, fragt Schoch: »Wird das jetzt alles getippt? Dann muss ich, glaube ich, vorsichtig sein.«

»Warum?«

»Na, weil meine Frau zu dem anderen Polizisten gesagt hat, dass sie mich erst später zu Hause gesehen hat. Vielleicht war ich wirklich erst halb elf in der Wohnung – oder Sieglinde hat sich geirrt?«

Endlich liegt der Mordkommission das Ergebnis der Karteien-Recherche vor. Ein Eintrag in der Jugendschutzkartei KP 40 zwingt die Kriminalisten, Karl-Heinz Schochs Stellenwert im Netz der Tatverdächtigen neu zu bestimmen. Im Juli 1971 war am Süßen See eine Frau angefallen worden. Als Täter ermittelte die Polizei den damals vierzehnjährigen Schüler Karl-Heinz Schoch aus Oberröblingen. Formal war seine Strafmündigkeit zwar gegeben, erfahrene Pädagogen winkten jedoch ab. Schochs Sündenfall brachte dem Knaben väterlicherseits eine Tracht Prügel ein, der Rest wurde mit einem »erzieherischen Gespräch« beim Referat Jugendhilfe der Abteilung Volksbildung abgetan. Nun gewinnt der Vorgang plötzlich an Bedeutung. Zwei Tage nehmen sich die Kriminalisten Zeit, um Schochs Aussagen zu durchleuchten. Helmut Lieneweit und ein zweiter Kriminalist ermitteln in der Mitropa-Gaststätte. Der Geschäftsführer kann ihnen nicht viel sagen, nur dass er Schoch am Sonntag gesehen habe, wie er in die Gaststätte kam, mit einer alten Lederjacke und Jeans bekleidet. Um so nützlicher erweisen sich die Aussagen der Büfetteuse und der Kellnerin Regina. »Na freilich hat der Schoch bei uns gesessen. Erst hier am Stammtisch, wo die Skatspieler saßen, später dort drüben an der Wand.« Die Kellnerin deutet auf eine Tischreihe an der Fensterfront mit Blick zu den Bahnsteigen. »Gestänkert hat er schon beim Skat, und dann mit den beiden Gästen am Fenster. Zwei Rangierer von unserem Bahnhof. Klar, die drei kannten sich.«

»Wissen Sie auch, wann Schoch die Gaststätte verlassen hat?«

»Ich sagte schon, dass der zu stänkern anfing. Hatte wieder mal seinen Sauftag. Kurz vor einundzwanzig Uhr habe ich ihn am Fenstertisch abkassiert und dann zur Tür expediert.«

»Um einundzwanzig Uhr? Wissen Sie das bestimmt?«

»Wenn Sie mir nicht glauben, dann fragen Sie die Rangierer.«

Die beiden Männer, unabhängig voneinander befragt, bestätigen die Aussage der Kellnerin.

Staatsanwalt Wölfel kommt nach Röblingen. Er begleitet Lieneweit, der bei einbrechender Abenddämmerung mit einer Stoppuhr bewaffnet, den Weg vom Bahnhof bis zu Schochs Wohnung verfolgt. Das provisorische Untersuchungsexperiment dient dem Ziel, Vergleichsdaten zu eruieren.

Ein Zaun, hinter dem sich eine Hecke verbirgt, trennt den Bahnkörper vom Fußweg. Lieneweit läuft langsam. Er imitiert ein Marschtempo, das dem torkelndem Gang Betrunkener entspricht. Dennoch erreichen sie schon nach acht Minuten den Bahnübergang. Gerade senken sich die Schrankenbäume herab.

Jenseits der Hauptstraße setzen Staatsanwalt und Kriminalist das Experiment fort. Exakt bei fünfundzwanzig Minuten bleiben die Zeiger der Stoppuhr stehen, als sie vor Schochs Haustür aufkreuzen!

Am Morgen des 20. November, noch vor sechs Uhr, wird Schoch, als er aus dem Haus tritt, von einer Gruppe Kriminalisten festgenommen. Sie verfrachten ihn in den dunkelbraunen Wartburg und fahren nach Eisleben.

Löser und Lieneweit haben sich auf ihren Mann vorbereitet. Nach diesem »Fahrplan« wollen sie den Ablauf der Vernehmung gestalten.

Schoch setzt sich mit finsterer Miene auf den zugewiesenen Stuhl. Nervös, unsicher und voller Argwohn mustert er seine Kontrahenten. Den Kleinen mit dem harmlosen Gesicht kennt er. Der zweite Mann, seinem Auftreten nach wohl der Chef, ist ihm fremd. Zu seiner Überraschung überschütten sie ihn keineswegs mit Fragen und Vorwürfen. Sie stellen ihm einen Aschenbecher hin, bieten Zigaretten an und Kaffee, sprechen über den Alltag in Röblingen, über Hundezucht, erkundigen sich nach seinem Familienleben, wollen wissen, wie er mit seiner beruflichen Tätigkeit zufrieden sei und ob die Höhe des Lohnes auch der Schwere der Arbeit entspreche.

Nach anfänglichem Stillschweigen beteiligt sich Schoch an dem Gespräch, antwortet freier und lässt in dem einen oder anderen Satz sogar einen Anflug von Humor aufblitzen. Aber in seinem Innern bohrt die Frage: Was wollen die wirklich von mir? Wegen dieser harmlosen Plauderei haben sie mich bestimmt nicht hergeholt. Welchen Zweck verfolgen sie mit dem Wortgeplänkel? Haben sie was in der Hand gegen mich?

Für Lieneweit und Löser ist das Ganze in der Tat nur ein Vorspiel. Je mehr sie Schoch zum Reden bringen, um so günstiger stehen ihre Chancen, dass er sich in Widersprüchen verfängt. Nach zweistündigem Abtasten rücken sie ihm mit geballter Kraft auf den Pelz. »Wir wollen Ihre Aussagen noch mal im Einzelnen durchgehen!« Sie stellen nun direkte Fragen, erörtern seine Antworten, konfrontieren ihn mit Vorhaltungen: »Sie sind nicht erst um einundzwanzig Uhr dreißig nach Hause gegangen!«

Schoch klammert sich an seiner Aussage fest. »Wollen Sie behaupten, dass ich ein Lügner bin?«, knurrt er.

»Um einundzwanzig Uhr hat Sie die Kellnerin rausgeschmissen. Weil Sie Zoff hatten mit den Rangierern am Fenstertisch!«

Lieneweit nickt. »Drei Zeugen, die gegen Sie sprechen, Herr Schoch! Gibt Ihnen das nicht zu denken?«

»Ach, Scheiße!« Ungehalten wirft er die Zigarette, die er eben angeraucht hat, in den Aschenbecher. »Gut, dann hab ich mich eben geirrt!«

»Wie lange brauchten Sie für den Heimweg? Fünfundzwanzig Minuten, nicht wahr?«

»War ja besoffen. Vielleicht hat's auch länger gedauert?«

»Einverstanden, Herr Schoch. Schlagen wir ruhig zehn Minuten zu Ihren Gunsten drauf. Dann wären Sie zwischen halb und dreiviertel zehn in der Wohnung gewesen. Stimmt doch, oder? Ihre Frau, die zu diesem Zeitpunkt schlafen ging, hat Ihr Kommen aber nicht gehört!«

»Verdammt, Verdammt!« Pause. »Dann haben sich eben die Zeugen geirrt! Und meine Frau auch!«

Löser nickt. »Nehmen wir also an«, leitet er zur nächsten Zeitberechnung über, »Sie sind tatsächlich erst um einundzwanzig Uhr dreißig in der Mitropa aufgebrochen, dann

müssten Sie spätestens fünfundvierzig an der Schranke ein-
getroffen sein. Zu der Zeit war sie nämlich geschlossen. Es
fuhren zwei Züge.«

»Naja! Hab ich doch gesagt!«

»Falsch!«, greift Lieneweit ein. Er nimmt das Verneh-
mungsprotokoll vom 17. November zur Hand und zitiert
mit Nachdruck: »»Die Schrankenbäume waren oben. Es
fuhr kein Zug.‹ – Ihre eigenen Worte, Herr Schoch!«

Bedächtig mahnt Löser: »Wie wir die Sache auch drehen
und wenden, junger Freund, Ihr Alibi stimmt hinten und
vorn nicht!«

Die Attacken halten an. Schoch gibt sich zwar noch
selbstbewusst, gelegentlich rafft er sich zu einer pampigen
Antwort auf, doch er kann ihnen schon nicht mehr in die
Augen sehen. Nach Stunden unwiderlegbarer Fakten und
Vorhaltungen erlahmen seine Rechtfertigungsversuche.
Zunehmende Müdigkeit tut ihr Übriges. Die Kriminalisten wissen, dass ihr Delinquent sich in einem psychischen
Spannungszustand befindet, ausgelöst vom Wissen um die
reale Tat und der bangen Frage: Was können sie mir wirklich beweisen? Und dieser seelische Druck nimmt ständig
zu. Sie nutzen ihn für ihren letzten Schlag.

»Kannten Sie Ellen Träkel?«

»Sie meinen die ermordete Frau? – Nein.«

»Seltsam, wo Sie ihr doch erst vor einem Jahr beim Umzug von der Kessel- in die Seestraße geholfen haben! Sie,
Ihr Vater und Ihr Bruder!«

Verzweifelt setzt Schoch sich gegen den unerklärlichen
Drang zur Wehr, die Wahrheit einfach hinauszuschreien.
Nach mehr als zwölfstündigem Verhör, selbstverständlich
von Pausen unterbrochen, unterliegt er dem Druck. Er sähe
jetzt ein, dass Lügen und Ausreden keinen Zweck mehr
haben, leitet er sein Generalgeständnis ein. Ja, er war an
jenem Abend in der Seestraße. Was ihn dorthin getrieben

habe, wisse er selbst nicht zu erklären. Plötzlich habe er vor dem Haus der alten Frau gestanden. Hinter einem Fenster brannte Licht. Weil er Durst verspürte, habe er geklopft und wollte von Frau Träkel etwas zu trinken. Sie, schon im Nachthemd, ließ ihn in die Wohnung ein. Als sie sich umdrehte, um eine Flasche Bier zu holen, sei es über ihn gekommen. In der Küche riss er sie zu Boden, wollte sie vergewaltigen und stach, als die alte Frau sich wehrte, mit einem Küchenmesser auf sie ein. Danach verging er sich an der Toten. Das Messer warf er auf dem Heimweg fort. Die blutbefleckte Kleidung – Jacke, Hemd und Jeans – habe er im Schuppen, hinter dem Hundezwinger versteckt, damit seine Frau sie nicht fände.

Am 21. November 1979 lancierte der Chef der Hallenser Bezirkspolizeibehörde in der »Freiheit« die spärliche Notiz:

Tötungsverbrechen aufgeklärt!
Durch intensive Ermittlungen der Deutschen Volkspolizei unter aktiver Mitwirkung der Bevölkerung wurde das am 11. November 1979 an einer Rentnerin in Röblingen, Kreis Eisleben, begangene Verbrechen aufgeklärt. Als der Tat dringend verdächtig wurde ein 22-jähriger Bürger aus Röblingen in Untersuchungshaft genommen. Die DVP dankt allen Bürgern, die zur Aufklärung der Straftat beigetragen haben.

Die erweiterte Morduntersuchungskommission wird aufgelöst, die beteiligten Kriminalisten kehren in ihre Dienststellen zurück. Manfred Löser und Staatsanwalt Wölfel gedenken, das Verfahren so rasch wie möglich über die Bühne zu bringen. Doch Karl-Heinz Schoch macht allen einen Strich durch die Rechnung. Wenige Tage nach seiner Inhaftierung widerruft er das Geständnis. Nun zeigt sich, wie nützlich es ist, nicht jeden Beweistrumpf gleich in der ersten Phase aufgedeckt zu haben.

Am 30. November wird Schoch auf den Hof der Untersuchungshaftanstalt gebracht. Er trägt seinen Anorak und blaue Jeans. Fünf Männer, etwa gleich groß und ähnlich bekleidet, stellten sich rechts und links neben ihm auf. Löser hat für das Experiment einige Häftlinge, aber auch zwei Kriminalisten requiriert. Wichtig ist, dass alle Vergleichspersonen hellblondes Haar haben. Helene Kling wird hereingeführt. Sie lässt sich Zeit, mustert die Männer, die im Abstand von drei oder vier Metern vor ihr an der Hofmauer aufgereiht sind. Dann zeigt sie auf den dritten von rechts.

Auch Schoch erinnert sich an die alte Frau. Von Selbstvorwürfen zerfressen, weil er beim Widerruf dem Ratschlag eines alten Knastis aufgesessen war, widerruft er seinen Widerruf. Doch er spürt, dass der Bonus, den Kriminalisten für geständige Täter naturgemäß aufbringen, dahinschmilzt.

Löser und der Staatsanwalt Wölfel unterbrechen das Verhör. Mittagspause. Häftling wie Vernehmern steht eine Erholung zu. Bevor sie die Zelle verlassen, fragt Wölfel, einem unbestimmten Impuls folgend: »Kennen Sie eigentlich Monika Kolz?«

Die Antwort kommt wie aus der Pistole geschossen: »Klar, die Moni.«

Lapsus linguae? Oder verbirgt sich mehr hinter Schochs dürftigen Worten? Hat ihn die Niederlage, die er bei der Gegenüberstellung einstecken musste, weich und anfällig gemacht?

Nach der Mahlzeit hockt Schoch schweigend in seiner Zelle. Er starrt die Wand an, rasend vor Wut über die eigene Dummheit. Sein Kinn zuckt unbeherrscht. Er zerrt an den Fingern, bis die Gelenke knacken. Als die Vernehmer ihn dann erneut aufsuchen, um das Verhör mit den Worten »Also, wir hören. Aber bleiben Sie bei der Wahrheit!« fortzusetzen, düpiert er sie mit der Behauptung: »Mit der Schrankenwärterin Kolz war ich nicht bekannt. Ich weiß, dass sie vermisst wird. Die Leute erzählen doch, dass Lohberg sie umgebracht hat. Was wollen Sie noch von mir?«

Nach der Devise »Wo Rauch ist, da muss auch Feuer sein« nimmt Löser den Faden auf. Die Kolz, so heißt es in der Vermisstenakte, habe zuweilen die Mitropa-Gaststätte aufgesucht. Jeden Dienstag veranstalteten die Schichtbrigaden des Bahnhofes Röblingen ihren obligatorischen Dienstunterricht. Nach der Schulung pflegte sich das ebenso hungrige wie durstige Eisenbahnervölkchen in der Mitropa zu stärken.

Regina, die bestens informierte Kellnerin, verhilft Löser zu einem Durchbruch. »Schoch und die Kolz hab ich schon zusammen gesehen«, sagt sie aus. »Im vorigen Jahr, nach dem Umzug zum 1. Mai, haben die Eisenbahner 'ne Aktivistenfeier bei uns abgehalten. Die Monika Kolz war auf jeden Fall dabei. Sie hat mit Schoch, der zufällig hier aufkreuzte, getanzt. Also dafür leg ich meine Hand ins Feuer.«

Die Büfetteuse, die sich zu ihnen gesellt, nickt heftig.

Löser entschließt sich, Schochs Tagesablauf vom 29. Juli 1978 rekonstruieren. Sicher, ein schwieriges Unterfangen, aber einen Anhaltspunkt gab es. An jenem Sonntag war Schochs zweites Kind geboren worden. Was tun die frischgebackenen Väter? Sie geben in aller Regel einen aus!

Löser und Leutnant Schäfer wagen sich an die Filigranarbeit. Ihre Ausdauer wird belohnt. Schäfer kann ein Mitglied der Sektion Hundesport auftun, der ihm versichert, dass er mit Schoch und einigen Kumpels am 29. Juli im Spartenheim die Ankunft des neuen Erdenbürgers begossen hatte. Bis gegen 21 Uhr, dann löste der Kreis sich auf. Schoch wollte noch ins »Haus des Bergmanns«.

Löser und Schäfer protokollieren die Zeugenaussage und fahren nach Halle zurück. In einer Arbeitsbesprechung erinnert sich Hauptmann Schwarz: »Augenblickchen, Jungens, wenn mich nicht alles täuscht, existiert ein kaum benutzter Weg vom Hundeplatz zur Bergmannskneipe. Und der, ihr werdet's nicht glauben, führt in der Nähe des Schrankenpostens 16 vorbei!«

Am 16. Januar 1980 suchen Löser und Staatsanwalt Winfried Wölfel Schoch in der Haftanstalt auf. Blass und schmal war er in den Wochen der Untersuchungshaft geworden. Die Ungewissheit zehrt an ihm. Nichtentdeckte Mörder leiden vielfach unter dem Druck, ihr tödliches Geheimnis bewahren zu müssen. Doch irgendwann droht der Damm, den sie zu ihrem Schutz im Innern errichtet haben, zu bersten. Die Erinnerungen quellen immer wieder hoch. Das macht sie verwundbar. Und manchen depressiv.

Schoch steckt in einer solchen Phase, als sie ihn jetzt verhörten. Den Blick zu Boden gerichtet, erklärt er: »Ich will heute ehrlich zugeben, dass ich Monika Kolz gekannt habe. Sie war seit einem halben Jahr meine Geliebte. Wir hatten uns bei einer Maifeier kennengelernt. Wir trafen uns oft. Am 29. Juli 1978 hatten wir uns für den Abend verabredet. Ich traf Monika nach dem Dienst am ›Haus des Bergmanns‹. Wir tranken noch einige Bier und gingen dann am Kaolinwerk vorbei auf dem Feldweg in Richtung Stedten. Dort, wo die Fernwärmeleitung über den Berg läuft, hatten wir Geschlechtsverkehr. Danach sagte Monika zu mir, dass ich mich von meiner Frau scheiden lassen soll, denn sie wollte nur noch mit mir leben. Sie bekäme ein Kind von mir. Als ich mein Glied zum zweiten Mal bei ihr einführen wollte, kam es zum Streit. Der ganze Tag hatte mich schon mitgenommen, wegen der Feier im Spartenheim. Und dann die Drohung, meiner Frau alles zu stecken. Da habe ich ganz einfach durchgedreht. Ich schlug auf sie ein, wie ein Vieh, bis ich feststellte, dass keine Gegenwehr mehr da war. Das kam alles so schnell und ohne Überlegung. Ich stand dann auf und lief nach Hause. Erst am nächsten Tag bin ich zurückgekommen. Die Leiche lag noch an der gleichen Stelle. Ich hatte einen Feldspaten mitgenommen und begrub Monika an der Fernwärmeleitung.«

»Wo genau?« Löser schiebt ein Blatt Papier über den Tisch. »Zeichnen Sie es auf!«

Erst am 23. Januar, der Boden war tagelang gefroren, fahren ein Bergungstrupp der MUK und Professor Dr. Simon von Gerichtsmedizinischen Institut der Martin-Luther-Universität Halle-Wittenberg ins Gelände. Sie biegen auf den Feldweg ein, der von Unterröblingen nordwestlich an der Amsdorfer Tagebaukante entlangführt. Parallel dazu verläuft eine meterdicke Rohrleitung. Staatsanwalt Wölfel zieht Schochs Handskizze zu Rate.

Mit größter Behutsamkeit bergen sie ein weibliches Skelett. Dazu Uniformreste und einen Ehering. Professor Simon macht auf die Kiefernbrüche am Leichenschädel aufmerksam. »Da sind kräftige Schläge geführt worden«, wagt er einen ersten oberflächlichen Befund. »Geschlagen und gewürgt, vermute ich.«

Staatsanwaltschaft und MUK wiegen sich in der Gewissheit, den Mord an Monika Kolz restlos aufgeklärt zu haben. Wölfel lässt Peter Lohberg aus der Haft vorführen. Auf den Kopf sagen sie ihm zu, dass er kein Mörder sei. Lohberg stellt sich störrisch. Allen Vorhaltungen gegenüber taub, betont er ein ums andere Mal, dass er allein die Kolz umgebracht habe. Nur er wisse, wo die Leiche geblieben sei, und ihre Grabstätte gebe er niemals preis. Sie bleibe sein Geheimnis. Das erweckt den Anschein, als habe Lohberg an einem Leben hinter Gittern Gefallen gefunden. Einige Tage später wird er einem Facharzt vorgestellt. Nach gründlicher Untersuchung überweist der ihn in eine Nervenklinik, wo Lohberg für einige Zeit als »verkannter Mörder« lebt.

Mitte Juni reicht Staatsanwalt Winfried Wölfel die Anklageschrift beim Bezirksgericht ein. Vierzehn Tage später eröffnet Richter Angermann als Vorsitzender des 1. Strafsenates den Prozess gegen den Kranfahrer Karl-Heinz Schoch, angeklagt des zweifachen Mordes. Die Verhandlung, die sich über mehrere Tage hinzieht, findet im ehrwürdigen Gerichtsgebäude am Hansering statt. Schoch folgt ihr mit steinernem Gesicht. Er gibt sich geständig, lässt jedoch kaum so etwas wie Reue erkennen.

Der führende Gerichtspsychiater an der Berliner Charité war zum Gutachter bestellt worden. Das Ergebnis seiner Exploration mündet in den Sätzen: »In der Realität hat sich bei dem Mann, der den Geschlechtsverkehr mit hoher Potenz betrieb, der normale Sex mit perversen Triebpraktiken gemischt. Ohne jeden Zweifel ist die sexuelle Fehlentwicklung des Angeklagten auch für die Zukunft bedenklich. Da der Gutachter nicht wissen kann, zu welchem Ergebnis der Strafzumessung der Hohe Senat kommen wird, darf er jetzt nur darauf hinweisen, daß auf jeden Fall vor einer Haftentlassung der Zustand des Mannes im sexuellen Bereich sehr präzis beurteilt werden muss.«

Die Staatsanwaltschaft beantragt lebenslänglichen Freiheitsentzug. Die Verteidigung vertritt die Auffassung, dass man in dem zweiundzwanzigjährigen Angeklagten einen perversen Psychopathen sehen müsse, der zu den Tatzeiten betrunken und zudem außergewöhnlich gereizt war. Eine Einweisung in eine psychiatrische Klinik erscheine gerechtfertigt und unerlässlich.

Am 4. Juli 1980 wird das Urteil gesprochen: Lebenslängliche Freiheitsstrafe für den zweifachen Mörder.

Noch bevor das Urteil Rechtskraft erlangt, fährt Winfried Wölfel nach Röblingen und Erdeborn. Er nimmt an den Einwohnerversammlungen teil, zu denen ihn die Gemeindevertretungen eingeladen hat. Wölfel steht gegen den Volkszorn, der lautstark nach Vergeltung ruft. Man verstehe nicht, weshalb die Justiz Nachsicht gegenüber einem grausamen Mörder übe. Für einen Sexualmord, den ein Täter vor einigen Jahren in der Region begangen hatte, war ein Todesurteil gefällt worden. Folglich habe der zweifache Frauenmörder Schoch erst recht die Todesstrafe verdient.

1980 wäre ein solches Urteil in der Tat noch möglich gewesen. Die letzten beiden Todesurteile, 1980 und 1981 verhängt und vollstreckt, betrafen einen ehemaligen und einen aktiven Mitarbeiter des DDR-Geheimdienstes, die gefasst wurden, bevor sie die Seiten wechseln konnten. Erst am 18. Dezember 1987 wurde die Abschaffung der Todesstrafe von der Volkskammer der DDR beschlossen.

Winfrid Wölfel verteidigt das Strafmaß. Für viele unerwartet springt ihm der Vater der ermordeten Monika Kolz bei: »Was nützt es mir, wenn der Schoch hingerichtet wird«, argumentiert er erregt. »Monika wird davon nicht mehr lebendig. Mir ist es wichtiger, dass er lebt und arbeiten muss und wenigstens etwas zum Unterhalt der Kinder beitragen kann.«

1990, im Jahr nach der Wende, versuchte Schoch wie fast jeder verurteilte Straftäter, sich als »Opfer der DDR-Justiz« zu präsentieren. Ein mit westdeutschen Juristen besetztes Gremium befand: Sowohl Tat- als auch Schuldnachweis wurden im Prozess vor dem Bezirksgericht fehlerfrei geführt. Unter Berücksichtigung der düsteren Prognose hinsichtlich einer Therapiefähigkeit des verurteilten Straftäters ist der Antrag zu verwerfen.

Im Februar 1996 verstarb Karl-Heinz Schoch im Strafvollzug an einer Erkrankung der Herzgefäße.

Hans Girod

Bruderliebe – Bruderhass

Ein beinahe unentdeckter Mord

In zerknittertem Trenchcoat, den Zigarrenstummel im Mundwinkel, die Hand an der gerunzelten Stirn – und dann, geradezu beiläufig: »Eine Frage habe ich noch.« So erlebte der Fernsehzuschauer Inspektor Columbo, der seine scharfe Beobachtungsgabe und reiche kriminalistische Erfahrung mit der Fassade zerstreuter Harmlosigkeit und Begriffstutzigkeit tarnt. Columbo ist auf die Untersuchung verschleierter Verbrechen spezialisiert. Zwar tappt auch er anfangs von Indiz zu Indiz, ergeht sich in tiefgründigen Grübeleien über die eine oder andere Spur, doch sein Weg ist gradlinig, ohne Rückschlag, ohne Stolpern. Das Rezept seines Erfolges: Er beherrscht die hohe Kunst, Situationsfehler aufzudecken und die Täter damit zu überführen.

In der Realität der kriminalistischen Untersuchung, insbesondere bei Gewaltdelikten, spielen Situationsfehler tatsächlich eine bedeutende Rolle. Sie entstehen zumeist im Resultat der Tatverschleierung, nämlich dann, wenn Täter einen äußerlich logisch erscheinenden Geschehnisablauf konstruieren, der die Umstände und Spuren kaschieren soll. Unter dem Aspekt der heute dem Kriminalisten zur Verfügung stehenden immensen spurenkundlichen Möglichkeiten ist es praktisch nicht möglich, einen Handlungsverlauf so darzustellen, dass er in allen notwendigen Details das tatsächliche Geschehen verdeckt. Alle der Verdeckung dienenden Handlungen müssten der Tatsituation angepasst werden. Situationsfehler entstehen damit zwangsläufig, zumal der weitaus größte Teil der Tötungsdelikte aus situationsbedingtem Anlass begangen wird. Trotzdem setzt es Kompetenz und Aufmerksamkeit auf Seiten der Kriminalisten voraus, Situationsfehler zu erkennen. Auch objektive Umstände – etwa vorgenommene Veränderungen am Ereignisort – können beeinträchtigend wirken.

Die Aufdeckung von Situationsfehlern ist eine wesentliche Erkenntnisbrücke bei der Untersuchung von unnatürlichen Todesfällen und kann – wie im Fall der Brüder Huck – der Schlüssel sein, um in das Dunkelfeld von Mord und Totschlag vorzudringen.

Am Mittwoch, dem 23. Mai 1979, fährt in Erfurt ein gelbgrüner Funkstreifenwagen der VP in Richtung Bahnhof Nord, biegt von der Karl-Marx-Allee in die Spittelgartenstraße ab und stoppt vor dem Haus Nr. 11. Zwei Uniformierte steigen aus. Eine ältere Frau, die bereits vor der Haustür wartet, geht schnurstracks auf sie zu. Sie will etwas sagen, doch einer der Männer fragt gleich: »Sind Sie die Anruferin?«

Die Frau nickt bejahend, weist auf die Fenster des Dachgeschosses und sagt: »Da oben, wo der Huck wohnt, da muss es sein!« Dann geht sie zurück zum Haus, die Ordnungshüter folgen ihr.

Bereits im Erdgeschoss riecht es streng und übel. Die Polizisten verziehen angewidert ihre Gesichter, steigen aber zielstrebig die Stufen empor, während die Frau in respektvollem Abstand hinter ihnen bleibt. Im Dachgeschoss herrscht ein nahezu unerträglicher käsig-süßlicher Gestank. Er scheint durch die Türritzen der Wohnung mit dem Namensschild »H.-W. Huck« ins Treppenhaus zu dringen.

Die Polizisten blicken sich vielsagend an. Einer pocht kräftig an die Wohnungstür.

»Hat keinen Zweck«, bremst ihn die Hausbewohnerin, »den Huck habe ich seit Wochen nicht mehr gesehen.«

»Wohnt er allein?«, fragt einer der Polizisten.

Die Frau sichert sich durch einen Kontrollblick ab, dass niemand anders zuhört: »Ja, woher soll er denn 'ne Frau haben, wo er doch vor kurzem erst aus dem Knast ist.«

Wieder verständigen sich die Polizisten durch einen Blick. Einer verlässt die Szene, die Frau aus dem Haus im Schlepptau, der andere bleibt auf dem Treppenpodest zurück.

Unter den aufmerksamen Augen der Staatsmacht öffnet bald darauf ein Schlosser mit wenigen Handgriffen die mehrfach verschlossene Wohnungstür. Der sich nun um so mehr ausbreitende Gestank verschlägt dem Handwerker derart den Atem, dass er schnell wieder verschwindet. Die Uniformierten betreten behutsam die Wohnung: Spärliches Inventar, junggesellenhafte Tristesse. In einer Ecke des Korridors viele leere Bier- und Schnapsflaschen. Die Polizisten betreten das Wohnzimmer. Auf dem Couchtisch Relikte eines kargen Mahls: en übervoller Aschenbecher, Zigaretten, Streichhölzer. Auf einem der beiden Sessel Hose, Hemd und Jacke, wie achtlos hingeworfen. In der Jackentasche Personalausweis, Betriebsausweis des VEB Kombinat für Umformtechnik »Herbert Warnke«, Fahrerlaubnis auf den Namen »Hans-Werner Huck, geboren 17.4.1951«, eine Geldbörse mit 60 Mark Bargeld. Insgesamt nichts Auffälliges. Die Männer werfen einen Blick in die Küche: Speisereste, verschmutztes Geschirr, auf dem Tisch Zeitungen und Wohnungsschlüssel. Alles erscheint normal. Im Schlafzimmer jedoch stoßen sie auf die Ursache des widerwärtigen Geruchs: An der rechten Wand steht ein Bett, daneben ein Nachttisch. Links neben dem Nachttisch, mit dem Rücken zur Fensterfront, erblicken sie auf dem Dielenfußboden den Leichnam eines großen, massigen Mannes. Ein etwa ein Meter langer und fünf Millimeter dicker Strick umschnürt seinen Hals. Das Ende des straffen Strangs ist am oberen Fensterwirbel fixiert. Der Leichnam befindet sich im Zustand beginnender Schwarzfäule …

Mit dieser Inaugenscheinnahme endet die Zuständigkeit der beiden Uniformierten. Sie erstatten der Einsatzzentrale des Volkspolizeikreisamtes Meldung und beschränken sich bis zum Eintreffen eines Arztes und des Leichensachbearbeiters der Kriminalpolizei auf die Sicherung der Wohnung.

Der Arzt untersucht den Leichnam, während der Kriminalist Wohn- und Schlafzimmer durchstöbert. Einzige Auffälligkeit ist ein unter dem Kopfkissen im Bett liegendes braunes, leeres 50-ml-Fläschchen mit aufgeklebtem Etikett »Erfurter Apotheke, 6. 4. 1979, Äther DAB 7, kühl aufzubewahren. Feuergefährlich«. Der merkwürdige Fund veranlasst den Polizisten nur zu einem Gedanken: Mit 50 ml Äther lässt sich nichts anfangen! Viel wichtiger für ihn ist die Tatsache, dass außer der Strangulation keine weitere Gewalteinwirkung am Körper des Toten festzustellen ist.

»Sieht aus wie Selbstmord. Atypisches Erhängen. Kein Wunder, bei dem Körpergewicht. Die Sterbezeit muss mehrere Wochen zurückliegen«, teilt der Arzt dem Kriminalisten mit und ergänzt: »Erstaunlich, dass sich noch keine Fliegen eingenistet haben!«

Der Kriminalist resümiert: »Die Wohnung war ordnungsgemäß verschlossen, kein Hinweis auf fremde Gewalt. Da können wir ja auf eine Sektion verzichten.«

Eine Stunde später findet der Tote im Kühlraum des Hauptfriedhofs seine vorletzte Ruhe, denn eine Bestattung ist erst nach der Freigabe möglich. Doch der zuständige Kreisstaatsanwalt zögert. Er fordert weitere Ermittlungen, will wissen, warum keine Vermisstenanzeige erstattet wurde, welches Motiv den Suizid tatsächlich ausgelöst hat und wie die Sterbezeit weiter eingegrenzt werden kann. Eine Gerichtssektion hält er für nicht erforderlich.

Die Mutter des Verstorbenen, Elisabeth Huck, eine einfache und verhärmte Frau, die sich als Pförtnerin verdingt und im Stadtteil Ilversgehoven wohnt, nimmt die Mitteilung über den Tod ihres Ältesten gefasst, nahezu ohne sichtbare Regung zur Kenntnis. Da seine Saufexzesse, Schlägereien und Diebstähle die Beziehung zu ihm ziemlich unterkühlt hätten, sei es ihr ziemlich gleichgültig gewesen, den Sohn mehrere Wochen lang nicht gesehen zu haben. Außerdem habe ihr jüngster Sohn Peter angedeutet, Hans-Werner könne sich in den Westen abgesetzt haben.

Der Bruder des Toten wird befragt. Der sechsundzwanzigjährige Peter Huck ist ebenso von bulliger Statur, aber mit Bierbauch, er wohnt mit Frau und Kind einen Steinwurf weiter in der Karl-Marx-Allee. Er habe Hans-Werner seit dem 6. April zwar nicht mehr gesehen, eine Vermisstenmeldung aber nicht aufgegeben, um bei der Polizei keine unnötige Aufmerksamkeit zu erwecken. Er wäre bisher der Annahme gewesen, Hans-Werner sei illegal in den Westen gegangen. Sein Bruder, mit dem ihn ein inniges Verhältnis verbände, habe ihm nämlich vor einiger Zeit anvertraut, mit Leuten zusammengekommen zu sein, die ihn für einige tausend Mark in den Westen schleusen würden. Möglicherweise, so mutmaßt Peter Huck, hängt der Selbstmord seines Bruders damit zusammen. Vielleicht haben ihn die Leute geneppt oder die ganze Sache ist geplatzt ...

Tage verstreichen. Auch Nachbarn des toten Hans-Werner Huck sollen aussagen, wann sie ihn letztmalig sahen. »Das muss der 6. oder 7. April gewesen sein«, versichern sie übereinstimmend.

Die politisch brisante Mitteilung des Bruders erweckt indes bei der Kriminalpolizei nur halbe Aufmerksamkeit, denn so recht will man ihm die Geschichte mit der vermeintlichen Schleusung nicht abnehmen. Womöglich ist sie nur ein plumpes Ablenkungsmanöver. Ahnt Peter Huck, dass sich die örtliche Kripo aus anderem Grund für ihn interessiert? Er ist beileibe kein unbeschriebenes Blatt, musste wegen Eigentumsdelikten bereits mehrmals für einige Monate hinter Gitter und befindet sich lediglich auf Bewährung in Freiheit. Hinter seinem Rücken sammeln die Ermittler erneut Informationen über ihn. Sie vermuten längst, er könne weitere Diebstähle begangen haben. Doch diese Männer sind für das Eigentumsressort zuständig. Die Untersuchung verdächtiger Todesfälle obliegt dem Leichensachbearbeiter aus dem Kommissariat 3. Der aber geht nur sehr halbherzig der Frage nach, warum keine Vermisstenanzeige erstattet wurde, stellt die Recherchen in dieser Richtung sogar ein. Nur der Umstand, dass im Bett des Toten ein leeres Ätherfläschchen gefunden wurde, macht ihn argwöhnisch. Ließe sich nämlich im Körper des Toten Äther nachweisen, widerspräche dies einer Selbstmordversion und könnte den Verdacht einer vorsätzlichen Tötung begründen. Deshalb beantragt er beim Kreisstaatsanwalt eine Gerichtssektion, die nun auch angeordnet wird.

Acht Tage nach dem Auffinden des Toten findet im Jenaer Institut für gerichtliche Medizin und Kriminalistik die Autopsie statt.

Die gerichtsmedizinischen Befunde widersprechen der bisherigen Selbstmordversion nicht. Sie bestätigen das »Aufhängen zu Lebzeiten«, weisen aus, dass »keine anderen Zeichen von Gewaltanwendung an der Leiche vorhanden waren« und halten fest: »Äther konnte im Blut nicht nachgewiesen werden. Selbst bei Einnahme von Äther wäre dies auf Grund der Fäulnisvorgänge und der Zeit zwischen Todeseintritt und Sektion nicht zu erwarten, da dieser sich verflüchtigt haben würde.«

Der Staatsanwalt hat nunmehr keine weiteren Einwände gegen eine Leichenfreigabe.

Zur Bestätigung eines Selbstmordes wird die vermeintlich von innen verschlossene Wohnung angeführt, der Zweck des leeren Ätherfläschchens im Bett des Toten beibt ebenso ungeklärt wie die Frage, ob andere Personen im Besitz eines Zweitschlüssels für die Wohnung gewesen sein könnten. Leichtfertig schließt der Sachbearbeiter für Todesermittlungen den Fall als Suizid ab. Wie sich Monate später herausstellt, ein verhängnisvoller Irrtum.

Während Peter Huck die Auflösung der Wohnung des Bruders übernimmt, erledigt seine Mutter die Bestattungsformalitäten. Hans-Werner Huck soll nun am 11. Juni auf dem Hauptfriedhof endgültig seine letzte Ruhe finden.

Am 4. Juni sitzt Peter Huck in einer Kneipe und gießt etliche Biere in sich hinein. Ziemlich alkoholisiert torkelt er heimwärts. Ein Schutzmann ermahnt ihn. Peter Huck empfindet dies als Affront, drückt unsanft eine Faust in dessen Gesicht und droht, ihm das Nasenbein vollends zu zertrümmern. Peter Huck wird festgenommen. Die bislang zurückgehaltenen strafrechtlichen Vorwürfe fortlaufender Diebstähle werden nun erhoben und durch »Widerstand gegen staatliche Maßnahmen« ergänzt. Damit ist der Nachweis erbracht, dass Peter Huck gegen die Bewährungsauflagen verstoßen hat. Zudem liege Wiederholungsgefahr vor. Peter Huck muss hinter Gitter.

In einem herzzerreißenden Brief bittet er die Gefängnisleitung, ihm zu gestatten, am 11. Juni 1979 dabeisein zu dürfen, wenn die sterblichen Überreste seines innig geliebten Bruders zu Grabe getragen werden. Sein Antrag wird an den Staatsanwalt weitergeleitet. Doch der hat kein Verständnis für die posthume Bruderliebe und lehnt das Ansinnen ab.

Peter Huck gibt sich fortan seinem kärglichen Leben hinter Gefängnismauern hin. Die Strafvollzugseinrichtung Regis bietet ihm für die nächsten Monate Arbeit, Kost und Logis. Doch er ist stinksauer, weil nämlich sein bester Kumpel nun ein Auto fahren kann, das eigentlich ihm gehört und dessen Beschaffung dereinst ein hochkompliziertes, riskantes Unternehmen war. Der Ärger darüber ist so gewaltig, dass er seinen Rededrang schließlich nicht zurückhalten kann. Unter dem Siegel absoluter Verschwiegenheit vertraut er einem Zellengenossen an, wie er eigentlich in den Besitz des Autos kam, das ursprünglich seinem toten Bruder gehörte: Gemeinsam mit dem besten Kumpel, der Hansjörg Krüger heiße und gleich bei ihm um die Ecke am Nettelbeckufer wohne, habe er seinen Bruder umgebracht und erfolgreich einen Selbstmord vorgetäuscht. Absicht sei es gewesen, an das Auto zu gelangen, für das sein Bruder kurz zuvor einen Kaufvertrag abschloss und 14 000 Mark berappte. Dieses Auto stand zur Abholung bereit. Deshalb sei ein zweiter Vertrag fingiert worden, der belegen sollte, sein Bruder habe das Auto weiterverkauft. Daraufhin hätte es der Verkäufer herausgegeben. Auf diese wundersame, wenn auch unredliche Weise habe er nicht nur ein großes Auto abgezweigt, sondern auch ein perfektes Verbrechen begangen. Respektvoll und staunend nimmt der Zellenkumpan die hochbrisante Mitteilung entgegen, stellt viele Fragen zu den Einzelheiten und gelobt ewiges Stillschweigen. Bereitwillig und gutgläubig plaudert Peter Huck drauflos. Seine Prahlsucht ist größer als die Vorsicht.

Da Verschwiegenheit unter Knastbrüdern aber eine äußerst rare und flüchtige Tugend ist, wird das Gelöbnis bald durch Eigennutz verdrängt. Der geduldige Zuhörer aus Peter Hucks Zelle nimmt die nächste Gelegenheit wahr, sein Wissen beim Wachpersonal gegen ein paar Privilegien einzutauschen.

Die Maschinerie polizeilicher Ermittlungen im Todeser-
mittlungsfall Hans-Werner Huck setzt sich schnell wieder
in Bewegung, nunmehr gesteuert von der Erfurter Mordkommission. Deren Chef ist Hauptmann Schmelling, ein
besonnener, aufgeweckter Enddreißiger. Er ist sich gewiss,
dass die Beweisführung einer Täterschaft nur auf der taktischen Verwendung von internem Täterwissen beruhen
kann. Die Vernehmungen erhalten damit eine zentrale Bedeutung, denn Spuren und andere sachliche Beweise erwartet bei der verkorksten Sachlage niemand mehr. Bei jeder
der bevorstehenden Befragungen werden nun die Detail-
kenntnisse über Planung, Vorbereitung und Durchführung
der Tat gesammelt, verglichen und bewertet. Die Synthese
aller Informationen aus dem Täterwissen muss schließlich
eine schlagkräftige Folgerichtigkeit besitzen und das Gericht auch ohne Sachbeweise überzeugen.

Zunächst analysiert Schmelling die Zeugenaussage des
redseligen Knastbruders. Sie enthält bereits jede Menge De-
tailwissen über die mögliche Tat. Ihren Wahrheitsgehalt
zweifelt er nicht an. Diese Aussage ist der Wegbereiter weiterer Vernehmungen.

Die beim VPKA geführte Akte über die Todesursachenermittlung ist dürftig, unvollständig und voller Fragezeichen. Allerdings fügen sich die festgehaltenen Fakten in den
Tathergang ein, den Peter Huck seinem Zellengenossen
ausplauderte.

Peter ist zwei Jahre jünger als sein Bruder Hans-Werner.
Ein harmonisches Familienleben lernen die beiden nie
kennen. Der Vater macht sich schon frühzeitig aus dem
Staube. So muss die Mutter allein die Kinder versorgen und
aufziehen. Doch sie ist damit völlig überfordert, arbeitet im
Schichtdienst. Die Erziehung verläuft chaotisch und hilflos, wechselt zwischen Despotie und Laxheit. Der Alkohol

tut sein Übriges. Die beiden Jungen sind meist sich selbst überlassen, hecken einen Blödsinn nach dem andern aus, prügeln sich und sind diebisch, wie man das von Elstern behauptet. Hans-Werner schafft wenigstens den Abschluss der 8. Klasse und findet als Schleifer in einem Metallbetrieb Arbeit. Er stiehlt geschickter als sein Bruder Peter, der wiederholt auf frischer Tat ertappt wird. Erst sind Süßigkeiten, dann Zigaretten und Alkoholika, später allerlei technisches Gerät Objekte ihrer Begierden. Peter ist bereits mit sechs Jahren so schwierig, dass er eine Sonderschule besuchen muss. Er lernt nicht, schwänzt, stiehlt, kommt ins Kinderheim. Seine kriminelle Energie nimmt mit dem Älterwerden zu. Größere Diebstähle folgen. Die Behörden weisen ihn in einen Jugendwerkhof ein. Dort verbleibt er bis zur Volljährigkeit. Danach zieht er in die verwaiste Wohnung seines Bruders Hans-Werner, der gerade wegen Diebstahl und Körperverletzung hinter Gittern sitzt.

1975 heiratet Peter die zweiundzwanzigjährige Putzfrau Edith Wagner. Ihre Mitgift: Ein Kind und übermäßiger Alkoholkonsum. Sie beziehen in der Nähe von Hans-Walter eine Wohnung in der Karl-Marx-Allee. Bei einer Sauftour lernen die beiden ein gleichaltriges Pärchen kennen. Er, Hansjörg Krüger, ein schlanker Typ mit schulterlangem Haar, Schnauzbart und beeindruckendem Vorstrafenregister. Sie, seine Lebensgefährtin Vera Hafenberg, eine blassgesichtige Blondine. Auf Anhieb verstehen sich die vier. Asozialität, kriminelle Biografie und Alkohol schweißen zusammen. Von nun an finden die feucht-fröhlichen Partys abwechselnd in den Wohnungen der Paare statt. Die bislang stupiden Trinkgelage gewinnen durch erotische Spielchen und Partnerwechsel eine »qualitativ höhere Stufe«. Gelegentlich darf auch Hans-Werner an den Vergnügungen teilhaben, obwohl Peter auf seinen größeren Bruder neidisch, weil der stärker, intelligenter und raffinierter ist.

Dann muss Peter für zwei lange Jahre ins Gefängnis. Betrug, Diebstahl und andere Unredlichkeiten werden ihm zur Last gelegt. Hans-Werner tröstet unterdessen seine Schwägerin Edith über den zeitweiligen Verlust des Gatten hinweg. Dankbar nimmt sie seine Dienste entgegen.

Peter wird vorzeitig auf Bewährung entlassen, erhält eine Beschäftigung als Hilfsarbeiter im VEB Kühlmöbelwerk. Ihm entgeht nicht, dass Edith inzwischen mit dem Schwager angebändelt hat. Das verschnupft ihn. Er stellt sie zur Rede. Die Angetraute windet sich damit heraus, Hans-Werner habe mit Gewalt den Platz in ihrem Bett erobert. Dabei lässt Peter es bewenden, doch er hat eine riesige Wut auf seinen Bruder. Als bald darauf nunmehr Hans-Werner für mehrere Monate hinter schwedische Gardinen muss, weil ein betrügerisches Geschäft dumm gelaufen war, triumphiert er insgeheim. Peter übernimmt die Zweitschlüssel der Wohnung seines großen Bruders, um dort gelegentlich nach dem Rechten zu sehen, und er verwahrt sie auch weiterhin, als Hans-Werner wieder in Freiheit ist.

Das Jahr 1978 und die ersten Monate des darauffolgenden Jahres verlaufen ohne nennenswerte Zwischenfälle. Die Brüder Huck scheinen mit sich und den Strafgesetzen Frieden geschlossen zu haben. Doch der Schein trügt. Als der Großvater stirbt und Hans-Werner einen Bargeldbetrag von 20 000 Mark erbt, flammen Groll und Missgunst in Peters Seele wieder auf. Er wurde nämlich im Testament nicht bedacht. Vor einigen Jahren hatte er dem Großvater mehrere hundert Mark gestohlen. Die Sache kam heraus und nun, so schließt er folgerichtig, hatte der Alte es ihm auf diese Weise heimgezahlt.

Hans-Werner will sich indes mit dem unerwarteten Geldfluss einen Traum erfüllen: Ein Auto soll es sein, ein möglichst großes. Er hat Glück: In Elxleben, einem Ort im Erfurter Landkreis, macht er einen Verkäufer ausfindig, der seinen alten Wolga GAS 24, eine Limousine sowjetischer Bauart, für 14 000 Mark veräußern würde. Hans-Werner frohlockt und kündigt seinen raschen Besuch an.

Umgehend teilt er die freudige Kunde seinem Bruder Peter und dessen Freund Hansjörg Krüger mit. Die beiden bieten sich an, mit technischem Interesse und kritischem Blick dem Kaufprocedere beizuwohnen. Und Hans-Werner ist zufrieden, denn sechs Augen sehen mehr als zwei.

Am Wochenende darauf fährt das Trio mit dem Bus nach Elxleben und sucht den Verkäufer auf. Hans-Werner ist begeistert. »Mensch, ist das eine Karre!«, pflichten ihm seine Begleiter bei und beäugen das Gefährt. Doch dem Fahrzeug fehlt die Starterbatterie. Also: Probefahrt nicht möglich. Aber Ehrenwort, der Wagen ist in Ordnung! Hans-Werner zögert nicht, denn bei der Situation auf dem Automarkt ist schnelles Handeln angesagt. Er unterschreibt den Kaufvertrag: »Spätestens Anfang März hole ich ihn ab!«

»Kein Problem«, meint der Verkäufer und erhält 14 000 Mark.

In den folgenden Tagen überlegt Hans-Werner, wie er in den Besitz einer Autobatterie kommen könnte.

Peter, sein Kumpel Hansjörg und dessen Lebensgefährtin Vera führen hingegen ihre gewohnten abendlichen Biergespräche. Dabei lässt Peter mit einem für die Zukunft höchst bedeutungsvollen Satz die ganze Wut über seinen Bruder heraus: »Der Schweinehund hat immer Glück, und ich glotze in die Röhre!«

Dieser Satz lenkt das Gespräch plötzlich auf ein gefährliches Thema.

»Liegt doch an dir«, meint nämlich Hansjörg. Peter versteht nicht. Sein Kumpel erklärt: »Ganz einfach: Machst'n platt, ist die Karre deine!«

Als Peter begreift, was Hansjörg meint, wird Kriegsrat abgehalten. Das Trio kommt überein, kollektiv vorzugehen, schließlich verpflichtet Freundschaft. Tötungsvarianten, Alibi, Termin, technische Fragen und Einzelheiten des Vorgehens werden erörtert. Noch am gleichen Abend steht fest: Der verhasste Bruder soll durch Gas vergiftet werden. Peter inspiziert die Wohnung, und ihm kommen ihm ernste Bedenken. Diese Tötungsart sei zu unberechenbar und gefährlich. Eine Bedenkpause wird eingelegt. Als eine weitere Zusammenkunft stattfindet, nimmt auch Edith Huck teil. Das mörderische Quartett berät Details eines anderen Vorgehens: Hans-Werner soll zunächst mit Äther betäubt und dann aufgehängt werden. Alles muss aussehen wie ein Selbstmord. Die notwendigen Requisiten für das tödliche Szenario will Peter auftreiben: Ein stabiler Hanfstrick, Handschuhe und Taschenlampe. Außerdem muss ausreichend Äther besorgt werden. Dafür sind die Frauen verantwortlich. Nun ist der Plan perfekt. Grund genug, die nächste Schnapsflasche zu öffnen.

Aber es gibt noch ein weiteres Problem. Der Verkäufer in Elxleben rechnet nämlich am Wochenende mit der Abholung des Fahrzeugs. Zu dieser Zeit soll Hans-Werner aber schon nicht mehr unter den Lebenden weilen. Also, den Mordtermin verschieben? Nein, das wäre keine gute Idee, befinden sie. Angenommen, Hans-Werner holt das Auto ab und meldet es gleich bei der Zulassungsstelle an. Von diesem Augenblick an wäre es offiziell sein Eigentum. Und bei seinem Tod würde alles die Mutter erben. Was ist zu tun, um in den Besitz des Wagens zu gelangen?

Peter ist ratlos. Vor allem grämt ihn jetzt, dass er nicht einmal einen Führerschein besitzt. Hansjörg hingegen verfügt über das begehrte Dokument und hat eine glänzende Idee: »Wir machen einen neuen Vertrag. Da muss drin stehen, dass ich der Käufer bin. Der Verkäufer hat ja sein Geld schon, muss also nur unterschreiben, und ich kann die Karre anmelden.«

Peter Huck gefällt der Vorschlag. Im Handumdrehen liegen Papier und Kugelschreiber bereit, um einen neuen Kaufvertrag zu formulieren.

Bis auf die Beschaffung des Äthers sind die Vorbereitungen abgeschlossen. Jetzt gilt es, Hans-Werner in Sicherheit zu wiegen und zu überprüfen, ob er Freitagnacht auch tatsächlich zu Hause ist. Diese Aufgabe übernimmt Peter.

Alles läuft besser als der Plan vorsieht: Es trifft sich nämlich, dass Hans-Werner am Donnerstagabend bei seinem Bruder erscheint. Peters Frau Edith, Hansjörg und Vera sind auch anwesend. Man spielt Karten, trinkt, sieht fern. Mit schmieriger Freundlichkeit führen sie mit dem arglosen Kraftprotz eine seichte Konversation und erfahren, dass er am Freitag nach der Spätschicht erst gegen Mitternacht heimkehrt. Das trifft sich gut. Peter ergreift die Initiative, gaukelt Hans-Werner vor, aus seinem Betrieb eine passende Batterie abgezweigt und versteckt zu haben. Eigentlich könnte das Fahrzeug nun abgeholt werden. Hans-Werner ist baff. Prompt will er nach dem Ausschlafen den nächsten Bus nach Elxleben nehmen. Und da die Batterie ziemlich schwer ist, nimmt er das scheinheilige Angebot seines Bruders, ihn dorthin zu begleiten, gern an.

Freitag, der 6. April 1979. Vera sucht die Apotheke in der Bebelstraße auf. Der freundliche Apotheker fragt nach dem Verwendungszweck der betäubenden, leicht entflammbaren Flüssigkeit. Doch die Frau ist auf eine Erklärung vorbereitet: »Wissen Sie, mein Mann ist aktiver Flugzeugmodellbauer und braucht Äther als Treibstoff für die kleinen Motoren!« Das klingt glaubhaft. Der Apotheker übergibt ihr zwei Fläschchen mit insgesamt 100 ml Äther – eine Menge, die er ohne Bedenken verkaufen kann.

Am späten Abend kommt das mörderische Quartett wieder zusammen. In dieser Nacht soll es geschehen.

Kurz nach 2.30 Uhr verstauen die Männer die mörderischen Requisiten in ihren Taschen und machen sich auf den Weg. Edith und Vera warten indes auf ihre unbeschadete Rückkehr.

Im Schein der Taschenlampe schleichen die Mörder die Treppe empor bis zum Dachgeschoss. Vorsichtig öffnet Peter die Wohnungstür. Auf leisen Sohlen dringen sie bis zum Schlafraum vor. Hans-Werner liegt, eingerollt in seiner Bettdecke, in tiefem Schlaf. Hansjörg schüttet den Inhalt der Ätherflaschen auf eine mitgebrachte Windel. Peter stürzt sich auf seinen Bruders und fixiert ihn mit seinem Körper derart, dass er unter der Decke völlig bewegungsunfähig ist. Gleichzeitig presst sein Kumpel mit beiden Händen die äthergetränkte Windel kraftvoll auf Hans-Werners Gesicht, während er mit dem Gewicht seines Körpers Arme und Brustkorb des Wehrlosen niederdrückt. In dieser Position verbleiben die Mörder, bis nach fünf Minuten der Äther seine volle narkotisierende Wirkung zeigt. Sodann wird die Schlinge um den Hals des Bewusstlosen gelegt. Sie rollen den schweren Körper aus dem Bett, schleifen ihn bis ans Fenster und lehnen ihn mit dem Rücken an die Wand. Es bedarf gehöriger Kraftanstrengung, Hans-Werner nun ein Stück anzuheben, eine Fußbank unter sein Gesäß zu schieben, die Schlinge am oberen Fenstergriff zu befestigen und die Fußbank wegzustoßen, damit der Strang sich spannen und den Hals fest umschnüren kann. Einige Augenblicke verweilen die beiden mucksmäuschenstill. Hansjörg legt sein Ohr auf die Brust des Erhängten und erfasst dessen Handgelenk, um zu prüfen, ob noch Lebenszeichen festzustellen sind. Zufrieden teilt er seinem Kumpan mit: »Es ist erledigt, der tut keinem mehr was!«

Peter zieht unterdessen das Deckbett ab und sucht die Tatutensilien zusammen. Trotz eifrigen Bemühens: Eines der Ätherfläschchen kann er nicht mehr finden.

»Los, weg hier!«, mahnt ihn sein Kumpan schließlich. Auf leisen Sohlen verlassen sie unbemerkt die Stätte ihrer Schandtat. Den Bettbezug, die Ätherflasche und die Handschuhe lassen sie im Müllcontainer eines Nachbarhauses verschwinden.

Edith und Vera haben eine große Kanne Kaffee gekocht und warten schon ungeduldig auf die Rückkehr ihrer Männer. Als sie gegen 4 Uhr heimkehren, schildern sie mit satanischem Vergnügen die grausamen Vorgänge der letzten Stunde.

Staunend lauschen die Frauen ihrem Bericht, der nur einen kleinen, aber bedeutungsvollen Schönheitsfehler hat, nämlich, dass sich die zweite Ätherflasche immer noch in der Wohnung des Toten befindet. Doch Peter meint gelassen: »Jetzt haun wir uns aufs Ohr. Wenn ich ausgepennt habe, gucke ich noch mal nach!«

Nach kurzem Schlaf ist er wieder auf den Beinen. Es gelingt ihm auch, unbemerkt in die Wohnung seines Bruders zu gelangen. Zunächst prüft er den Zustand seines Bruders, der unverändert still und stumm am Fenster hängt. Dann sucht er nach dem Ätherfläschchen. Vergeblich. Nach einigen Minuten ist seine Geduld erschöpft. Kurzerhand gibt er die Suche auf und schnüffelt lieber in den Schränken herum. Dabei stößt er auf eine kleine Stahlkassette. Mit einiger Mühe kann er sie aufhebeln, doch die Erwartungen, darin Bargeld zu finden, erfüllen sich nicht. Dafür entdeckt er eine nagelneue Armbanduhr mit digitaler Anzeige, die er in seiner Tasche verschwinden lässt. Auch das Tonbandgerät und die Kugelboxen im Wohnzimmer lässt er mitgehen. Heimgekehrt fragt die besorgte Gattin: »Und, hast du sie?«

Peter weiß, dass sie nur das Fläschchen meinen kann, macht eine abwehrende Handbewegung und beendet die Angelegenheit mit einem knappen Satz: »Nichts gefunden. Scheiß drauf!«

Von diesem Moment an interessiert ihn das Ätherfläschchen nicht mehr. Viel lieber führt er seine Trophäen vor. Mit einer Geste der Großzügigkeit überreicht er das Tonbandgerät seinem Kumpel Hansjörg, während er die Uhr noch am gleichen Abend in einer Kneipe für 400 Mark an den Mann bringt.

Am nächsten Tag, es ist Sonntag, erscheint Peter beim Pförtner seines Betriebes, dem VEB Kühlmöbelwerk, und gibt vor, etwas Vergessenes aus seinem Garderobenschrank holen zu müssen. Er darf passieren. Wenig später verlässt er das Gelände wieder, diesmal mit einem unauffälligen, schwarzen Kunstlederbeutel, darin eine Autobatterie. Volkseigentum, versteht sich. Schnurstracks schleppt er die schwere Kostbarkeit zu seinem Kumpel Hansjörg.

Am Montag, dem 9. April 1979, erhält Elisabeth Huck unvermuteten Besuch von ihrem Sohn Peter. Er habe gerade in der Nähe zu tun und wolle die Gelegenheit nutzen, sich nach ihrem Wohl zu erkundigen. Die Mutter ist leicht irritiert, denn derlei Interesse an ihrem Leben kennt sie von ihrem Jüngsten sonst nicht. In Wirklichkeit will er nur in Erfahrung bringen, ob sie Hans-Werner bereits vermisst, ihn womöglich schon besuchen wollte. Doch die Mutter ist arglos. Als sie für kurze Zeit die Stube verlässt, nutzt er die Gunst des Augenblicks und durchwühlt in Windeseile den Wohnzimmerschrank. Dabei erspäht er eine unverschlossene Stahlkassette mit einem beachtlichen Bündel Geldscheinen. Seine Vermutung ist richtig, dass es aus dem Erbe des Großvaters stammt und dem Bruder gehört, der es der Mutter zur Aufbewahrung anvertraut hatte. Kurzerhand lässt er das Geld mitgehen. Tagelang wird der Diebstahl unbemerkt bleiben.

Der erfolgreiche Diebeszug versetzt Peter Huck in euphorische Stimmung. Stolz präsentiert er das Bündel seiner Frau Edith. Gierig zählt sie nach. Es sind 4000 Mark. Die Hälfte der Beute geht noch am Nachmittag an Hansjörg Krüger und Vera Hafenberg. Die beiden können Peter Huck überreden, gemeinsam den nächsten Bus nach Elxleben zu nehmen, um endlich das Auto abzuholen.

Der Verkäufer stutzt zwar, weil er eigentlich Hans-Werner Huck erwartet hat. Doch Peter hat überzeugende Argumente parat: Sein Bruder habe bedauerlicherweise die Fahrprüfung nicht bestanden und das Auto seinem Kumpel Hansjörg Krüger verkauft. Prompt überreicht dieser den neuen Kaufvertrag. Dem Verkäufer ist es egal, er hat ja sein Geld. Er liest, prüft, unterschreibt. Huck und Krüger bauen die Batterie in den Wagen ein, starten und fahren zurück nach Erfurt.

Als Hauptmann Schmelling mit seinen Männern das ihm übergebene Material der »Todesermittlungssache Hans-Werner Huck« analysiert hat und die Strategie weiteren Vorgehens festlegt, stößt er bereits auf Situationsfehler, die als ernstzunehmende Indizien den vermeintlichen Selbstmord widerlegen und einen Mordverdacht allemal rechtfertigen: Die Kriminalisten sind nämlich schnell dahinter gekommen, dass am 9. April 1979 Peter Huck und Hansjörg Krüger, nicht aber Hans-Werner Huck, den PKW aus Elxleben abholten. Folgerichtig müssen sich die beiden sicher gewesen sein, dieses Geschäft ungestört abwickeln zu können, Grund: Sie wussten, Hans-Werner lebt nicht mehr. Die Angaben des Autoverkäufers, der Kaufvertrag wäre deshalb geändert worden, weil der ursprüngliche Käufer die Fahrprüfung nicht bestanden habe, offenbart Peter Hucks vorsätzliche Falschaussage. Tatsächlich besaß sein Bruder seit mehreren Jahren einen Führerschein.

Bei den Recherchen zur Persönlichkeit des toten Hans-Werner Huck finden die Ermittler keinen erklärenden

Hinweis auf den möglichen Verwendungzweck des Äthers. Abgesehen davon: Der Leichensachbearbeiter des VPKA, der damals den Todesfall untersuchte, ist niemals der Frage nachgegangen, warum sich auf dem leeren Fläschchen unter dem Kopfkissen des Toten keine Fingerspuren befanden, obwohl dieser Umstand beweist, dass sie vermieden werden sollten. Der ungewöhnliche Fundort des Fläschchens weist auf eine bestimmte, wenn bisher auch noch unbekannte Rolle des Äthers in der Dynamik des tödlichen Geschehens hin. Und schließlich: Da sich der Apotheker recht zuverlässig erinnern kann, am 6. April einer blassgesichtigen Blondine zwei Ätherfläschchen verkauft zu haben, liegt der Verdacht eines Zusammenhangs mit dem Todesfall nahe.

Schmellings Mitarbeiter finden aber auch heraus, dass Peter Huck im Zusammenhang mit der durch das VPKA geführten Todesursachenermittlung angegeben hatte, seinem Bruder die Zweitschlüssel der Wohnung lange vor dem 6. April 1979 zurückgegeben zu haben. Unerklärlicherweise glaubte man ihm damals. Aber niemals wurde nach diesen Schlüsseln gefahndet, denn in Hans-Werners Wohnung befanden sie sich nicht.

Und schließlich stoßen Schmellings Ermittler auf ein bisher unbeachtetes Protokoll. Es ist der Bericht des Leichensachbearbeiters über die Fundortuntersuchung vom 23. Mai 1979, dem Tag der Entdeckung des Toten. Darin wird nebensächlich beschrieben, dass auf Hans-Werner Hucks Küchentisch unter anderem ein geöffneter, an ihn gerichteter Brief mit Poststempel vom 17. April 1979 gelegen habe. Hätte er diesen Brief selbst geöffnet, dann würde zwangsläufig eine mindestens um zehn Tage differierende, spätere Todeszeit zutreffen. Eine derartige Annahme stünde jedoch im Widerspruch zu den reichlich vorhandenen Aussagen der Zeugen, die Hans-Werner Huck letztmalig am 6. oder 7. April gesehen haben und ebenso zu dem laut Sektionsprotokoll vermuteten Todeszeitpunkt. Fazit: Nach dem 17. April 1979 muss sich ein Unbefugter in der Wohnung aufgehalten haben, wohl wissend, dass dort der verwesende Leichnam des Hans-Werner Huck am Fenster hängt. Wer zu derlei fähig ist, muss grenzenlos kaltschnäuzig und abgestumpft sein.

Die Situationsfehler werden zum Kernstück der folgenden Vernehmungen. Da sich Huck in Haft befindet, steht er bereits zur Verfügung. Doch als er mit dem strafrechtlichen Vorwurf bekannt gemacht wird, nunmehr auch unter Mordverdacht zu stehen, ist er außer sich, will wissen, »welches Schwein ihn in die Pfanne hauen will« und gerät von einer Affektaufwallung in die nächste. Doch der Sturm legt sich schnell. Mit der Aussage seines Zellenkumpans konfrontiert, erkennt er die Zwickmühle, in der er sich befindet. Bereits am nächsten Vernehmungstag gesteht er, gemeinsam mit Hansjörg Krüger den Mord an seinem Bruder begangen zu haben.

Wenn der Vernehmer auf die Tatbeiträge seines Kumpels zu sprechen kommt, gerät Peter Huck mehrmals in ungebremste Wut, ein untrügliches Anzeichen dafür, dass die Kumpanei längst zerbrochen ist. Und das aus triftigem Grund. Krüger hatte nämlich einen perfiden Plan ausgeheckt. Peter Huck sollte gehörig geneppt werden. Deshalb schickte er Vera Hafenberg zu ihrem alten Onkel, dem sie ein auf den 17. März 1979 zurückdatiertes Schriftstück zur Unterschrift vorlegte, mit der er bestätigte, seiner Nichte 10 000 Mark geliehen zu haben. Der arglose Onkel, ein Analphabet, ließ sich erfolgreich beschwatzen. Nun konnte Hansjörg Krüger die Aufnahme eines Darlehens für den Kauf des alten »Wolga« belegen. Auf diese listige Weise wollte er den Besitz des Fahrzeugs sichern und gegen eine mögliche Herausgabeforderung seines Freundes gewappnet sein.

Peter Huck hatte davon erfahren und den Schluss gezogen: »Die Hunde wollen mich übers Ohr hauen!« Heftige, auch handgreifliche Auseinandersetzungen folgten. Dann griff das Schicksal ein: Wegen Widerstands gegen die Staatsgewalt und Verstoßes gegen Bewährungsauflagen musste Peter Huck hinter Gitter.

Die Kriminalisten machen sich das aufgewühlte Gemüt des Beschuldigten zunutze, denn nach dem Motto »Ich muss jetzt lange brummen, aber die sollen auch bluten« fördert es seine Aussagebereitschaft. Als die Rolle der beiden Frauen zur Sprache kommt, gibt Peter Huck nach einigem Zögern auch über deren Beteiligung Auskunft.

Nun folgt der nächste Unersuchungsschritt: Hansjörg Krüger und seine Lebensgefährtin Vera Hafenberg werden verhaftet. Edith Huck ereilt das gleiche Schicksal. Doch sie ist schwanger, rechnet deshalb mit Haftverschonung. Vergeblich, denn nach § 123 StPO ist auch »bei einer schwangeren Frau die U-Haft unumgänglich, wenn sie eines besonders schweren Verbrechens dringend verdächtigt wird«.

In den ersten Gesprächen bestreitet Hansjörg Krüger inbrünstig, an dem Mord beteiligt gewesen zu sein, wohl wissend, dass die Kripo keine objektiven Spuren gegen ihn in der Hand hat. »Was Peter da quatscht, sind alles nur Lügenmärchen.« Auch die beiden Frauen weisen vehement jeden Vorwurf zurück, von einer Tötungsabsicht, geschweige denn von einem Mordplan jemals etwas gewusst zu haben.

Doch Schmellings Männer bleiben unbeeindruckt. Gleich nach der Verhaftung der drei werden deren Wohnungen durchsucht. Ohne Mühe entdecken die Kriminalisten das Tonbandgerät und die Kugelboxen des Opfers, über deren Herkunft die Beschuldigten höchst widersprüchliche Angaben machen. Auch die kompletten Fahrzeugpapiere für den Wolga und der fingierte Kaufvertrag entgehen ihnen nicht.

Ein Sturmangriff an Vernehmungen bricht los. Aussagen des einen Beschuldigten werden zur Waffe gegen den anderen, Vorhalte zu wirksamen Geschossen. Da Absprachen untereinander nun nicht mehr möglich sind, verwickeln sich die Mörder und ihre Komplizinnen zwar in weitere Widersprüche, doch Stück für Stück offenbaren sie auch die Wahrheit. Gegenüberstellungen, Aussagedemonstrationen, Rekonstruktionen und die weitere Ermittlung von Zeugen ergänzen die Strategie der Untersucher. Im Frühsommer des Jahre 1980 ist der Fall endgültig aufgeklärt. Hauptmann Schmelling kann die Akte über den Mord an Hans-Werner Huck schließen und zur Anklageerhebung an die Bezirksstaatsanwaltschaft übergeben.

Für DDR-Verhältnisse höchst ungewöhnlich, wird einige Tage später in der Erfurter Tageszeitung »Thüringer Neueste Nachrichten« in einem mehrspaltigen Artikel unter der Überschrift »Mord aus Hass und Habgier« ausführlich über die Untat berichtet.

Peter Huck und Hansjörg Krüger haben sich wegen gemeinschaftlich begangenen heimtückischen Mordes zu verantworten. Sie erwartet eine lebenslängliche Freiheitsstrafe. Edith Huck und Vera Hafenberg müssen wegen Beihilfe zum Mord für fünf Jahre in das Frauengefängnis Hoheneck, wenige Kilometer südlich von Karl-Marx-Stadt. Gegen ihr Urteil legen sie zwar Berufung ein, jedoch wird diese vom Obersten Gericht der DDR als »offensichtlich unbegründet« verworfen.

Hauptmann Schmelling aber weiß sehr genau, dass Aufdeckung und Aufklärung des Falls letzten Endes nur dem Zusammenspiel günstiger Umstände zu verdanken waren. Denn: Hätte Peter Huck sich seinem Zellengenossen nicht anvertraut, wäre das Verbrechen niemals aufgedeckt worden und bliebe ungesühnt.

Hans Girod

Der Kreuzworträtselmord

Der umfassendste Schriftprobenvergleich
der Kriminalgeschichte führt zum Täter

Lino Brandt ist ein fröhlicher, aufgeweckter, zarter Junge
von sieben Jahren, Schüler der 1. Klasse in der 6. Polytechnischen Oberschule von Halle-Neustadt. Südöstlich der
Magistrale, die das Hallesche Zentrum mit der Neustadt
verbindet, sie durchquert und schließlich in die heutige
Bundesstraße 80 mündet, im Block 483 ist sein Zuhause.
Dort lebt er zusammen mit seiner zwölfjährigen Schwester
bei seiner Mutter. Der Vater wohnt, getrennt von seiner
Familie, einige Kilometer entfernt, in einer Junggesellen-
wohnung. Lino kann nicht begreifen, warum die Eltern sich
nicht verstehen. Er sieht seinen Vater nur gelegentlich.

Am Nachmittag des 15. Januar 1981 erfüllt ihm die Mutter einen lang gehegten Wunsch: Er darf allein ins Kino
»Treff«, knapp zehn Minuten Fußweg von der Wohnung
entfernt. Der Weg ist ihm vertraut, er führt an der großen
Kaufhalle und der Poliklinik vorbei, die er zuweilen mit der
Mutter besucht hat. Die Schwester begleitet ihn ein Stück,
bis das Kino in Sichtweite ist, dann trennen sich ihre Wege.

Zum Abendbrot hätte der kleine Lino zurück sein müssen, und in dem Maße, wie das Essen langsam kalt wird,
nimmt die Besorgnis der Mutter zu. Schließlich hält sie es
nicht mehr in der Wohnung. Sie sucht die nahegelegenen

Spielplätze ab, telefoniert mit Bekannten, fragt bei Spielgefährten und Mitschülern nach, die sich längst wieder in der Obhut ihrer Eltern befinden. Niemand weiß etwas über Linos Verbleib, nirgends wurde er gesehen. Die winterlichen Straßen sind inzwischen nahezu menschenleer, die wenigen Geschäfte haben bereits geschlossen. Schlimme Ahnungen steigen in ihr auf und treiben sie gegen acht Uhr abends auf das 4. VP-Revier von Halle-Neustadt.

Die Polizisten beruhigen sie, nach ihren Erfahrungen tauchen die meisten verschwundenen Kinder ein paar Stunden später auf. Doch es ist Winter, und Lino hat sich so sehr noch nie verspätet. Das inständige Bitten der besorgten Mutter und die Einsicht in die polizeiliche Pflicht, mögliche Gefahren abzuwenden, veranlassen die Polizisten zu schnellem Handeln. Und nur wenig später durchkämmen Schutzmänner die Gegend zwischen dem Wohnblock 483 und dem Kino, forschen auf Spielplätzen und in Garagen nach, durchstöbern Abstellplätze für Mülltonnen, befragen Linos Spielkameraden. Die Suche bleibt erfolglos, kein Ort, den man nicht ausgespäht hätte. So vergehen die Stunden. Nun verstärkt sich auch auf dem Revier die Vermutung, dass etwas geschehen sein könnte, und man entschließt sich zu ernsthaften polizeilichen Maßnahmen.

Ein Polizeiwagen bringt Frau Brandt gegen Mitternacht zum VP-Kreisamt, um – wie es den Dienstvorschriften entspricht – ihre Vermisstenanzeige von der Kriminalpolizei aufnehmen zu lassen. Nach Lino Brandt wird eine Eilfahndung ausgelöst. Uniformierte und zivile Nachtstreifen halten Ausschau nach dem siebenjährigen Jungen. Die Mutter lässt sich nicht mehr beschwichtigen, und auch die Hoffnungen der Polizei auf einen raschen Fahndungserfolg sinken von Stunde zu Stunde.

Der Morgen graut nach durchwachter Nacht, doch Lino bleibt verschwunden. Nun nimmt der Umfang der polizeilichen Maßnahmen zu. Zwar zögert man noch etwas mit der Einleitung eines Ermittlungsverfahrens gegen »Unbekannt«, doch wird eine erneute, diesmal systematische Suche in den Wohngebieten von Halle-Neustadt angeordnet. Wieder werden Linos Freunde befragt, aber auch Taxi- und Busfahrer, Zeitungsausträger, Straßenarbeiter und die Angestellten des Kinos »Treff« vernommen. Doch niemand kann weiterhelfen, nicht der kleinste Fingerzeig ergibt sich, Lino bleibt unauffindbar.

Bereits am 17. Januar verbreitet die Bezirkspresse, die Tageszeitung »Freiheit«, eine Fahndungsinformation, in der die Bevölkerung zur Mitarbeit aufgerufen wird.

Am 18. Januar 1981, drei Tage nach dem Verschwinden des Jungen, übernimmt die MUK Halle den Vermisstenfall Lino Brandt, für dessen Aufklärung eigens eine Einsatzgruppe gebildet wird. Weitere Polizeikräfte werden ihr zugeordnet, Kraftfahrzeuge und Büroausstattungen zur Verfügung gestellt. Chef der Einsatzgruppe ist der langjährige Leiter der MUK Hauptmann Schwarz, ein erfahrener Praktiker, seit Gründung der Volkspolizei in ihren Diensten. Sein Stellvertreter Oberleutnant Löser führt die unmittelbaren Ermittlungen.

Die Ausgangsdaten sind zu dürftig, als dass man aus ihnen etwas Konkretes ableiten könnte. Folglich muss von mehreren gleichwertigen Annahmen ausgegangen werden. Sie dürfen nur eben keine Lücken aufweisen, damit man sicher sein kann, dass wenigstens eine von ihnen zutreffen wird. Kleine Gruppen von Ermittlern verfolgen die möglichen Untersuchungsrichtungen. Schwarz geht davon aus, dass Lino Brandt noch lebt, dass er sich verirrt hat und dringend Hilfe braucht. Gleichzeitig zieht er auch die Version eines Unfalls ins Kalkül. Doch daneben rechnet er auch mit der schlimmsten Möglichkeit: Lino könnte Opfer eines Verbrechens sein.

Eine Suche gigantischen Ausmaßes nimmt ihren Verlauf. Keller, Scheunen, Abrissgrundstücke, Sport- und Parkanlagen, Kanalisationen in der näheren und weiteren Umgebung von Linos Wohnung werden systematisch durchstöbert, man sucht die Angersdorfer Teiche ab, den langgedehnten Kirchteich, die Kanäle westlich der Rabeninsel. Der Junge könnte ins Eis eingebrochen sein. Natürlich gilt die Aufmerksamkeit in erster Linie dem Jungen selbst, doch achten die Suchkräfte auch auf Gegenstände, die einen möglichen Zusammenhang zu einem Verbrechen nahelegen und die spurenkundlich zu untersuchen sind: Sie finden u. a. verrostete Stichwerkzeuge, alte Bekleidung, Kinderschuhe, benutzte Taschentücher, Fahrkarten, Kinderspielzeug usw. Dutzende dieser vermeintlichen Spurenträger warten auf ihre Begutachtung. Ein mit großen Mühen Besucher für Besucher erfassender Bestuhlungsplan der Kinderfilmveranstaltung vom 15. Januar erfordert die Befragung von mehr als einhundert Personen. Sämtliche medizinischen Einrichtungen in Halle-Neustadt, in Halle und im ganzen Saalkreis werden von den zähen Ermittlern aufgesucht. Tagelang sind Hunderte Einsatzkräfte auf der Suche nach dem Kind. Eine Fülle von Hinweisen geht bei der Einsatzgruppe ein, jedes Detail will bedacht und ernstgenommen sein.

Hauptmann Schwarz weiß, dass der Schlüssel zum Fahndungserfolg auch im scheinbar Nebensächlichen verborgen sein kann. Also wird jede Information gewissenhaft gespeichert. In nur wenigen Tagen füllen die Akten ein ganzes Zimmer.

Doch Lino Brandt bleibt verschwunden. Die Aussicht, Lino könnte lebend gefunden werden, verblasst, dagegen zeichnet sich immer deutlicher die grausame Möglichkeit eines Verbrechens ab. Fragen über Fragen drängen sich auf. Wer könnte Interesse am Tod des Jungen haben? Wie sicher sind die Angaben der Mutter über die Zeiten, die Umstände? Wo hielt sich Linos Vater am Nachmittag des 15. Januar auf? Könnte er womöglich ein Motiv besitzen? Wo könnten der Tatort, der Fundort, die Leiche sein?

Die Alibis der Verwandten, Bekannten und Freunde der Familie Brandt werden überprüft. Bei den Befragten, aber auch bei den Befragern machen sich allmählich Unwille und Misstrauen breit. Verdächtigungen werden offen oder hinter vorgehaltener Hand geäußert. Hauptmann Schwarz weiß um die Tragik solcher vorschnellen Urteile nur zu gut, vor allem, wenn der Staatsanwalt oder der Richter auf sie hereinfällt.

Am 28. Januar 1981 tritt die langersehnte, gleichzeitig aber befürchtete Wende im Fall Lino Brandt ein: Auf der stark befahrenen Reichsbahnstrecke zwischen Halle und Leipzig wird nahe der Ortschaften Schkeuditz und Wahren, direkt neben den Gleisen, in einem zerschlissenen Pappkoffer die Leiche eines kleinen Jungen gefunden. Die Vermutung liegt nahe, dass der Koffer aus einem fahrenden Zug geschleudert wurde. Löser, Schwarz und Ärzte aus dem Leipziger Institut für Gerichtliche Medizin und Kriminalistik sind sofort zur Stelle. Der Junge ist mit Sicherheit schon längere Zeit tot, doch das kalte Januarwetter hat die Verwesung des kleinen Leichnams verlangsamt, sodass noch günstige Untersuchungsbedingungen bestehen.

Die Kriminalisten haben ausreichende Unterlagen über Lino Brandt mitgebracht. Die Leiche kann vor der Obduktion, die tags darauf stattfindet, identifiziert werden. Zweifelsfrei handelt es sich um Lino Brandt, der offensichtlich durch stumpfe Gewalteinwirkungen auf den Schädel und massive Stiche in die Brust getötet wurde. Wahrscheinlich war der Junge vor der Tötung sexuell missbraucht worden. Der Täter hatte die nackte Leiche in mehrere Plastiksäcke gehüllt, in den Koffer gezwängt und die Lücken mit der

Bekleidung des Jungen, aber auch alten Zeitungen und Zeitschriften ausgefüllt. An Linos Kleidung finden sich massenhaft Fremdfasern, Haare und Bodenspuren, die, wie sich später herausstellen wird, als materielle Beweise einmal große Bedeutung haben werden. Auf einem der Plastiksäcke prangt ein Aufkleber mit der Beschriftung »Euvetes Nederland, Art. nr. 4000 ACN/EIN, Material Zellwolle/B Acryl, 1. Wahl, MSL nr. Größe 150/200 cm, EVP 76,50«. Ausreichende Angaben, um vielleicht herauszufinden, was die Säcke ursprünglich enthielten. Der braune Koffer, ein älteres Billigmodell, hat eine eigenwillige Innenverkleidung. Denkbar, dass es jemanden gibt, der diesen Koffer wiedererkennt. Die Zeitungen und Zeitschriften – Januarausgaben der FDJ-Zeitung »Junge Welt«, der »BZ am Abend« und des Frauenjournals »Für Dich« sowie verschiedene Exemplare der »Neuen Berliner Illustrierten« und der »Freien Welt«, auch zwei Kinderzeitschriften – lassen zwar keinen direkten Rückschluss auf einen bestimmten Bezugsort zu, doch jemanden haben es die Kreuzworträtsel angetan; verschiedene wurden angefangen ...

Während an den folgenden Tagen auf dem Hallenser Marktplatz zahllose Neugierige das von der Kriminalpolizei in einem Schaufenster des Centrum-Warenhauses ausgehängte Fahndungsplakat und den zur Schau gestellten Koffer beäugen, laufen die Ermittlungen zur Herkunft des beschrifteten Plastiksacks auf Hochtouren. Sie führen schließlich zu dem wenig ermutigenden Ergebnis, dass vor knapp zehn Jahren mehr als eintausend aus Holland importierte Steppdecken in derartigen Behältnissen in den halleschen Einzelhandel gelangt waren.

Die Hoffnungen richten sich deshalb zunächst darauf, das Zeugen den ausgestellten Koffer wiedererkennen. Inzwischen werden die angefangenen Kreuzworträtsel von Schriftsachverständigen beurteilt. Zwei wichtige Schlussfolgerungen können sie ziehen: Zum einen wurden alle Rätsel von demselben Schreiber angefangen, zum anderen weisen die etwas schwerfälligen Buchstaben so viele individuelle Merkmale auf, dass das für einen späteren Schriftvergleich geeignet und ausreichend scheint.

Das kriminalistische und charakterologische Interesse an der Handschrift dürfte genauso alt sein wie die Fälschung von Schriftstücken, das Verfassen anonymer Schmähschriften oder die Bemühungen um Urheberschaft einer Schrift. Das erste, bereits im 17. Jahrhundert veröffentlichte Buch über die Beurteilung von Handschriften verfasste der Italiener Camillo Baldo. Doch sollten noch mehrere Jahrhunderte ins Land gehen, bis die Ergebnisse der Schriftbegutachtung auf einer wissenschaftlichen Grundlage, weitgehend frei von Spekulation standen.

Die Grundmethoden der Schriftbeurteilung bestehen im bloßen Formenvergleich, in der Typisierung von Schriftmerkmalen oder in sogenannten graphometrischen Messungen und richten sich stets darauf, den Schreiber zu identifizieren, dessen Handschrift mannigfaltige Merkmale aufweist. Diese Merkmale, die daher rühren, dass sich das Schreiben nahezu automatisiert hat, machen es der modernen Kriminalistik verhältnismäßig leicht. Aus den einst schwerfälligen, malenden Schreibbewegungen des Schulkindes werden unwillkürliche Gewohnheitsbewegungen des Erwachsenen. Die sogenannte Schulausgangsschrift entwickelt sich zu einer ganz persönlichen »Hirnschrift«, und ihr hoher Individualisierungswert bildet die Basis für die Rechtsverbindlichkeit eines handgeschriebenen Schriftstücks oder gar nur einer Unterschrift. Für die kriminalistische Handschriftenuntersuchung müssen neben dem fraglichen Schriftstück entsprechende Vergleichsproben vorliegen, die, nachdem die jeweiligen Merkmalskomplexe bestimmt wurden, einander gegenübergestellt werden. Zusätzlich kann der Untersuchungsgegenstand auf die Identifizierung des Schreibgeräts, des Schriftträgers und des Schreibmittels erweitert werden. Aber auch dann muss ausreichendes Vergleichsmaterial zur Verfügung stehen.

Die praktischen und rechtlichen Grenzen der Beschaffung von Vergleichsschriften sind meist schnell erreicht. Für die Volkspolizei, besonders aber für das MfS, war das indes kein Grund zur Resignation. Einerseits weil ein zentralistisch geführter Staat und die allenthalben gespitzten Ohren der Sicherheitsorgane in den Betrieben, Schulen, Massenorganisationen und Hausgemeinschaften es möglich machten, die Barrieren zu überwinden; andererseits weil eine Gewaltstraftat viel stärker an das Rechtsempfinden der Bevölkerung rührt und daher deren Bereitschaft mobilisiert, der Polizei zu helfen.

Die Kriminalisten wissen nicht, dass die Schriftexperten der Stasi an der Komplettierung eines computergestützten Verfahrens zum Wiederauffinden von Handschriften basteln. Da bietet sich der Fall Lino Brandt direkt an, die bisherigen Erkenntnisse zu testen. So ist es also zu verstehen, dass das MfS der Hallenser MUK großzügige Unterstützung bei der Schriftfahndung zusagt.

Die Hoffnung, der ausgestellte Koffer würde bald von einem zuverlässigen Zeugen wiedererkannt werden, erfüllt sich nicht. Zwar treffen viele Hinweise zu dem vermeintlichen Besitzer des Koffers ein, doch bei näherer Prüfung erweisen sie sich allesamt als falsch. So vergehen die Wochen. Noch immer ist der Tatort nicht bekannt, ist kein einziger Verdächtiger ermittelt.

Die Untersuchungen werden weitergeführt, auch wenn die Einsatzgruppe täglich weiter schrumpft, weil die Kräfte wieder abgezogen werden, wie es im Dienstjargon heißt.

Ein Experte der Sektion Kriminalistik der Berliner Humboldt-Universität entwickelt ein hypothetisches Persönlichkeitsprofil des unbekannten Täters, aus dem man hofft, neue Ermittlungsansätze ableiten zu können. Da man bisher nicht überzeugend nachzuweisen vermochte, dass Lino tatsächlich die Filmveranstaltung besucht hat, muss auch in Betracht gezogen werden, dass ihn der unbekannte Täter bereits vor Beginn des Films in seiner Gewalt gehabt haben könnte. Aus dem Verpackungsmaterial, der Art der Leichenbeseitigung und dem Fundort schließt er ferner, dass Lino Brandt an einem Ort getötet worden ist, an dem die Verpackungsutensilien dem Täter direkt zur Verfügung standen. Dass die Tat im Freien verübt wurde, schließt er daher aus.

Oberleutnant Löser wirft ein riesiges Schleppnetz der Überprüfung über Halle, Halle-Neustadt und den gesamten Saalekreis aus. Nahezu einhundert Personen, die zur Familie Brandt auf diese oder jene Weise in Beziehung stehen, rund zweihundert polizeilich registrierte Homosexuelle und Pädophile, mehr als zweihundertfünfzig vorbestrafte Sittlichkeitsdelinquenten und über eintausend Personen, die regelmäßig in der Umgebung des Versorgungszentrums am Kino anzutreffen sind, geraten in die Maschen und müssen ein Alibi nachweisen. Doch trotz aller Anstrengungen stellt sich der ersehnte Erfolg nicht ein. Der Täter bleibt unbekannt und unerkannt.

Ende März wird Löser zu einer Berichterstattung beim Chef seiner Bezirksbehörde zitiert. Die zeitaufwendigen Massenüberprüfungen sollen weitgehend eingestellt, stattdessen die Ermittlungen auf die Schriftfahndung konzentriert werden. Löser beklagt den nunmehrigen Mangel an Kräften seiner Einsatzgruppe, und der General sichert ihm eine großzügige Verstärkung zu. Beide sind sich darüber im Klaren, dass sich der Ermittlungsprozess hinziehen werde.

So ist die Einsatzgruppe in den nächsten Monaten mit der Beschaffung von Vergleichshandschriften ausgelastet. Hunderte Polizisten, freiwillige Polizeihelfer und MfS-Mitarbeiter gehen in Halle-Neustadt »auf Klingeltour«, um Schriftproben einzuholen. Die Schriftexperten hatten nach den Merkmalen der Buchstaben aus den Kreuzworträtseln einen unverfänglichen Text verfasst, der den Probanden kurzerhand diktiert wird: »Ein zweitägiges Kolloquium, das am Dienstag in Berlin begann, befasst sich mit Karl-Friedrich Schinkels Werk und dessen Bedeutung für die DDR.« Fast 21000 Schriftproben liefern die überwiegend kooperativen Bürger. Hartnäckige Weigerer werden registriert. Ihre Vergleichsschriften beschafft die Stasi auf konspirativem Wege.

Auf Geheiß der SED-Bezirksleitung veröffentlicht die Hallesche Tageszeitung »Freiheit« ein von den Schriftexperten vorbereitetes Kreuzworträtsel und lockt die Leser mit aufregenden Preisen zum Einsenden ihrer Lösung. Nahezu 11000 Rätselfreunde erweitern auf diese Weise den Fundus an Vergleichsproben.

Unter kriminalpolizeilicher Regie veranstalten Schüler und Lehrer aller Schulen von Halle-Neustadt eine Altpapiersammlung gigantischen Ausmaßes. Sechzig Tonnen Zeitungspapier sind das Ergebnis. Sie werden nach Territorien geordnet und nach handschriftlichen Vermerken durchgesehen.

Kriminalisten und als Angehörige der Kriminalpolizei getarnte MfS-Mitarbeiter sammeln in den sogenannten Kaderabteilungen der Hallenser Betriebe aus den Personalakten mehr als 100000 Schriftvergleiche. Knapp 30000 Wohnungsanträge der Arbeiterwohnungsbaugenossenschaft, 40000 PKW-Anmeldungen des IFA-Vertriebs, 250000 bei den VP-Meldestellen eingereichte Anträge auf einen Personalausweis werden kopiert. 50000 beim Amt für Arbeit befindliche Personalakten von Pendlern und 90 000 Telegrammformulare werden Gegenstand des Schriftvergleichs.

Alles in allem wird die enorme Menge von 551 198 Schreibleistungen ausgewertet.

Eine eigens für den Schriftvergleich gebildete Sonderkommission ist für die nächsten Monate vollauf beschäftigt, während Lösers Team die Routineaufgaben der Morduntersuchung wahrnimmt: Personen sind zu überprüfen oder zu vernehmen, Gutachten sind einzuholen, Durchsuchungen vorzunehmen, die internen Datenspeicher auszuwerten. Bei den flächendeckenden Klingeltouren kommt man gleichzeitig einer Vielzahl von Einbrüchen, Sexualdelikten und Betrügereien auf die Spur.

Die nächsten Monate vergehen. Längst ist der Mord an Lino Brandt nicht mehr der einzige Fall, den die Kommission bearbeitet. Das anfängliche Jagdfieber und die geschäftige Erwartung eines raschen Ermittlungserfolges sind einem weniger turbulenten Kriminalistenalltag gewichen. Doch die Schriftvergleiche sind noch nicht abgeschlossen. Und so lange gibt es Hoffnung auf Erfolg ...

Mitte November 1981 wird es wieder spannend: Die Schriftprobe der fünfzigjährigen Ilona Gründel, Serviererin im Ostseebad Dierhagen, ist mit den Buchstaben aus den Kreuzworträtseln identisch. Dierhagen – man ist zunächst verblüfft. Doch da die Frau in Halle-Neustadt polizeilich gemeldet ist und an der See nur eine Nebenwohnung unterhält, hatte sie zu denen gehört, die vor Monaten um eine Schriftprobe gebeten worden waren. Endlich scheinen die Kriminalisten den Anfang des Fadens des anscheinend unentwirrbaren Knäuels in den Händen zu halten. Doch muss die Schreiberin nicht zwangsläufig mit der Tat in Verbindung stehen, wiewohl sie den Weg zum Täter weisen könnte.

Frau Gründel erklärt glaubhaft, am 11. Januar 1981 letztmalig ihre Wohnung in Halle-Neustadt betreten zu haben.

Für die restliche Zeit habe sie die Wohnung ihrer achtzehn-jährigen Tochter Karin überlassen. Sie bestätigt nicht nur den Besitz des braunen Koffers, den sie in ihrem Keller ver-staut hatte, sondern gibt auch zu, die Kreuzworträtsel aus-gefüllt zu haben. Auch einen der Plastiksäcke erkennt sie als die Verpackung der Steppdecken wieder, die sie sich vor etlichen Jahren zugelegt hatte.

Die Umstände lassen also vermuten, dass ihre Wohnung der noch unbekannte Tatort gewesen ist. Und während Kri-minaltechniker Wohnung und Hauskeller gewissenhaft nach Spuren absuchen, wird Karin Gründel vernommen. Sie hat ständigen Zugang zur Wohnung ihrer Mutter. Das reicht, um sie mit dem Mord in Verbindung zu bringen.

Die Vernehmung währt viele Stunden. Das Interesse richtet sich vor allem auf die Aussagen zur Tatzeit. Alle Angaben werden sofort überprüft. Doch Karin Gründel liefert ein hieb- und stichfestes Alibi: Nachdem ihre Mutter am 11. Januar nach Dierhagen zurückgefahren war, musste auch sie Halle-Neustadt für mehrere Wochen verlassen. Wie ihre Mutter arbeitet sie als Serviererin, jedoch in ei-nem Erholungsheim in Friedrichroda, mitten im Thürin-ger Wald. Dort ist sie seit dem 13. Januar ununterbrochen tätig. Auch an den freien Tagen hat sie sich in ihrer dorti-gen Nebenwohnung aufgehalten. Nur in großen zeitlichen Abständen hat sie die Wohnung ihrer Mutter aufgesucht, um nach dem Rechten zu sehen. Diese seltenen Fahrten haben ihren Grund: Ihr neunzehnjähriger Freund Mario Sage arbeitet im selben Heim als Hausmeister, gelegentlich auch als Kellner. Beide kennen sich aus Halle-Neustadt, wo sie nur wenige Häuserblöcke auseinander wohnten. Ge-legentlich begleitet Mario sie nach Halle. Dann wohnen sie wie ein Ehepaar in der ansonsten verwaisten Wohnung von Karins Mutter. Natürlich hat er auch die Wohnungs-schlüssel ...

Lösers bohrende Fragen dringen immer weiter in die Tiefe längst verschütteter Erinnerung vor. Ihr fällt plötzlich ein, dass Mario im Januar mit ihr zusammen in Halle war. Und als sie sich am 13. widerwillig auf die Rückreise nach Friedrichroda begeben musste, war er noch für ein paar Tage geblieben.

Löser lässt ihre Schilderungen auf der Stelle telefonisch überprüfen. Er will ein lückenloses Alibi, will sicher sein, dass diese junge Frau ohne Schuld ist. Der Heimleiter kann Karins Angaben bestätigen, so bleibt sie außerhalb des Tatverdachts. Der richtet sich allerdings immer stärker auf Karins Freund. Und als sie Löser obendrein offenbart, dass Mario Sage zu absonderlichen sexuellen Impulsen neigt, sich ohne Scheu Misshandlungen und Grausamkeiten vorzustellen vermag und dabei noch einen seltsamen Genuss verspürt, was sie ängstige, wird seine Befragung immer drängender. Als Löser erfährt, dass sich Mario gerade in Halle-Neustadt aufhalte, nutzt er die Gunst der Stunde. In den Abendstunden des 20. November wird der junge Mann festgenommen. Löser setzt ihn kurzerhand von dem gegen ihn gehegten Verdacht der vorsätzlichen Tötung des Schülers Lino Brandt und von der Einleitung eines Ermittlungsverfahrens in Kenntnis. Widerspruchslos nimmt Mario Sage den schweren Vorwurf hin.

Einen Augenblick lang sitzt er wortlos und blass vor Lösers Schreibtisch. Der hat das Tonbandgerät noch gar nicht aufnahmebereit, da überkommt Mario Sage ein unwiderstehlicher Rededrang. Endlich kann er darüber sprechen, was ihn schon lange Monate belastet. Es sprudelt aus ihm heraus: Fetzen eines Geständnisses, zusammenhanglos, ungeordnet, aber glaubhaft. Es sind die Details eines Tötungsvorgangs, die allein der Täter kennen kann und die sich mit den Spuren und Erkenntnissen der Polizei decken. Löser muss ihn bremsen. Er beruhigt ihn, lässt ihm einen Kaffee bringen, legt Papier und Kugelschreiber bereit: »Schreiben Sie's auf. Sie haben Zeit! Der Haftrichter kann warten.«

Mario Sage nimmt einen großen Schluck. Dann beginnt er zu schreiben, schwerfällig, doch konzentriert.

Was nun folgt, ist die Niederschrift der Geschichte eines entsetzlichen Mordes an einem kleinen Jungen, dessen Namen er nicht einmal kennt. Der bloße Zufall führte sie am Nachmittag des 15. Januar 1981 vor dem Kino »Treff« in Halle-Neustadt zusammen. Das zarte Kind gefiel Mario gleich. Je mehr er es anschaute, desto stärker verlangte es ihn, den kleinen Körper zu streicheln und zu küssen. Es gelang ihm, den Jungen vom Besuch der Filmveranstaltung abzuhalten und in die Wohnung seiner Freundin zu locken. Dann hatte er ihn ganz für sich. Das Gefühl solcher uneingeschränkten Herrschaft steigerte nur noch seine sexuellen Begierden. Für die Ängste und Schmerzen seines Opfers fand er kein Ohr. Es war die Gelegenheit, seinen Trieben freien Lauf zu lassen. Er überwältigte das Kind, bis seine Lust befriedigt war. Dann setzte sich der Gedanke fest, der Junge könnte ihn verraten. Da gab es nur eine Lösung: Er musste das Kind töten und die Leiche verschwinden lassen.

»Ich holte aus der Küche einen Hammer und schlug ihn auf den Hinterkopf, bis er ruhig war. Ich trug ihn gleich ins Bad und legte ihn in die Wanne. Da er aber noch nicht ganz tot war, stach ich ihn in die Herzgegend. Danach holte ich aus der Küche einen Plastebeutel, steckte ihn da hinein und packte ihn in einen braunen Koffer. Ich fuhr mit dem Koffer nach Leipzig und warf ihn unterwegs ab. Mario Sage.«

Löser liest die Aufzeichnungen gewissenhaft. Kein Zweifel, er hat den Täter vor sich. Mitternacht ist längst vorbei, als Mario Sage von Bezirksstaatsanwalt als Beschuldigter vernommen wird. Das Geständnis des jungen Mannes wird immer präziser. Er schildert, wie er die Leiche des Jungen in Höckerstellung in den Koffer presste, seine Kleidung dazulegte und aus Angst, aus dem Koffer könne Blut tropfen, die Lücken mit alten Zeitungen ausstopfte. Gegen 18 Uhr sei er dann mit dem Koffer zum Hauptbahnhof gefahren und habe den nächsten Personenzug nach Leipzig genommen. Auf zwei Bahnhöfen habe der Zug unterwegs gehalten, ehe er vor Leipzig unbemerkt ein Fenster herunterlassen und den Koffer hinauswerfen konnte. Von Leipzig aus sei er dann mit dem nächsten Zug nach Halle zurückgekehrt.

Die nächsten Wochen dienen den Ermittlern zur Vervollständigung der Beweismittel. Selbst unwesentliche Widersprüche in Mario Sages Aussagen sucht Löser auszuräumen, zumindest aber zu erklären. So weiß Mario Sage nicht mehr genau, wie viele Male er auf sein Opfer eingestochen und welche Körperregionen er dabei getroffen hat. Zu groß war seine sexuelle Erregung in jenem Moment, zu gewaltig die Angst nach der Tat, entdeckt zu werden, sodass er die unangenehmsten Gedächtnisinhalte rasch verdrängt hat. So bleibt manche gutachterliche Aussage auf die Feststellung beschränkt, dass die wissenschaftlichen Befunde zumindest nicht im Widerspruch zu den allgemeinen Schilderungen des Tatablaufs stehen.

Komplizierter ist indes die Frage, inwieweit Mario Sages soziale und sexuelle Entwicklung das Tatgeschehen beeinflusst haben. Eine schlüssige Antwort auf diese Frage könnte Marios strafrechtliche Verantwortlichkeit mindern, nämlich dann, wenn eine schwerwiegend abnorme Entwicklung der Persönlichkeit von Krankheitswert nachgewiesen werden kann.

Mario Sage wird ausgiebig begutachtet. Das nachteilige Familienklima, in dem er heranwuchs, ebnete ihm den Weg in die verhängnisvolle Zurückgezogenheit, in der auch abnorme sexuelle Phantasien von ihm Besitz ergriffen, Phantasien, die von tödlicher Gewalt und demütigender Unterwerfung beherrscht waren. Sie füllten ihn gänzlich aus und deformierten sein gesamtes ethisches Empfinden. Seine Sexualität mutierte schließlich zu einem ihn völlig beherrschenden Triebdruck. Doch wäre Mario Sage intellektuell und psychisch durchaus imstande gewesen, sich mit seinem Sexualerleben kritisch auseinanderzusetzen und Bewältigungsstrategien zu entwickeln. Trotz heftigster Erregung verlor er nie den Überblick über die Situation, als er sich mit dem kleinen Lino Brandt allein in der Wohnung befand. Er verfügte über Mechanismen, die ihm eine ausreichende Außenkontrolle gestatteten.

Die zweifellos schwerwiegende Entwicklung hatte nie eine solche Intensität erreicht, hieß es, die die Entscheidungsfähigkeit während der Tat erheblich vermindert hätte. Gegen diese Schlussfolgerung richtete sich Marios spätere Berufung. Sie wurde als unbegründet zurückgewiesen.

Mario Sage wurde vom Bezirksgericht Halle wegen Mordes in Tateinheit mit sexuellem Missbrauch zu einer lebenslangen Freiheitsstrafe verurteilt.

Nachsatz:

1991 kam der Fall erneut vor Gericht. Nach den neu geltenden Strafgesetzen wäre die Anwendung des Jugendstrafrechts möglich gewesen, da Mario Sage zum Zeitpunkt der Tat erst achtzehn Jahre alt war. Der bundesdeutsche Staatsanwalt beantragte die Wiederaufnahme des Verfahrens, das Urteil wurde im Mai 1992 gesprochen und lautete auf zehn Jahre Jugendstrafe mit anschließender Einweisung in die Psychiatrie. Bis 1996 war Mario Sage im Maßregelvollzug untergebracht, anschließend drei Jahre in einem Projekt für betreutes Wohnen. 1999 wurde er endgültig entlassen und lebte in Magdeburg, wo er 2013, fünfzigjährig, verstarb.

Hans Girod

Der Würger von Plauen

Ein Täter ermittelt gegen sich selbst

Am 25. Juni 1982 meldet sich gegen ein Uhr nachts die neunzehnjährige Abiturientin Corinna Kiefer beim Kriminaldienst des Volkspolizeikreisamtes Plauen, um eine Anzeige zu erstatten. Tränenüberströmt und angstschlotternd stammelt sie, vor einer knappen Stunde im August-Bebel-Hain von einem Unbekannten überfallen, bis zur Bewusstlosigkeit gewürgt worden zu sein. Der Mann sei plötzlich aus der Deckung eines Gebüsches hervorgesprungen, habe sie von hinten gepackt, blitzschnell zu Boden gerissen und ins Dickicht gezerrt. Er sei dann über sie gestiegen, habe sich auf ihre Arme gekniet und sein Gesicht ganz an das ihre gedrückt, dass sie seinen gehetzten, heftigen Atem wahrnehmen konnte. Dann habe er sie mit beiden Händen kräftig gewürgt. Ihr war so, als hätte der Unbekannte Gummihandschuhe getragen, jedenfalls habe sie den Gummi gerochen. Überdies hätten starke Schmerzen, Atemnot und Lebensangst sie völlig wehrlos gemacht. Sie sei ohnmächtig geworden und müsse einige Minuten bewusstlos gewesen sein. Wieder zu sich gekommen, habe sie rücklings auf dem Erdreich zwischen den Sträuchern gelegen. Der Unbekannte wäre unterdessen längst verschwunden gewesen.

Ihr erster Gedanke war, im Zustand der Willenlosigkeit womöglich vergewaltigt worden zu sein. Nach Überprüfung ihres Körpers glaube sie dies aber nicht. Hingegen sei ihr aufgefallen, dass die beiden Goldringe von ihrer Hand, die Brille, das Scheckheft und die Geldbörse mit etwas Kleingeld fehlen. Der Mann sei groß und kräftig, könnte womöglich schulterlanges Haar tragen und sei völlig schwarz gekleidet gewesen. Er habe die ganze Zeit kein Wort gesprochen und sein Gesicht immer von ihr abgewendet.

Der Diensthabende, Kriminalmeister Lothar Griesbauer, der normalerweise im Kommissariat 3 arbeitet, um Einbrecher, Diebe und Hehler zu verfolgen, leitet noch vor der förmlichen Anzeigenaufnahme die notwendigen polizeilichen Maßnahmen ein: Sofortmeldung absetzen, Fahndung nach dem unbekannten Täter auslösen, die Sperrung des entwendeten Scheckhefts veranlassen. Zudem wird die Schülerin ärztlich untersucht. Und tatsächlich: Die Spuren am Hals belegen einen massiven Würgevorgang. Die Vermutung, eine sexuelle Manipulation oder gar ein Geschlechtsverkehr könne ausgeschlossen werden, wird durch die ärztlichen Befunde bestätigt.

Dann lässt sich Griesbauer von der Schülerin den Ort des Überfalls zeigen. Er liegt inmitten des August-Bebel-Hains zwischen einer dichten Gebüschgruppe linksseitig des vom Bezirkskrankenhaus stadteinwärts führenden, die Parkanlage durchquerenden Verbindungsweges. Zwar sind die Schleifspuren vom Weg bis in das Buschwerk ebenso deutlich zu erkennen wie die Stelle, an der Corinna Kiefer rücklings auf dem Erdreich gelegen haben muss, doch werden keine Schuhabdruckspuren des Täters gefunden, anhand derer Schuhgröße und -art sowie ein individuelles Sohlenprofil hätten bestimmt werden können. Eine weitere kriminaltechnische Untersuchung des Tatorts unterbleibt.

Wochenlange Ermittlungen in dieser Sache führen keinen Schritt weiter. Zu vage sind die Angaben zum Täter, der überdies auch keinerlei Bemühungen zeigt, die geraubten Sparkassenschecks in bare Münze einzulösen. Wahrscheinlich wäre der Vorgang bald eingestellt worden, wenn nicht am 11. August 1982 – also knapp zwei Monate nach dem Überfall auf Corinna Kiefer – eine neunzehnjährige Schwesternschülerin einen ähnlichen Überfall angezeigt hätte. Sie kam gerade vom Spätdienst im Bezirkskrankenhaus, nahm ihren gewohnten Weg stadteinwärts durch den August-Bebel-Hain, als sie plötzlich hinterrücks von einem Unbekannten angefallen, bis zur Ohnmacht gewürgt, hinter einem Gebüsch abgelegt und ihrer Armbanduhr sowie eines Täschchens mit Kosmetika beraubt wurde. Auch sie kann den Räuber nur unzureichend beschreiben. Ihr fiel jedoch auf, dass er mit einer rot-weiß-gestreiften Strickjacke bekleidet war, Gummihandschuhe trug, kein Wort sprach und sich bemühte, sein Gesicht zu verbergen.

Aus den spärlichen Informationen »groß, sportlich gewandt, stark, schulterlange Haare, vermutlich Träger eines Oberlippenbärtchens« fertigt die Polizei ein Phantombild, das in der örtlichen Presse veröffentlicht wird. Doch der Fahndungsaufruf verfehlt seine angestrebte Wirkung, sachdienliche Hinweise gehen bei der Kripo nicht ein. Stattdessen breiten sich Unruhe und Angst in der Bevölkerung aus.

Vier Tage später, in der Nacht vom 13. zum 14. August 1982, schlägt der Unbekannte gleich zweimal zu: Eine vierundzwanzigjährige Textilfacharbeiterin wird in der Nähe der Streichhölzerbrücke auf gleiche Weise wie die anderen beiden Frauen überfallen und ihres Einkaufsbeutels beraubt. Fast eine Stunde lang ist sie bewusstlos. Noch in der gleichen Nacht gerät auch eine zweiundzwanzigjährige Verkäuferin auf ihrem Heimweg am Rinnelberg in die Fänge des Unholds, kann sich aber von ihm losreißen und flüchten.

Die Nachricht von der nächtlichen Aktivität des würgenden Räubers verbreitet sich am nächsten Tag in der Stadt wie ein Buschfeuer. Spekulationen und Verunsicherung schießen ins Kraut. Hinter vorgehaltener Hand ist aber auch die vermeintliche Unfähigkeit der Polizei allgemeines Stadtgespräch, weil es immer noch nicht gelungen ist, des Würgers habhaft zu werden.

Tatsächlich aber ist die Polizei längst mobilisiert. Die Tatanalysen der bisherigen Delikte weisen nun sicher auf gleichartige Begehungsweisen und Tätermerkmale hin und lassen einen gefährlichen Serientäter vermuten. Für den Leiter des VP-Kreisamts liegen damit die administrativen Voraussetzungen vor, einen sogenannten Brennpunktbefehl zu erlassen: Aus Mitarbeitern verschiedener Sachgebiete wird die stabsmäßig geführte Sonderkommission »Würger« gebildet. Da die vier Überfälle jeweils um Mitternacht verübt wurden, die Tatzeiten aber keinen Aufschluss über die Präferenz bestimmter Wochentage erlauben, werden die üblichen Ermittlungen der Einsatzgruppe von zeitlich unregelmäßigen, verdeckten, nächtlichen Observationen im weiträumigen Territorium des Plauener Südostens begleitet. Zivile Polizistinnen flanieren in den Nachtstunden durch das industriereiche Stadtgebiet mit seinen Kleingärten und Parkanlagen. Andernorts lauern in unauffälligen Baubuden, geparkten Fahrzeugen oder Häusernischen Dutzende von Gesetzeshütern, um den geheimnisvollen Würger auf frischer Tat zu schnappen. Doch eine Nacht nach der anderen vergeht ohne einen Fahndungserfolg.

Am späten Donnerstagabend des 2. September 1982 – für diese Nacht ist zufällig keine Observation geplant – wird bei der Polizei ein weiterer Überfall gemeldet. Ein Unbekannter beraubt gegen 22 Uhr an der Verbindungstreppe der Trögerstraße zum Rinnelberg eine einundvierzigjährige Sekretärin, nachdem er sie durch rabiates Würgen außer Gefecht gesetzt hat. Kein Zweifel, der Würger hat wieder zugeschlagen, alle bisher festgestellten Tatmerkmale treffen auf ihn zu. Diesmal besteht seine Beute nur aus einer simplen textilen Einkaufstasche mit wertlosen persönlichen Sachen, darunter ein Passbild des Opfers. Aber auch ein weiteres Merkmal lässt der Vorfall erkennen: Der Würger führt seine Überfälle auch vor Mitternacht durch. Fazit: Taktischen Regeln zufolge müssten die heimlichen Beobachtungen zeitlich erweitert werden und von nun an auch die Stunden vor Mitternacht erfassen. Doch Observationen dieses Ausmaßes sind personalintensiv und zeitaufwendig. Zehn Tage später finden deshalb die nächtlichen Laueraktionen nur noch gelegentlich, mit weniger Einsatzkräften und zeitlich reduziert statt.

Dann, am Abend des 19. September – Kriminalmeister Griesbauer hat sonntäglichen Kriminaldienst – wird ein weiterer Fall des Würgers bekannt: Eine siebzehnjährige Schülerin wurde auf ihrem Heimweg in der Nähe des August-Bebel-Hains überfallen und bis zur Bewusstlosigkeit gewürgt. Nun ist sie mit ihrem Vater auf dem VPKA erschienen, um den Vorfall anzuzeigen. Griesbauer lässt sich von der Schülerin den Tatort zeigen und sucht ergebnislos nach Schuheindruckspuren und verdächtigen Gegenständen. Resigniert übergibt er beim morgendlichen Rapport Anzeige und Besichtigungsprotokoll dem Leiter der Einsatzgruppe »Würger«.

Die Ermittler treten auf der Stelle. Zwar gehen ständig neue Hinweise ein, werden andere Straftaten aufgedeckt, Verdächtige überprüft und Zeugen vernommen, nur der ersehnte Erfolg, den Würger endlich dingfest zu machen, stellt sich nicht ein. Inzwischen wächst die Sorge der abkommandierten Kriminalisten, dass sich in ihren seit vielen Wochen verwaisten Büros massenhaft unerledigte Akten stapeln. Überdies ist es nicht üblich, Überstunden zu vergüten oder durch Freizeit abzugelten. Schnell sind die

Belastungsgrenzen erreicht, und der Jagdeifer lässt nach. So vergeht die Zeit, und mit ihr schwindet die Hoffnung.

Mehr als sechs Monate gibt der Würger Ruhe. Das ist ungewöhnlich. Fragen werden aufgeworfen: Ist er krank, wegen einer anderen Sache in Haft, hat er sein Betätigungsfeld verlagert oder gar endgültig aufgegeben, kann folglich die Einsatzgruppe aufgelöst werden? In der Führungsetage des VPKA kommt man zu dem Schluss, die Sonderkommission zwar nicht gänzlich aufzulösen, aber zu reduzieren.

Am Sonntag, dem 15. Mai 1983, ereignet sich ein neuer Überfall. Ist der Würger nach so langer Zeit plötzlich wieder aktiv? Gegen 2.45 Uhr wird eine zweiunddreißigjährige an der Bahnunterführung Reichenbacher Straße von einem Mann, den sie kaum beschreiben kann, von hinten angefallen und nach der Aufforderung, die Augen zu schließen, zu Boden gerissen und so massiv gewürgt, dass sie fast anderthalb Stunden bewusstlos auf dem Rücken liegt. Die Ärzte des Bezirkskrankenhauses stellen erhebliche Würgeverletzungen fest. Tagelang wird die junge Frau unter Schluckbeschwerden und Übelkeit leiden. Nur glücklichen Umständen ist es zu verdanken, dass sie nicht zu Tode kam. Doch es gibt drei bemerkenswerte Unterschiede zu den bisherigen Fällen: Zum einen wurde die Frau nicht beraubt. Zum zweiten sprach der Unbekannte sie an. Und schließlich, so glaubt sie, muss der Täter ihre Ohnmacht ausgenutzt haben, ihren Rock hochzuschieben und die Strumpfhose herunterzuziehen, ohne jedoch direkte sexuelle Handlungen vorzunehmen.

Wenngleich dieser Überfall vor allem wegen der offensichtlich sexuellen Komponente nicht deckungsgleich mit den anderen Fällen ist und vermutlich von einem »Trittbrettfahrer« begangen wurde, wird er dennoch von der Einsatzgruppe erfasst. Aber auch dieses Ereignis bleibt trotz hartnäckiger Ermittlungen unaufgeklärt.

Zwei scheinbar nebensächliche Episoden in den Nächten des 27. September und 17. Oktober 1985 erfordern zwar noch einmal die volle polizeiliche Aufmerksamkeit. Zum einen wird eine neunundvierzigjährige Postangestellte von einem Unbekannten hinterrücks angefallen, der ihr den Einkaufskorb entreißt. Da sich zufällig ein Passant nähert, lässt er von ihr ab und macht sich unerkannt aus dem Staub. Zum anderen wird eine dreißigjährige Verkäuferin auf dem Heimweg vom Kino hinterrücks überfallen, kann aber flüchten. Natürlich wird die Frage aufgeworfen, ob der Würger wieder aktiv geworden ist. Doch diese Überfälle scheinen nicht seine Handschrift zu tragen. Die Zweifler beruhigen sich bald, denn es geht in der Tat weitere Zeit ins Land ohne ein Vorkommnis ähnlicher Art.

So verblassen im Verlauf des Jahres 1986 die Erinnerungen an den geheimnisvollen würgenden und raubenden Missetäter. Inzwischen ist es Februar 1987. Das Verfahren gegen den Unbekannten wurde längst eingestellt, da »die kriminalistischen Mittel und Möglichkeiten zur Aufklärung der Straftaten erschöpft sind und keine begründete Aussicht besteht, den Täter zu ermitteln«.

Doch in der Nacht vom 13. zum 14. Februar, wird die Erinnerung an den würgenden Unhold plötzlich wieder belebt. Gegen drei Uhr erscheint die medizinisch-technische Assistentin Steffi Golze im VPKA zur Erstattung einer Strafanzeige, weil sie, von einer privaten Feier kommend, auf dem Heimweg in der Nähe der Kleingärten an der Liebigstraße von einem Unbekannten überfallen, niedergerissen, gewürgt und beraubt wurde.

Zufällig hat Lothar Griesbauer, nach erfolgreichem Fernstudium an der Fachschule des Ministeriums des Inneren inzwischen zum Unterleutnant der Kriminalpolizei avanciert, wieder Wochenenddienst. Folglich obliegt ihm die Anzeigenaufnahme und der Erste Angriff bei allen am

Wochenende anfallenden kriminalistisch relevanten Sachverhalten. Er befragt Frau Golze. Ihre Informationen über den Täter sind so dürftig wie die in der Vergangenheit, und die übliche Inaugenscheinnahme des Tatorts verläuft ebenfalls im Sande. Diesmal aber gibt es keinen Zweifel. Der Würger ist wieder unterwegs. Im internen Polizeibetrieb des VPKA schlägt der Neuanfall wie eine Bombe ein. Doch nichts darf nach außen dringen. Keine Information an die Presse, keine erneute Beunruhigung der Plauener Bürger!

Einer jedoch sieht das anders: Wolfgang Bollmann, Major der Kriminalpolizei, ein hellwacher Geist mit jahrelanger Erfahrung bei der Untersuchung unnatürlicher Todesfälle. Er ist seit kurzem neuer Kripo-Chef von Plauen. Einen Fahndungsaufruf in der Presse wird er nicht durchsetzen können, aber eine Wiederbelebung des Brennpunktbefehls und die Neuformierung einer Sonderkommission hält er für möglich. Voraussetzung ist eine sachkundige Analyse aller Vorgänge über den würgenden Räuber – die Grundlage für einen fundierten Untersuchungsplan. Nichts soll mehr dem Zufall überlassen bleiben. Kriminalistische Offensive ist gefragt. Eine neue Strategie muss her!

Bollmann konsultiert telefonisch Dr. Hartwig Glaser von der Sektion Kriminalistik der Humboldt-Universität im fernen Berlin, fragt ihn, ob er im Fall des Würgers eine sogenannte Täterhypothese erstellen würde. Glaser ist Kriminalwissenschaftler, vor allem ein renommierter Untersuchungsmethodiker in Sachen nicht natürliche Todesfälle und Sexualdelikte, der neben seiner akademischen Tätigkeit in Lehre und Forschung gelegentlich auch die Mordkommissionen in praktischen Untersuchungsfragen unterstützt. Er ist sofort bereit, nach Plauen zu kommen, jedoch erst am Abend des 9. März, weil er erst Vorlesungen und Seminare tauschen, Konsultationen und Beratungen verschieben muss. Major Bollmann lässt ein Hotelzimmer reservieren und beauftragt Lothar Griesbauer aus dem Kommissariat 3, der mit dem Würgerfall bestens vertraut ist, dem Gast aus Berlin als Adlatus zur Seite zu stehen.

Am Morgen des 10. März, 7.30 Uhr, sitzt Dr. Glaser im Speiseraum des HO-Central-Hotels in der Plauener Bahnhofstraße und beißt gerade genüsslich in ein knuspriges Marmeladenbrötchen, als ein stattlicher junger Mann im sportlichen Anorak an seinen Tisch tritt und fast schüchtern fragt: »Verzeihung, sind Sie Dr. Glaser?«

Der Angesprochene nickt mit dem Kopf.

»Unterleutnant Griesbauer«, stellt sich der Mann vor. Glaser begrüßt den Ankömmling und bittet ihn, Platz zu nehmen. Zaghaft folgt Griesbauer der Aufforderung. Glaser gibt dem Ober ein Zeichen, einen weiteren Kaffee zu bringen und wendet sich Griesbauer zu: »Ihr Chef hat Sie schon angekündigt. Sie trinken doch einen Kaffee mit?« Der Leutnant stimmt zu und sagt: »Ich habe Befehl vom K-Leiter, Sie zu betreuen. 8.30 Uhr will er Sie begrüßen. Mein Dienstwagen steht draußen.«

Beim Kaffee entwickelt sich zwischen den Männern ein Smalltalk, bei dem Glaser nebenbei erfährt, dass Griesbauer stolzer Vater zweier Kinder ist. Allerdings habe sich seine Frau vor einem halben Jahr von ihm scheiden lassen. Sie wolle ein normales Familienleben, wie andere auch. Schade. Jetzt teile er das Los mit vielen seiner Genossen, denn Polizistenehen zerbrechen häufig an den permanenten dienstlichen Belastungen. Glücklicherweise bleibt ihm wenigstens der »Trabi«, auf den er so lange warten musste.

Aber auch Fachliches kommt zur Sprache: Das bereits Jahre andauernde Katze-und-Maus-Spiel zwischen dem würgenden Räuber und der Polizei. Griesbauer klagt: Zwölf Fälle sind bereits angezeigt worden. Aber keine Spuren, keine brauchbare Beschreibung des Täters. Weiß der Teufel, wie viele Fälle noch latent sind, wie viele Frauen aus

Scham keine Anzeige erstatteten und wie viele Versuche scheiterten. Eine vertrackte Geschichte! Zu allem Unglück habe der Unbekannte vor einigen Tagen wieder zugeschlagen. Die übliche Machart. Diesmal sei das Opfer aber eine fünfundvierzigjährige Frau. Außerdem betrage der Abstand zwischen den letzten beiden Überfällen nur elf Tage. Beinahe wehmütig beendet Griesbauer das Klagelied, in dem er anzweifelt, dass die Plauener Polizei den Fall jemals lösen wird.

Dr. Glaser, der seinem Gegenüber aufmerksam zuhört, will neutral bleiben und schließt das Gespräch kurzerhand ab: »Erwarten Sie jetzt noch keine Meinung von mir. Ich muss mir erst ein genaues Bild machen!«

Kurz darauf kutschiert Griesbauer den Gast aus Berlin mit dem VP-eigenen Wartburg zum Kreisamt in der Freiheitsstraße. Die Begrüßung bei Major Bollmann ist kurz. Er hat es eilig, muss zum großen Chef. Besorgt berichtet er von dem Neuanfall in der Nacht zum 23. Februar und von seinem Vorhaben, den Chef von einer Reaktivierung des Brennpunktbefehls zu überzeugen. Die Frage, was Glaser für seine Arbeit benötige, beantwortet dieser kurz und präzise: »Ein Büro, Telefon, Stadtplan, die Akten aller ungeklärten Überfälle auf Frauen aus den letzten Jahren und die Möglichkeit, die Tatorte zu besichtigen!«

»Kein Problem«, verspricht Bollmann, »Unterleutnant Griesbauer hat Anweisung, sich um alles zu kümmern!«

Bis zum Abend verkriecht sich Dr. Glaser in das für ihn vorbereitete Büro. Stundenlang vertieft er sich in die inzwischen herangeschafften Akten. Gelegentlich betritt Unterleutnant Griesbauer auf leisen Sohlen den Raum, um wortlos eine Tasse frischgebrühten Kaffee auf den Schreibtisch zu stellen. Nur zur Tischzeit, die er mit Major Bollmann in der Kantine verbringt, unterbricht Glaser für eine halbe Stunde seine Arbeit.

Am anderen Morgen bittet er Griesbauer um eine streng zweckorientierte Stadtrundfahrt: Er will sich einen Überblick über alle Tatorte verschaffen, ihre topografischen Eigenheiten ebenso kennenlernen wie ihre Einordnung in das Stadtbild von Plauen. Stundenlang sind die beiden unterwegs. Grünanlagen, Kleingärten, Wohngebiete, die Umgebung des Kreiskrankenhauses und der Fabriken im Nordosten der Stadt, Brücken und inoffizielle Abkürzungswege sind Objekte kriminalistischer Neugierde des Berliner Experten. Während sich Glaser von den Orten vergangener Untaten unentwegt Notizen und Skizzen macht, erläutert der Unterleutnant mit erstaunlicher Genauigkeit, wie sich das jeweilige Gelände mit den Jahren verändert hat und in welcher Art und an welchen Orten seinerzeit die polizeilichen Observationen stattfanden.

Nach dieser Exkursion verschwindet Glaser wieder im Büro. Jetzt hat er alle Ausgangsmaterialien für die Analyse der Fälle beisammen. Der Sortierarbeit folgt das Denken. In Glasers Hirn läuft ein für die Kriminalistik typischer, ziemlich komplizierter Erkenntnisprozess ab, bei dem die vorhandenen Fakten geordnet und bewertet werden, um ihre objektiven Zusammenhänge zu finden und zu erklären. Das betrifft Tatabläufe, Tatorte, Tatzeiten ebenso wie Persönlichkeiten von Täter und Opfer, deren Handlungsmotive und Rolle in der Dynamik des Verbrechens. Die Ergebnisse sind Hypothesen, die wegen ihrer Variabilität und Variantenhaftigkeit in der Kriminalistik Versionen genannt werden. Das Erkenntnisziel besteht darin, die Versionen zu verifizieren, zu verwerfen oder aus ihnen Schlussfolgerungen abzuleiten, die zum Auffinden neuer, bisher unbekannter Tatsachen verhelfen. Um die Übersicht über diesen Prozess zu behalten und sich von jeglicher Voreingenommenheit und Spekulation zu lösen, ist für jede Version eine exakte Untersuchungsplanung vonnöten.

Dr. Glaser prüft die Fälle zunächst auf Gleichartigkeit einzelner Tat- und Tätermerkmale, dann darauf, ob sie tatsächlich einem einzigen Täter zuzuordnen wären. Auch die überfallenen Frauen vergleicht er hinsichtlich ihres tatrelevanten äußeren und inneren Erscheinungsbildes, ob sich möglicherweise ein Opfertyp bestimmen ließe, der wiederum Rückschlüsse auf die Täterpersönlichkeit gestattet. Das Ziel seiner Tätigkeit besteht also letztlich darin, neue Ermittlungsansätze zu finden und so den Untersuchern den erforderlichen Motivationsschub zu verleihen.

Drei Tage lang dröselt Glaser die in den Fällen steckenden Informationsmengen auf, vergleicht, entschlüsselt und leitet ab. Schließlich münden alle Überlegungen in einer vierzehnseitigen »Stellungnahme zum Fall ›Würger‹«, die Dr. Glaser am vierten Tag dem Kripo-Chef Major Bollmann und dem Sachbearbeiter Unterleutnant Griesbauer zur Diskussion stellt.

Danach weisen zehn der ausgewerteten Fälle bedeutsame Gleichförmigkeiten auf, die eine Zusammenfassung zu einem Brennpunkt rechtfertigen, verursacht durch einen gefährlichen sexuellen Serientäter, der ein genau geplantes Sicherungsverhalten zeigt, von Tat zu Tat handlungsintensiver und risikobereiter wird. Glaser begründet, warum aus den Tatzeiten keine Schlussfolgerungen für einen prognostizierbaren Tatrhythmus zu ziehen sind, hingegen die Tatorte für eine ausgezeichnete Ortskenntnis des Täters sprechen. Auch wenn die herkömmlichen Spuren von Sexualhandlungen fehlen, spräche dies keineswegs gegen ein sexuelles Handlungsmotiv des Täters, der nämlich das Würgen bis zur Bewusstlosigkeit anstrebt und nicht den Raub. Die absolute Wehrlosigkeit der Opfer verschafft ihm das Gefühl innerer Größe und Befriedigung, kompensiert sein beschädigtes Selbstbewusstsein, wenigstens für kurze Zeit. Auf diese Weise will er beherrschen, demütigen und sich sexuell befriedigen. Folglich ist er eine gestörte, selbstwertbeeinträchtigte Persönlichkeit. Ein einsamer Mann, der vermutlich allein oder in weitgehend zweckbestimmter Partnerschaft lebt. Äußerlich sozial angepasst, bieder, unauffällig, aber innerlich schwach, egoistisch und eitel, wird er getrieben von seinen übermächtigen, krankhaften Wünschen. Kurzum: Er ist das Produkt einer sexuologisch relevanten Vorgeschichte, und die dürfte dem sozialen Umfeld nicht verborgen geblieben sein. Das Raubgut spielt für den Täter lediglich die Rolle von sexuellen Souvenirs, besser Fetischen. Er behütet sie insgeheim, um sich bei Gelegenheit an ihnen zu erregen und die Überfälle gedanklich nachzuerleben. Also: Die polizeilichen Ermittlungen in Richtung eines materiell motivierten Täters – wie sie bei Raubdelikten üblich sind und von denen die bisherigen Untersuchungen ausgingen – müssen wegen der andersgearteten Täterpersönlichkeit zwangsläufig in eine Sackgasse führen.

Dr. Glaser meint, wenn bisher keines der Opfer zu Tode kam, läge das mitnichten in der Absicht des Täters, sondern sei vielmehr ein außergewöhnlicher Glücksumstand. Dahinter verberge sich ein forensisches Problem mit direkten strafrechtlichen Konsequenzen: Wenn der Täter nämlich in der Lage wäre, einen Würgeakt bewusst so zu dosieren, dass er lediglich eine Bewusstlosigkeit herbeiführt und nicht den Tod, könne er strafrechtlich nur wegen eines Körperverletzungsdelikts belangt werden. Tatsächlich aber ist eine solche Dosierung des Würgevorgangs unmöglich, weil verschiedene physische und psychische Dispositionen zu einem reflexartigen Tod führen können. Folglich sei bei der strafrechtlichen Bewertung der bisherigen Überfälle immer von einem bedingten Tötungsvorsatz auszugehen. Mit anderen Worten: Der Plauener Würger ist ein potenzieller Mörder, dessen Konto mittlerweile zehn bekannte Mordversuche aufweist. Glaser schließt seine Erläuterungen mit der Empfehlung ab, den Würgerfall unverzüglich der zuständigen Mordkommission in Karl-Marx-Stadt zu übergeben.

Unterleutnant Griesbauer ist nicht so leicht von der Expertenmeinung zu überzeugen und bekundet leise Zweifel an den Thesen des Berliners. Für ihn ist der Würger ein klassischer Räuber, der bislang nur durch Zufall an solche Opfer geriet, die ihm nur unbedeutende Beute einbrachten. Aber das könne sich ja beim nächsten Fall ändern. Im Übrigen sei er sowieso skeptisch gegenüber solchen Fallanalysen und Täterhypothesen, von denen man meist nicht wisse, ob sie die Grenze zur Spekulation bereits überschritten haben.

Major Bollmann wiederum ist nach Glasers Ausführungen ziemlich still geworden. Nachdenklich überfliegt er Seite für Seite des Schriftstücks, das Glaser ihm überreicht hatte, und räumt schließlich ein, den Fall unter diesem Aspekt bisher nicht gesehen zu haben. Ja, das ist wahrscheinlich nichts für Plauen, er werde sich mit dem Amtsleiter beraten und umgehend mit Karl-Marx-Stadt telefonieren.

Am Abend des gleichen Tages will Dr. Glaser nach Berlin zurück. Griesbauer, der ihn zum Bahnhof chauffiert, ist ziemlich in sich gekehrt und wortkarg. Glaser erahnt die Gründe für die Verstimmung und beruhigt ihn: »Denken Sie nur nicht, ich wäre sauer, nur weil Sie mir in dem Gespräch bei Ihrem Chef widersprochen haben!«

Griesbauer grinst verlegen. Er scheint erleichtert zu sein und bekennt: »Vielleicht haben Sie doch recht mit dem Würger!«

Anfang der siebziger Jahre war in den USA die Aufklärungsquote bei Tötungsverbrechen von vormals etwa 93 Prozent auf 69 Prozent gesunken. Auch die für diese Deliktkategorie sonst üblichen engen Täter-Opferbeziehungen hatten zugunsten von »Fremdtätern« rapide abgenommen.

Dieser besorgniserregende Trend initiierte nicht nur intensivere kriminologische Untersuchungen, sondern veranlasste das FBI, die Untersuchungsmethodik von Tötungsverbrechen stärker wissenschaftlich zu durchdringen, um dem Phänomen der großen Zahl an unbekannten Tätern taktisch wirkungsvoller begegnen zu können. So ging man u. a. von der Überlegung aus, die übliche Dekodierung der Tatspuren nicht nur auf den formalen naturwissenschaftlich-technischen Gehalt zu beschränken, sondern auch Widerspiegelungen psychologischer Inhalte in die Spureninterpretation einzuschließen, mithin: Die kriminalistische Spurenanalyse sollte auch ein subjektiver Transformationsprozess sein, der Spuren zu hypothetischen Aussagen über psychische und soziale Eigenarten des Täters umwandelt. Dazu wurden Ende der achtziger Jahre computergestützte methodische Verfahren entwickelt. Das war die Geburtsstunde des »Täterprofiling«, das die flinken Medien bald zur Wunderwaffe gegen Serienkiller erklärten. Falsche Interpretationen der statistischen Angaben hatten nämlich längst dazu verleitet, in der hohen Zahl an unbekannten Tätern einen »Serienmörderboom« zu erkennen. In Wahrheit – so seriöse kriminologische Untersuchungen – wichen die Zahlen der Fälle von Serientätern in den USA keineswegs signifikant von denen anderer Länder ab. Doch das »Hannibal-Lecter-Virus« hatte längst eine Epidemie der Phantasterei ausgelöst. Sogar in der Verbrechenswirklichkeit übertrieb mancher Täter angesichts des großen Medieninteresses seine Taten mit überschwenglicher Geständnisfreude. Der »Profiler« wurde zum neuen Helden der Krimiautoren, verhalf zu hohen Buchauflagen und belegte beste Sendeplätze. Doch echte »Profiler« sind keine Hellseher, die beim Rundgang über den Tatort aus den Spuren treffsicher »Name und Anschrift« des Täters herauslesen, sodass dessen Verhaftung für die erstaunte Polizei nur noch ein Kinderspiel ist. Sie sind vielmehr penible Fallanalytiker, arbeiten am Schreibtisch und ermitteln nicht selbst. Auf der Basis verschiedener gültiger Modelle werden nach festgelegtem Verfahren (Datenerfassung durch Fragebögen, computergestützte Auswertung) Fälle nach unterschiedlichen Gesichtspunkten ausgewertet. Einer dieser Aspekte ist die Frage nach dem »Täterprofil«. Und die Antwort darauf darf keinesfalls apodiktisch sein, sondern nur zu einer hypothetischen Aussage führen analog anderer Versionen. Dergestalt dient sie als Ermittlungshilfe mit mehr oder minder großem Wahrscheinlichkeitsgehalt.

In der DDR-Kriminalistik erfolgte die Erarbeitung von Täterhypothesen, besser Täterversionen, schon immer auf fallanalytischer Basis. Sie zählte bereits seit den frühen siebziger Jahren zum allgemeinen Methodenarsenal der Aufklärung von Kapitalverbrechen und wurde auf hohem Niveau betrieben. Dafür gibt es im wesentlichen zwei Gründe: Zum einen befand sich die Kriminalistik längst nicht mehr wie in der Vergangenheit in der Umklammerung einer internen kriminalpolizeilichen Dienstkunde. Vielmehr entwickelte sie sich unter Einschluss der forensischen Disziplinen zu einer komplexen Wissenschaft, die sich an der Berliner Humboldt-Universität als autonome, im deutschen Sprachraum einmalige Fachrichtung (Studiengang mit Diplomabschluss) etablieren konnte, bis sie im Jahr 1994 auf Beschluss des Berliner Senats »mangels Bedarfs« (!) schließen musste. Zum anderen beschäftigte sich das Kriminalistische Institut der VP, das dem Ministerium des Innern unterstand, nicht nur mit Routineaufgaben spurenkundlicher Gutachtenerstattung, sondern auch mit theoretischen Fragen der Kriminalistik. Die Erkenntnisse beider Institutionen z. B. im Teilbereich der kriminalistischen Untersuchungsplanung mit seinem Herzstück der Versionsbildung und -überprüfung wurden direkt in die Methodik der kriminalpolizeilichen Untersuchungspraxis überführt. Eigens für das »Profiling« ausgebildete Experten – über die heutzutage jede moderne Polizei verfügt – gab es zu DDR-Zeiten zwar nicht, doch wurden Ermittlungssachverständige (Kriminalwissenschaftler sowie forensisch orientierte Psychologen und Psychiater) vor allem in die Untersuchung komplizierter Tötungs- und Sexualverbrechen mit unbekanntem Täter einbezogen. Sie erarbeiteten empirische Täterprofile. Erwähnenswert scheint, dass bei der Fahndung nach dem sogenannten Eberswalder Knabenmörder in den Jahren 1969 bis 1971 (Täter Erwin Hagedorn) der Ostberliner Psychiater Hans Szewczyk fallanalytisch die weltweit erste Täterhypothese schuf, also etliche Jahre vor den ersten FBI-Veröffentlichungen von Robert K. Ressler und John Douglas, die gemeinhin als Väter des »Profiling« gelten. Allerdings war der Einsatz von »Ermittlungssachverständigen« dann problematisch, wenn diese nach Abschluss der polizeilichen Untersuchungen zusätzlich mit der Erstattung von Gerichtsgutachten beauftragt und damit am Strafprozess direkt beteiligt wurden. Da sie bereits in die Interna der Ermittlungen involviert waren, hätten sie de jure als gerichtliche Sachverständige ausgeschlossen werden müssen, »um die Unvoreingenommenheit und Objektivität der Begutachtung zu gewährleisten«. Die Gerichtspraxis sah in vielen Fällen jedoch darüber hinweg. Ob unter diesen Umständen ein objektives, von jeglicher Befangenheit freies Gutachten möglich war, darf wohl bezweifelt werden.

Etwa zehn Tage später erhält Dr. Glaser einen dringenden Anruf aus Plauen. Major Bollmann ist am Apparat. »Glückwunsch!« scherzt er, »Sie wollen wohl unbedingt Ehrenbürger von Plauen werden!«

Glaser ist verdutzt, versteht nicht. Bollmann bemerkt die Irritation seines Gesprächspartners und kommt auf den

Punkt: »Ich hoffe, Sie sitzen. Wir haben nämlich Ihren Mann!«

»Wie ›Ihren Mann‹?«, fragt Glaser ziemlich ratlos.

»Na, genau den, den Sie in der Täterhypothese beschrieben haben«, erklärt Bollmann, »Haftbefehl ist bereits erlassen. Die MUK hat die Sache übernommen. Übrigens, Sie kennen ihn!«

»Wieso soll ich ihn kennen?«, wundert sich Glaser.

Kichern am anderen Ende der Leitung. Der Kripo-Chef amüsiert sich über Glasers Ahnungslosigkeit: »Ich sagte doch ›hoffentlich sitzen Sie‹! Eine Woche lang haben Sie mit ihm zusammengearbeitet!«

Langsam scheint Glaser zu begreifen. Um sicher zu gehen, ob er Bollmann richtig verstanden hat, fragt er: »Meinen Sie etwa Griesbauer?«

»Genau«, brüllt Bollmann begeistert in die Sprechmuschel, »ist das nicht ein Hammer?«

Glaser ist so perplex, dass er nur sagen kann: »Das haut mich um!«

Bollmann meint es ernst. Der jahrelang gesuchte Würger befindet sich seit einigen Tagen tatsächlich hinter Schloss und Riegel. Nicht nur Glaser, auch die Plauener Polizisten sind baff, als sich in Windeseile im VPKA herumspricht, Unterleutnant Griesbauer aus dem Kommissariat 3 sei der seit Jahren gesuchte Übeltäter. Im Speisesaal, auf den Fluren und in den Büros gibt es nur noch ein Thema: der nette und emsige Genosse Griesbauer – Würger von Plauen!

Nicht auszumalen, welcher ideologische Schaden entsteht, wenn die Öffentlichkeit erführe, der Plauener Unhold sei Offizier der Kripo und langjähriges SED-Mitglied, der sogar eifrig gegen sich selbst ermittelte.

Lediglich zu einer knappen Information in der Tagespresse entschließt man sich: »Dank unermüdlicher und intensiver Ermittlungstätigkeit der Volkspolizei konnte der

Bürger G. verhaftet werden. G. hatte Frauen und Mädchen gesundheitlich geschädigt und sich fremdes Eigentum angeeignet.«

Wie kam es zu der plötzlichen Wende im Würgerfall? Um es gleich klarzustellen: Glasers Täterhypothese hat nicht die Festnahme des Täters bewirkt. Zwar stimmten die von ihm beschriebenen Tätermerkmale mit Griesbauers Persönlichkeit in so vielen Punkten überein, dass sie nicht nur die späteren personenbezogenen Ermittlungen, sondern auch das psychologisch-taktische Vorgehen in den Beschuldigtenvernehmungen erleichterten. Tatsächlich jedoch führte die plötzliche Wende im Würgerfall der in der Kriminalistik zwar beliebte, aber sehr zurückhaltende »Kommissar Zufall« herbei. Denn einige Tage nach Glasers Gastrolle in Plauen sucht Griesbauers Exgattin den Chef des VPKA auf und bittet ihn in einer persönlichen Angelegenheit um ein Gespräch. Bollmann wird hinzugezogen. Nur mit Rücksicht auf die gemeinsamen Kinder, so Frau Griesbauer, habe sie sich bisher zurückgehalten und die Probleme nicht nach außen dringen lassen. Doch nun sei ihre Geduld erschöpft. Die prekäre Wohnungsnot in Plauen zwinge dazu, die ehemals eheliche Behausung durch scharf gezogene Grenzen in Bereiche zu trennen, in denen der jeweils andere nichts mehr zu suchen hat. Auch der Hausrat ist peinlich genau aufgeteilt. Doch das vereinbarte kameradschaftliche Nebeneinander gelingt nicht. Streitigkeiten häufen sich, nehmen an Heftigkeit zu, eskalieren bereits zu Handgreiflichkeiten. Deshalb bitte sie den VPKA-Chef, kraft seines Amts bei der Beschaffung einer Wohnung für ihren Exgatten behilflich zu sein. Der verspricht, sich dafür einzusetzen, und überlässt das weitere Gespräch dem Bollmann, weil er zu einer dringenden Beratung müsse.

Bollmann will nun noch mehr über das bisherige Privatleben seines emsigen Mitarbeiters wissen. Und Frau

Griesbauer legt die Geheimnisse ihrer verkorksten Ehe frei: Ja, überhaupt verhalte sich Lothar von jeher ziemlich absonderlich. So zum Beispiel die Sache mit dem sogenannten Observationskoffer, den er sorgsam verschlossen im Keller aufbewahre und dessen Inhalt sie aus Gründen der Geheimhaltung niemals sehen sollte. Wenn er Nachtdienst habe, nähme er das geheimnisvolle Utensil stets mit. Manchmal stehe er sogar mitten in der Nacht auf, um mit dem Koffer für einige Stunden »auf Observation« zu gehen. Sie vermute, dass sich darin »Umziehsachen« befinden, die er für seine verdeckten Beobachtungen benötige.

Was die junge Frau vorbringt, mutet wie ein billiger Krimi an und hat mit realer Polizeipraxis nichts zu tun. Bollmann vermutet, der Kollege gehe vielleicht fremd. Aber benötigt man dazu einen Koffer, vor allem, im Nachtdienst? Ist es Zufall, dass in den beiden Nächten, in denen Griesbauer Kriminaldienst hatte, Überfälle des Würgers stattfanden? Freilich, Bollmanns Gedanken sind kühn, doch Glasers Täterhypothese mit der vermutlichen Persönlichkeitsstruktur des Würgers lässt ihn nicht los und regt zu konkreten Fragen an. Mit naiver Offenherzigkeit schildert Frau Griesbach, dass Lothar sexuelle Probleme habe und unter Erektionsschwäche leide, sich aber hartnäckig weigere, einen Facharzt aufzusuchen. Er zeige von Beginn der Ehe an eine gewisse Aversion gegen körperliche Kontakte und befriedige sich deshalb meist selbst. Manchmal aber käme es über ihn, dann fessele er sie gewaltsam nackt aufs Bett, um mit dem Hals einer Weinflasche perverse Spielchen mit ihr zu treiben und dabei zu masturbieren.

Aber auch anderes weiß Jutta Griesbauer zu berichten: vor Jahren habe sie Lothar eine rot-weiß-gestreifte Strickjacke geschenkt. Als sie später zufällig erfuhr, die Polizei fahnde nach einem Täter, der offenbar mit einer ähnlichen Jacke bekleidet war, habe sie ihn arglos danach gefragt. Er hatte prompt eine Erklärung parat: Wegen einer Ölverschmutzung habe er sie vernichtet und sie angeblich darüber unterrichtet, woran sie sich aber nicht im Geringsten erinnern könne.

Und Lothar müsse als Parteimitglied eigentlich die Gebote der sozialistischen Moral einhalten, doch offensichtlich nähme er es mit dem Eigentum anderer nicht so genau. Er sei schon seit langem in Besitz einer aus einem Einbruch stammenden, polizeilich beschlagnahmten Industrie-Bohrmaschine, die er kurzerhand aus der Asservatenkammer habe mitgehen lassen und jetzt sein eigen nenne. Das sei doch Diebstahl, eines Volkspolizisten unwürdig! Oder?

Zufrieden verlässt die ehemüde Frau das VP-Kreisamt. In ihrer Begleitung zwei freundliche Kriminalisten der MUK mit einem Durchsuchungsbeschluss in der Tasche. Vielleicht finden sie nicht nur die Bohrmaschine in Griesbauers Keller. Allein ihre Unterschlagung erfüllt bereits einen strafrechtlichen Tatbestand. Zusätzlich könnte ganz nebenbei auch das Geheimnis des »Observationskoffers« gelüftet werden, hinter dem sich womöglich ein viel bedeutsamerer Tatbestand verbirgt.

Zwei Stunden später lässt Bollmann den ahnungslosen Unterleutnant Griesbauer zu sich kommen. Beim Betreten des Büros erblickt dieser auf dem Schreibtisch seines Chefs die Bohrmaschine und den ominösen »Observationskoffer«, in dem sich Utensilien für eine komplette Maskerade als »schwarze Gestalt« befinden. Noch viel brisanter sind die im Koffer deponierten Beutestücke des Würgers: Ausweise, Geldbörsen, Kosmetikutensilien, Armbanduhren und Schmuck – die Habseligkeiten der überfallenen Frauen. Griesbauer schrickt zusammen. Die beiden Kriminalisten, die die Durchsuchung führten, postieren sich bedrohlich neben ihn. Bollmann weist auf den Koffer und meint sarkastisch: »Sieh an, sieh an, unser Herr Würger!«

Griesbauer errötet bis unter die Schädeldecke, seine Kinnlade vibriert. Er stammelt: »Ich wusste es, eines Tages bin ich dran!«

Major Bollmann streckt fordernd eine Hand aus: »Dienstausweis und Waffe her!«

Wortlos folgt Griesbauer dem Befehl. Als er abgeführt wird, zischt Bollmann voller Bitterkeit: »Sie wollten doch immer schon zur MUK. Jetzt werden Sie sogar hingebracht!«

Der freundliche, zurückhaltende, jede soziale Konfrontation vermeidende Lothar Griesbauer leistet im Kommissariat 3 von Anfang an eine ordentliche, gewissenhafte Arbeit. Niemand bemerkt, dass er hin und wieder Orte aufsucht, die ihm als Tatorte sexuellen Missbrauchs bekannt sind. Sorgsam darauf achtend, nicht beobachtet zu werden, versetzt er sich dort in die Rolle des Täters und masturbiert. Im Frühjahr 1982 erfährt Griesbauer von einem Mitarbeiter des Kommissariats Einzelheiten über einen autoerotischen Unfall durch Strangulation. Dieser Fall interessiert ihn sehr. In der Fachliteratur informiert er sich genauer. Denn dieses Phänomen sexueller Lustgewinnung könnte das Arsenal seiner eigenen Sexualpraktiken bereichern. Wochenlang spukt die sexuelle Selbststrangulation in seinem Hirn. Er erfährt aber auch von den lebensbedrohlichen Risiken dieser Befriedigungsart und schreckt deshalb davor zurück. Übrig bleibt aber die erregende Vorstellung, eine Frau mit den Händen zu strangulieren.

Der Gedanke, dies zu tun, setzt sich fest. Er durchdenkt sein Vorgehen, beschafft sich dunkle Bekleidung und Gummihandschuhe, sucht ein geeignetes »Operationsgebiet«, prüft Fluchtmöglichkeiten. Zunächst halten ihn noch Hemmungen zurück. Doch mit der Zeit gewinnt der Triebdruck Übermacht.

Am 25. Juni 1982 hat Lothar Griesbauer Nachtdienst. Der VP-eigene Trabant steht ihm zur Verfügung. In den späten Abendstunden muss er zu einem Einsatz: Einbruch in einen Kiosk. Als die Spezialisten kommen, übergibt er den Tatort. Doch er fährt nicht zurück zur Dienststelle. Unweit des August-Bebel-Hains parkt er den Trabi. Einige Male läuft er durch den Park, sondiert die Lage. Dann lauert er im Gebüsch. Kurz nach 24 Uhr erspäht er ein junges Mädchen, die Abiturientin Corinna Kiefer, sein erstes Opfer. Blitzschnell fällt er über sie her, setzt zum Würgegriff an, schleift die Bewusstlose ins Gebüsch. Das Gefühl absoluter Macht über sein wehrloses Opfer löst in ihm einen übermächtigen Sinnesrausch aus, der ohne weitere sexuelle Manipulation einen Samenerguss produziert.

»Ich kniete seitlich neben ihr«, sagt er später, »habe ihren Puls gefühlt und dabei festgestellt, dass sie mehrere Fingerringe trug. Die habe ich von den Fingern abgezogen. Dann habe ich ihr die Brille vom Gesicht entfernt, weil ich noch nie eine Frau mit Brille besessen habe. Auch ein Scheckheft habe ich ihr abgenommen ... Die entwendeten Gegenstände habe ich in eine Tasche meiner Kutte gesteckt ...«

Nach der Tat fährt er zurück zum VPKA, wo eine Stunde später die Überfallene zur Anzeige erscheint. In höchster innerer Anspannung begegnet er ihr. Mit Feuereifer nimmt er die Anzeige auf, besichtigt mit ihr den Tatort, nicht um Spuren zu sichern, wie er vorgibt, sondern um sie zu verwischen. Später, wieder allein im Büro, legt er eine Akte über den »Raubüberfall« an. Da er gewissenhafte Polizeiarbeit leisten will, entnimmt er seiner Kutte die entwendeten Ringe und die Brille, legt das Raubgut vor sich auf den Schreibtisch und malt es auf einem Bogen Papier fein säuberlich ab. Er versieht die Zeichnung mit der Bemerkung »Nach Angaben der Geschädigten gefertigt« und vervollständigt damit die Akte. Die verräterischen Utensilien verstaut er wieder in der Kutte, um sie bei nächster Gelegenheit in seinem »Observationskoffer« zu deponieren. Sodann verschwindet er auf der Toilette, um in einer Masturbationsphantasie das Geschehene im August-Bebel-Hain noch einmal intensiv aufleben zu lassen.

In unregelmäßigen Zeitabständen schleicht er ruhelos im nächtlichen Plauen umher. Dies freilich nur dann, wenn keine polizeilichen Sondereinsätze, über die er immer bestens informiert ist, ihn gefährden könnten. Viele vergebliche Versuche nimmt er in Kauf, ehe ein Überfall gelingt. Doch von Mal zu Mal wird er sicherer, komplettiert seine Tarnung und die Sammlung seiner Fetische und brutalisiert den Würgevorgang. Er hat sich längst damit abgefunden, dass die Würgeattacken seine Opfer töten können. Auch die »Experimente« mit seiner Ehefrau, das weiß er, sind mitunter lebensgefährlich. Aber die Lust am Würgen lässt ihn einfach nicht los. Nur ganz tief in seinem Innern spürt er, dass seine verkorkste Sexualität therapiebedürftig wäre.

Nach Griesbauers Festnahme wird er der Mordkommission überstellt. Dort wird sein Fall weiterbearbeitet im März 1988 vor dem 3. Strafsenat des Bezirksgerichts verhandelt. Mehrfach versuchter Mord, lautet die Anklage. Doch das Gericht will der staatsanwaltlichen Tatbestandsbegründung nicht folgen, dass die teilweise an die Grenze der Todesherbeiführung reichenden, massiven Würgeakte bedingt vorsätzliche Tötungsversuche seien. Vielmehr beurteilt es Griesbauers Taten als schwere Körperverletzung und verurteilt ihn zunächst mit der für diesen Tatbestand zulässigen Höchststrafe von acht Jahren. Gegen dieses Strafmaß legt der Staatsanwalt erfolgreich das Rechtsmittel des Protests ein, sodass es zweitinstanzlich zu einer Überprüfung des Urteils kommt. Ergebnis: Griesbauers Tathandlungen rechtfertigen in Anwendung des § 64 StGB eine höhere als die sonst bei schwerer Körperverletzung angedrohte Höchststrafe. Schließlich wird für Recht erkannt, ihn in neun nachgewiesenen Fällen wegen »mehrfachen Verbrechens der schweren Körperverletzung – teils in Tateinheit, teils in Tatmehrheit mit Diebstahl persönlichen Eigentums – zu einer Freiheitsstrafe von zwölf Jahren« zu verurteilen.

Vergeblich sucht man in der Tagespresse eine Notiz über den Prozess. Es ist offensichtlich: Die politische Führung hat kein Interesse daran, die Öffentlichkeit darüber zu informieren, wie es einem Offizier der Kripo gelingen konnte, über Jahre hinweg unbemerkt schwere Straftaten zu begehen und diese auch noch selbst zu »bearbeiten«.

In der zweiten Hälfte der neunziger Jahre wird Lothar Griesbauer aus der Haft entlassen. Seine Taten sind gesühnt, rechtlich vergessen. Bleibt die Frage, ob er während der Haftzeit dauerhaft therapiert werden konnte. Er führt ein unauffälliges Leben irgendwo im Brandenburgischen.

Etwa zur gleichen Zeit muss Bollmann seinen Hut nehmen: Zunächst noch in der ost-westlich vereinten Polizei tätig, hat er die spätere Personalüberprüfung wegen seiner Kontakte zum MfS nicht überstanden. »Nichteignung für den sächsischen Polizeidienst« ist der Grund für die fristlose Entlassung. Er verdingt sich als technische Reinigungskraft in einem Freizeitpark.

Birgit von Derschau

Der Tote im Teppich

Identifizierung eines unbekannten Mordopfers

Der Altweibersommer des Jahres 1994 zeigte sich von seiner besten Seite. Über dem riesigen Gelände eines ausgekohlten Braunkohletagebaues südlich von Leipzig wölbte sich ein nahezu wolkenloser Himmel. Am Grubenhang war über die Jahre ein Wäldchen gewachsen, das wegen der Absturzgefahr jedoch niemand betreten sollte. Viele aus der Umgebung hielten sich nicht an das Verbot und nutzten den Hang als illegalen Müllabladeplatz.

Am Nachmittag des 4. September durchstreifte Sabine Kupsch aus Zwenkau mit ihrem Hund die Gegend oberhalb der Grube. Der Hund streunte durchs Unterholz, erschnüffelte Tierfährten und stöberte herum. Heute faszinierte ihn etwas ganz besonders. Von weitem konnte seine Herrin nicht verstehen, was er an dem alten zusammengerollten Teppich fand, der schon lange dort liegen musste, halb mit Laub und Erdreich bedeckt. Hugo zerrte mit der Schnauze daran und bellte seine Herrin herbei. Frau Kupsch erschrak fürchterlich, als sie sah, was da aus dem Teppich ragte. Es war der Oberschenkelknochen eines Menschen, daran gab es für die studierte Medizinerin keinen Zweifel. Sofort machte sie sich auf den Rückweg in ihr Dorf.

Im Frühjahr 1999 fährt Irina Westphal mit ihrem fast einjährigen Sohn Kevin zur medizinischen Fakultät der Otto-von-Guericke-Universität in Magdeburg. In der Kinderklinik erwarten den Jungen spezielle Tests und Untersuchungen, denn Kevin kann sich weder aufrichten noch ein Wort sprechen. Sein Kinderarzt überwies ihn in die Uniklinik. Irina Westphal ist sehr aufgeregt. Sie befürchtet, dass sich eine schwere gesundheitliche Schädigung ihres Kindes herausstellt. Und sie ahnt, dass sie selbst daran Schuld trägt.

Die gebürtige Leipzigerin begann schon als Vierzehnjährige mit dem Trinken. Zehn Jahre ihres Lebens verbrachte sie mit dem Alkohol und sackte dabei in ein Milieu ab, das ihr heute Angst machen würde. Erst als sie Max kennenlernte, wurde alles anders. Max hielt immer zu ihr, auch während der schrecklichen Monate des Entzugs. Kevin ist ihr gemeinsames Kind. Hoffentlich können die Ärzte ihn heilen, denkt sie.

Irina Westphal hat sich immer nach einem normalen Leben gesehnt, nach einer Familie, nach Geborgenheit. Seit ihrem Umzug von Leipzig nach Magdeburg und seit ihrer Hochzeit mit Max ist sie beinahe glücklich. Aber eben nur beinahe: Es gibt immer wieder Nächte, in denen sie von Albträumen heimgesucht wird. Denn Irina Westphal ist eine Mörderin.

In ihr Dorf zurückgekehrt, verständigte Sabine Kupsch die Polizei. Die ersten Beamten, die sich den Fund ansahen, waren eine Streifenwagenbesatzung aus der nächstgelegenen Polizeistation in Borna sowie zwei Mitarbeiter des Kriminaldauerdienstes (KDD) aus Leipzig. Die beiden Kriminalbeamten nahmen den Ort nur in Augenschein und erkannten, dass hier eine Fremdeinwirkung vorliegen musste. Die Leiche war in eine textile Auslegeware eingewickelt, und man hatte auch versucht, sie im Erdreich zu vergraben. Da der Boden an dieser Stelle sehr hart ist, war das nur zum Teil gelungen.

Die Fundsituation war eindeutig: Die tote Person war keinesfalls eines natürlichen Todes gestorben. Die Mitarbeiter des KDD verständigten die Mordkommission der Polizeidirektion Leipzig. Mehrere Mordermittler und zwei Kriminaltechniker rückten am Fundort an. Vorsichtig wurde der mit Klebeband fixierte Teppichboden aufgerollt.

»Die Leiche war bereits stark verwest, und ihr Gesicht war nicht mehr zu erkennen«, erklärte Marcel Lohmann, der als junger Kriminaloberkommissar an den Ermittlungen beteiligt gewesen ist. »Dazu hatte nicht nur die Fäulnis beigetragen, sondern auch Tierfraß. Außerdem sah man sofort, dass die Leiche lange dort gelegen haben musste.«

Gründlich suchten Polizisten das Terrain ringsum ab, aber wie nicht anders zu erwarten, fanden sich keine verwertbaren Spuren mehr – auch keine mögliche Tatwaffe.

Die menschlichen Überreste vom Tagebaurand wurden in die Rechtsmedizin gebracht und dort untersucht. Dabei konnte trotz des schlechten Zustands des Leichnams eine solche Menge charakteristischer Details festgestellt werden, dass die Kripo auf eine rasche Identifizierung hoffte.

Es handelte sich um eine männliche Person von sehr kräftigem Körperbau, die etwa 185 Zentimeter groß und zirka 90 bis 100 Kilogramm schwer gewesen sein musste. Durch den Gebissstatus und durch Knochenvergleich konnte das Lebensalter der Person mit 22 bis 35 Jahren bestimmt werden.

Bei diesen Methoden macht man sich den Umstand zunutze, dass sich sowohl die Zähne als auch die Skelettknochen bei Kindern und Jugendlichen durch das Wachstum, beim Erwachsenen durch Alterung und Abnutzung verändern. Diese Umbauprozesse wurden von der gericht-

lichen Medizin jahrzehntelang erforscht. Der Tote hatte
dunkelblondes bis dunkelbraunes Haar und eine ausgeprägt
längsovale Kopfform.

Irina Westphal streicht Kevin, der auf ihrem Schoß liegt,
sanft über die Wangen. Der Kleine lächelt, wenigstens das
kann er. Seit einer geschlagenen Stunde warten sie nun
schon auf den Arzt, der Kevin untersuchen soll. Während
Kevin immer wieder die Augen zufallen, schweifen Irinas
Gedanken wie so oft zum Sommer 1990.

Damals hatte sie Klaus kennengelernt, Klaus den Großen, wie man ihn in den Kneipen um den Lindenauer
Markt im Leipziger Westen nannte. In diesem Viertel mit
seinen verfallenden Fassaden und billigen Mietwohnungen
war Irina untergekommen, nachdem ihr Vater sie vor die
Tür gesetzt hatte. Wer nicht arbeiten wolle und kein Geld
nach Hause bringe, so hatte er gemeint, der habe an seinem
Tisch nichts zu suchen.

Heute versteht Irina ihn. Sie arbeitet jetzt im Lager eines
Supermarktes, sorgt gemeinsam mit ihrem Ehemann für
die kleine Familie. Ihrem Vater hat sie längst verziehen und
dieser ihr ebenso.

Bei Klaus, der einige Jahre älter war als sie, fand sie seinerzeit Verständnis, Zuwendung – und immer eine Flasche
Schnaps. Sie lehnte sich an seine breite Schulter, während er
Reden darüber schwang, wie man zu Geld kommen könne,
haufenweise.

»Ich will ein großes Rad drehen«, so sagte er immer.
»Und ich glaube, dass die Zeiten dafür günstig sind.«

»Ein besonders individuelles Merkmal des unbekannten
Toten ist eine schwere Verletzung am linken Bein«, erläu-
terte Professor Weinhold vom rechtsmedizinischen Institut
in der MDR-Sendung »Kripo live«. Das war am 2. Okto-

ber 1994. Das Verbrechen wurde in einem Filmbeitrag ausführlich dargestellt, aber der entscheidende Hinweis ließ auf sich warten. »Am linken Unterschenkel hatte das Opfer einen Drehbruch erlitten, eine Verletzung, wie sie häufig bei Ski- oder Fußballunfällen auftritt. Während das Wadenbein ohne Operation verheilt war, musste das Schienbein operativ versorgt werden: Der Knochen wurde mit einer Metallplatte geschient, die mit sieben Schrauben befestigt worden war. Es hatte sich neues Knochengewebe um die Platte gebildet, der Knochen war also um die Platte herumgewachsen.«

Daher kam der Rechtsmediziner zu dem Schluss, dass die Fraktur mindestens zwei Jahre vor dem Mord behandelt worden sein musste. Noch wahrscheinlicher schien allerdings eine Operation zu DDR-Zeiten, weil zum vermuteten Zeitpunkt in den alten Bundesländern derartigen Operationen nicht mehr ausgeführt wurden. Außerdem war eine Metallplatte aus DDR-Produktion verwendet worden. Mit Hilfe einer eingestanzten Nummer war der Hersteller ausfindig zu machen, eine Fabrik für medizinische Hilfsmittel in Thüringen. Zum Leidwesen der Ermittler war diese Nummer aber keine Seriennummer, sodass es nicht gelang, die Schiene individuell zuzuordnen.

Doch nicht nur Größe, Gewicht, Gestalt, mutmaßliches Alter und der Unterschenkelbruch boten Möglichkeiten zur Identifizierung. Bei der Untersuchung des Toten wurden auch Gegenstände gefunden, die wichtige Hinweise liefern konnten: eine Armbanduhr mit einem goldfarbenen Gliederarmband und eine Halskette aus 333er Gold mit einem Anhänger in Gestalt des Tierkreiszeichens Löwe.

Weitere Anhaltspunkte, wenn auch nur schwache, boten die gesicherten Reste der Kleidung, die im Polizeilabor untersucht wurden. Allein schon die Feststellung, dass der Tote vollständig bekleidet war, ließ erste Schlüsse auf den

Tatablauf zu und auch auf den oder die Täter: Sie gingen nämlich überlegt und umsichtig vor, als sie aus Hose und Hemd die Etiketten heraustrennten. Ein Fehler war ihnen aber doch unterlaufen: das Etikett im Innenfutter der Jacke hatten sie übersehen.

Die Polizei überprüfte alle Vermisstenfälle der zurückliegenden Jahre, bei denen die Beschreibung der verschwundenen Person in etwa dem Toten im Teppich entsprach, doch nirgendwo wurde ein Mann vermisst, der dem Ermordeten entsprach.

Große Hoffnung beruhte darauf, dass sich der Chirurg erinnern würde, der die Operation zwischen 1988 und spätestens 1992 durchgeführt hatte, und dass noch Krankenunterlagen existierten. Mit einer genauen Beschreibung des Toten und der Operation wandten sich die Ermittler über Fachzeitschriften an Ärzte und medizinisches Personal. Beim Fahndungsaufruf in »Kripo live« ging man außerdem davon aus, dass Verwandte und Freunde des Opfers von der schweren Verletzung und ihrer Behandlung wussten.

Die Hoffnungen erfüllten sich nicht. Der Leichnam im Teppich blieb weiterhin ein Unbekannter.

Während Irina wartet, gehen ihre Gedanken zurück zu jener Zeit, die sie so gern vergessen möchte. Klaus hatte durch Gelegenheitsarbeiten immer etwas Geld in der Tasche, manchmal fuhr er Kohlen aus. Kam er mit Kohlenruß bedeckt von der Arbeit, nannte Irina ihn ihren Schwarzen Mann. Und dann machten sie sich auf den Weg zu ihrer tägliche Kneipenrunde.

»Ich bin ein Löwe, ich kann zubeißen«, sagte Klaus eines Tages und deutete auf ein Teppichgeschäft, das erst kürzlich eröffnet worden war. Zwei Vietnamesen waren die Inhaber.

»Und wen willst du beißen?«, fragte Irina, die schon zu viel getrunken hatte und den Laden nur verschwommen wahrnahm.

»Was denkst du? Bringen die ihr Geld abends zur Bank? Bestimmt nicht, das verstecken sie irgendwo. Und ihre Teppiche können auch wir verkloppen. Ich habe mit Ralf gesprochen und der kennt Leute, die sie uns abnehmen.«

»Ralf?« Irina musste erst einmal überlegen, wer das war.

»Meinst du diesen tätowierten Typen, der drei Jahre gesessen hat?«

»Genau.« Klaus tippt Irina an die Nasenspitze. »Bist ein helles Mädel.«

»Aber ich kapier nicht, was du vorhast«, sagte Irina.

»Wir machen übermorgen bei den Schlitzaugen einen Bruch«, entgegnete Klaus. »Ralf hat schon einen Wagen besorgt. Dabei finden wir garantiert auch ihr Geldversteck.«

Das große Rad, das Klaus drehen wollte, erwies sich als ein Rädchen. Geld war bei den Vietnamesen nicht zu holen gewesen, aber die Teppiche hatte ihnen ein Hehler abgenommen. Sie besaßen keinen beträchtlichen Wert.

Eine Kneipenwoche, dann war wieder Ebbe im Portemonnaie.

»Ich bin ein Löwe, also beiße ich«, sagte Klaus nach vier Glas Bier und ebenso vielen Schnäpsen. »Ihr werdet euch noch umgucken, wenn ich das Riesenrad drehe!«

Ralf hob bloß die Augenbrauen. Dieter, ein weiterer Kumpan, schwieg und starrte in sein Bierglas. »Was redest du immer für ein Blech!«, schimpfte Irina.

»Wart's mal ab. Ich habe einen Haufen Ideen.«

»Ja, klar. Morgen steigen wir in einen Juwelierladen ein. Da werden wir richtig reich.« Irina machte eine abwehrende Handbewegung.

»Hey, Mädel, sag mir, wer der Boss ist?«, wollte der betrunkene Klaus wissen. Irina schwieg.

»Hey, du Weibsbild, wer ist hier der Chef? Wer hat die Ideen?«

Immer hatte die Achtzehnjährige ihren Klaus verteidigt, jetzt klangen seine Worte, denen sie lange geglaubt hatte, wie leeres Gerede. Großes Rad, Superideen, viel Geld, Karibikurlaub und Cabriolet – alles Lüge.

Dem ersten gemeinsamen Einbruch folgten weitere. Mitgezählt hatte sie nicht, aber dabei war sie immer. Ihre Aufgabe bestand im Schmiere stehen. Sie sollte pfeifen, wenn die Polizei kam. Sie konnte gar nicht pfeifen.

»Frau Westphal?«

Die junge Mutter schreckt hoch. Ein Arzt mit grauen Schläfen und randloser Brille lächelt sie an. »Kommen Sie dann bitte?«

Der Doktor streichelt Kevin. Der Junge strahlt.

Wochen gingen ins Land. Alle Versuche, den Toten zu identifizieren, scheiterten. Dabei ließen die Kriminalbeamten nichts unversucht. Sie schrieben den Hersteller des Sakkos und der Uhr an. Das Sakko existierte in einer so großen Stückzahl, dass es unmöglich war, den Weg eines bestimmten Exemplars bis zum Opfer zu verfolgen. Die Uhr war ebenfalls Massenware, genauso wie die Halskette. Die DNA des Opfers war zwar sofort gesichert worden, aber 1994 waren die Methoden der Erbgutanalyse noch nicht so weit fortgeschritten und so verfeinert wie heute. Vor allem aber gab es noch keine Abgleichdateien.

Schließlich ging das Jahr 1994 zu Ende, ohne dass die Kriminalisten eine heiße Spur fanden. Auch die folgenden Jahre verstrichen: Andere Tötungsdelikte beschäftigten die Leipziger Mordkommission, aber der Fall mit dem unbekannten Toten vom Tagebaurand wurde nie ganz zu den Akten gelegt. Solange der Tote jedoch weder ein Gesicht noch einen Namen hatte, blieb der Fall unlösbar.

In den neunziger Jahren gab es in Deutschland nur eine Universität, die sich auf die Weichteilrekonstruktion an Totenschädeln verstand. Diese Methode war ursprünglich von Anthropologen entwickelt worden, um die Gesichter von aus historischen Grabstätten geborgenen Toten zumindest annähernd wiederherstellen zu können. Bald entdeckte auch die Kriminalistik diese Methode und wandte sie bei der Identifizierung unbekannter Toter an.

Insbesondere in den USA war die Forensic Sculpture, wie sie dort genannt wird, perfektioniert worden, wobei die Spezialisten eingestehen, dass sie auch ihre Tücken hat.

Bei der Weichteilrekonstruktion verbündet sich die Wissenschaft mit der Kunst. Niemand kann garantieren, dass das Ergebnis zu hundert Prozent den tatsächlichen Gegebenheiten entspricht, aber man erhält Näherungswerte, die sowohl auf anatomischem Wissen als auch auf Erfahrung beruhen. In der Fachliteratur wird die Erfolgsrate mit etwa siebzig Prozent angegeben.

Ausgangspunkt der Rekonstruktion ist die Architektur des Schädels. Zuerst wird anhand der vorliegenden Knochenreste das Geschlecht des unbekannten Toten sowie sein ungefähres Alter bestimmt, was bereits in der Leipziger Rechtsmedizin erfolgt war. Der mit der Gesichtsrekonstruktion befasste Forensiker schaut nach individuellen Merkmalen wie beispielsweise Zeichen von Krankheiten oder Wunden, welche die Gestalt eines Gesichtes beeinflussen und damit individualisieren können. Außerdem fließt das gesamte am Tat- oder Fundort sowie am Leichnam oder seinen Überresten gesicherte Material in die Rekonstruktion ein: Von diesen Merkmalen aus kann der Fachmann entscheiden, ob der Tote dick oder schlank war, muskulös oder weniger muskulös – all das hat Einfluss auf die Weichteile des Gesichts. Ausgerüstet mit diesen Informationen beginnt der Forensiker mit der Gesichtsrekonstruktion, indem er schmale Zylinder oder Klötzchen von der ungefähren, bereits vorausbestimmten Dicke der Weichteile zuerst einmal auf die besonders charakteristischen Schädelpartien klebt, wie es etwa die Wangenknochen sind – Landmarks werden sie in der amerikanischen Literatur genannt. Von diesen »Landmarken« ausgehend wird dann die ungefähre Kontur des Gesichts bestimmt, mit gewissen Einschränkungen, was die nicht oder wenig knochengebundenen Merkmale eines Gesichts betrifft, etwa die Ohren. In mehreren Schichten werden die charakteristischen Merkmale mit einer Tonmasse verbunden, woraus dann das mutmaßliche Gesicht modelliert wird. Eine gewisse künstlerische Freiheit, wenn man das denn so nennen kann, ist immer mit im Spiel. Um sie weitgehend auszuschließen, arbeitet die amerikanische Bundespolizei FBI mittlerweile nicht mehr vorrangig mit der Weichteilrekonstruktion von Hand, sondern hat ein Computerprogramm entwickelt, in das alle Erkenntnisse und Erfahrungen der Forensic Sculpture eingeflossen sind.

Nach einem 3D-Scanning des Schädels werden die Weichteile nunmehr virtuell rekonstruiert. Auch diese Methode ist nicht perfekt, aber sie basiert auf einem Pool von Basisinformationen, die in gewisser Weise gesetzmäßig sind und daher den Spielraum für eine individuelle Interpretation des Materials einengen.

Nachdem alle Versuche, dem Toten vom Braunkohletagebau einen Namen und eine Biografie zu geben, gescheitert waren, erwogen auch die Leipziger Mordermittler, sich der Weichteilrekonstruktion zu bedienen. Allerdings verlangte die Universität für diese Arbeit damals nicht nur enorm viel Geld, weit schwerer wog ihr Monopol: Viele Forscher anderer Hochschulen und wissenschaftlicher Einrichtungen waren ihre Kunden. Es hätte Monate, wenn nicht Jahre gedauert, bis sich die Spezialisten den Schädel aus Leipzig hätten vornehmen können.

Dann kam der Zufall ihnen zur Hilfe.

Vier Jahre nach dem Auffinden der Leiche – also im Jahre 1998 – erhielt Lohmann, mittlerweile Kriminalhauptkommissar, eine Einladung zu einer Sommerparty. Zu seinem weitläufigen Bekanntenkreis zählte auch der Vizekonsul des Leipziger Generalkonsultats der USA. Beim Bier kamen die beiden Männer ins Gespräch und irgendwann auf den nicht identifizierten Toten und die Weichteilrekonstruktion, bei der, wie Lohmann wusste, dass FBI eine der weltweit führenden Institutionen war. Der Kommissar hatte das Thema ohne Hintergedanken angeschnitten und war selbst überrascht, als der Vizekonsul sich erbot, mit der amerikanischen Bundespolizei Kontakt aufzunehmen und sich dafür einzusetzen, dass das Gesicht des Toten von den Fachleuten in Quantico rekonstruiert wird.

No problem! – das bekam Lohmann an diesem Abend mehrmals zu hören. Bekanntlich sagen Amerikaner das schnell …

Es war tatsächlich kein Problem.

Lohmann traf sich mit dem federführenden Staatsanwalt, denn ohne dessen Segen war eine Weichteilrekonstruktion in den USA nicht denkbar. Der Staatsanwalt war von dieser neuen und unerwarteten Möglichkeit begeistert und stimmte sofort zu. Und auch beim FBI gab es grünes Licht: Zum ersten Mal in der Geschichte sollten die amerikanischen Spezialisten einem Toten aus Deutschland ein Gesicht geben, und das empfanden sie offenbar als eine so ungewöhnliche Aufgabe, dass sich die Verantwortlichen sogar erboten, die Rekonstruktion kostenlos durchzuführen.

Und so ging der steril verpackte Schädel des Mordopfers vom Zwenkauer Tagebau auf große Reise. Und er reiste nicht nur First Class, er reiste mit der Diplomatenpost.

Nach drei Monaten lag das Ergebnis vor. Am Ende des Jahre 1998 hatten die Leipziger Mordermittler vier Fotos von Passbildqualität in den Händen, von denen sie hofften, dass sie ihnen endlich weiterhelfen würden.

Da in die Rekonstruktion des Gesichts des Opfers nur sehr wenig Haare einfließen konnten, hatten die FBI-Spezialisten in Bezug auf die Frisur vier verschiedene Vorschläge gemacht, darunter auch die Anfang bis Mitte der neunziger Jahre in bestimmten Kreisen höchst moderne sogenannte Vokuhila-Frisur, bei der man über der Stirn eine kurzen Pony trug, während das Haar am Hinterkopf bis weit in den Nacken wachsen durfte.

Mit diesen vier Bildern bewaffnet stürzten sich die Leipziger Kriminalisten auf ihre Lichtbilddatenbank. Sie verglichen die Fotos aller erkennungsdienstlich behandelten Straftäter aus dem Bereich der Polizeidirektion mit den Resultaten des FBI, eine Arbeit, die mehrere Tage in Anspruch nahm. Die Beamten mussten sich jedes ihrer Fotos vornehmen, um am Ende festzustellen, dass der Tote zumindest innerhalb des Zuständigkeitsbereiches der Polizeidirektion nicht erkennungsdienstlich behandelt worden war. Mit anderen Worten: Es gab nur einen negativen Befund. Die Ermittler der Mordkommission konnten zwar jede Menge Personen als Opfer ausschließen, aber sie wussten immer noch nicht, wer der unbekannte Tote war.

Irina Westphal hält die Hand ihres kleinen Sohnes, während der Arzt etliche Elektroden an seinem Kopf befestigt.

Kevin ist tapfer. Er weint nicht, sondern scheint eher erstaunt zu sein, soweit man das bei ihm sagen kann.

Irinas Gedanken gehen wieder zurück zu Klaus, zu Ralf und den anderen, die irgendwann Anfang 1991 zu ihrer Bande stießen. Geändert hatte sich noch immer nichts. Sie alle lebten nach wie vor im Viertel um den Lindenauer Markt. Klaus führte das große Wort, und je mehr Schnaps und Bier flossen, desto gigantischer wurden seine Pläne.

Ständig sprach er vom Großen Coup, aber es reichte nur zu Einbrüchen in Imbissbuden, die seinerzeit wie Pilze aus der Erde schossen, in Tante-Emma-Läden und Kaufhallen, neuerdings auch in Wohnungen. Irina spürte, dass Klaus immer unzufriedener wurde. Vor den anderen gab er das nicht zu erkennen, ihr aber offenbarte er sich gelegentlich.

»Ich arbeite einfach nicht mit den richtigen Leuten zusammen«, sagte er dann. »Schau sie dir doch an. Können kaum lesen und schreiben, nur saufen. Diese kleinen Lichter sind doch unter meinem Niveau.«

Irina erschrak, wenn sie ihn so arrogant reden hörte. Ihr wurde zunehmend klar, dass Klaus auch sie zu den kleinen Lichtern zählte. Eigentlich war er nur noch aus Gewohnheit mit ihr zusammen, sobald sich eine bessere Partie fand, würde er sie bestimmt verlassen. Vor diesem Moment grauste ihr. Auch wenn die Beutezüge nicht viel einbrachten, leben konnte man von dem Geld. Ohne Klaus fürchtete sie, noch weiter abzugleiten.

Bevor die Mordkommission andere Polizeibehörden aus Sachsen und den umliegenden Bundesländern einbezog, wandte sie sich erneut an die Öffentlichkeit. Die Bilder, die das FBI geliefert hatte, wurden in der örtlichen Presse publiziert und im Frühjahr 1999 war Marcel Lohmann Studiogast in »Kripo live«.

Endlich stellte sich der Erfolg ein: Ein Straftäter, der in einer Leipziger Haftanstalt seine Freiheitsstrafe absaß, erkannte das Opfer. Er wandte sich an die Justizbeamten und war bereit, vor der Polizei eine Aussage zu machen.

Der Tote vom Rand des Zwenkauer Braunkohletagebaus hieß Klaus Hanke, stammte aus Chemnitz, lebte seit Ende der achtziger Jahre in Leipzig und war zum mutmaßlichen Tatzeitpunkt – also 1992 oder 1993 – Anfang Dreißig. Obwohl nie erkennungsdienstlich erfasst, war Klaus Hanke der Leipziger Polizei trotzdem kein Unbekannter.

Er galt als ein Mensch, der sich nicht dazu entschließen konnte, einer geregelten Arbeit nachzugehen, und es lag nahe, dass er seinen Lebensunterhalt mit Mitteln bestritt, die nicht legal erworben waren. Wenn die Kriminalisten der Mordkommission etwas über sein Umfeld in Erfahrung bringen wollten, mussten sie sich im kriminellen Milieu der sächsischen Großstadt umschauen. Den Kriminalisten war bekannt, wo Hanke zum vermuteten Zeitpunkt seines Todes gewohnt hatte, und sie bekamen auch schnell heraus, mit wem er damals hauptsächlich Umgang pflegte.

Die meisten dieser Männer und Frauen lebten zur Überraschung, aber auch zur Freude der Ermittler noch in Leipzig. Einige hatten bereits eine beachtliche kriminelle Vergangenheit und waren schon zu DDR-Zeiten als Jugendliche auffällig geworden. Hanke galt in diesen Kreisen als intelligent und clever, und verglichen mit seinen Kumpanen war er das wohl auch. Er muss es genossen haben, wenn sie zu ihm aufschauten. Zunehmend behandelte er die anderen von oben herab, auch Irina. Die Auseinandersetzungen wurden immer heftiger. So war es auch an jenem Tag im Februar 1992, der für Klaus Hanke der letzte seines Lebens werden sollte.

Irina Westphal sitzt wieder auf dem Krankenhausflur und wartet mit ihrem Kind auf dem Schoß. Kevin spielt mit ihren Fingern. Heute schämt sie sich für das, was sie als junge Frau getan hat. Ein quälend schlechtes Gewissen hat sie wegen der Geschehnisse in der Nacht des 21. Februar 1992. Obwohl diese Ereignisse Jahre zurückliegen, lässt die Erinnerung sie nicht los. Manchmal, wenn die Gedanken unerträglich werden, wünscht sie sich sogar, dass die Polizei käme, aber zugleich hat sie große Angst davor.

Klaus war immer der Planer der Gruppe gewesen und sogar Ralf, der selbst schon Erfahrung mit Einbrüchen hatte, folgte ihm bedingungslos. Doch je mehr Klaus den

Chef herauskehrte, desto stärker machte sich Widerstand gegen seine herrische Art breit. Irina erkannte ihn nicht wieder: Das war nicht der Mann, in den sie sich verliebt hatte. Dieser Mann war ein richtiges Ekel.

Die Beute aus den Raubzügen und Einbrüchen war immer nach einem genauen Schlüssel unter allen Beteiligten verteilt worden, doch eines Tages begann Klaus, diesen Verteilungsplan in Frage zu stellen. Plötzlich beanspruchte er einen höheren Anteil. »Ich mache die ganze Kopfarbeit«, sagte er einmal, »also muss ich auch mehr bekommen. Auch in einem Unternehmen kriegt der Chef mehr als die Angestellten.« Die anderen regten sich darüber auf, als Angestellte bezeichnet zu werden. Schließlich waren sie Kumpels, die durch dick und dünn gingen. Sie nannten ihren Anführer ein »arrogantes Schwein« und gebrauchten noch stärkere Schimpfworte. Klaus lachte nur herablassend, was die anderen noch mehr aufbrachte. Angela, Ralf, Dieter, Enrico und auch Irina wurden immer wütender.

Klaus beharrte auf seinen Forderungen. »Entweder bekomme ich einen höheren Anteil, oder ich suche mir andere Leute mit mehr Hirn«, sagte er.

Ralf platzte der Kragen. Er zog seine Pistole, die er sich besorgt hatte und mit der er gern angab. Klaus nahm einen Schluck aus der Schnapsflasche und grinste bloß. »Ohne mich seid ihr doch nichts«, sagte er.

»Frau Westphal?« Der Arzt ist in die Tür getreten und winkt Irina ins Behandlungszimmer. Er blickt so ernst, dass ihr Herz rast. Sie möchte nicht, dass Kevin krank ist.

Sie liebt ihren Sohn. Sie liebt ihren Mann.

Der Doktor schließt die Tür. »Hirnorganisch konnten wir erst einmal nichts feststellen«, sagt er. Irina nickt. Ihr Hals ist ganz ausgetrocknet. Sie weiß nicht, ob das eine gute oder schlechte Nachricht ist.

Wieder im Februar, sieben Jahre nach der Tat, gilt die ganze Aufmerksamkeit der Mordermittler jener Bande, die damals Hankes Lebensmittelpunkt gewesen ist. »Es lag nahe, dass die Truppe etwas mit dem Mord zu tun hatte. Wir griffen zu einer List und veröffentlichten noch einmal einen Fahndungsaufruf in der Lokalpresse, der ein ganz bestimmtes Ziel verfolgte, und deshalb spielten die Kriminalisten die entsprechenden Artikel auch jenen ehemaligen Mittätern zu, die noch in Leipzig lebten. Gleichzeitig beantragten sie beim Amtsgericht die Erlaubnis, die mutmaßlichen Täter mit verschiedenen Mitteln zu überwachen.«

Ihre Hoffnung: Nach der Lektüre würden sie sich entweder telefonisch verständigen oder sogar treffen. Das trat nicht ein. Da die Ermittler jedoch sicher waren, dass sie es mit den Mördern zu tun hatten oder dass zumindest einer der Ex-Kumpane der Täter war, entschied man sich, sie festzunehmen und zur Vernehmung vorzuführen.

Bis auf eine der Frauen hatte keiner der fünf das kriminelle Milieu verlassen: Diese eine Frau jedoch war kurz nach der Tat aus Leipzig nach Sachsen-Anhalt gezogen, hatte dort eine Familie gegründet und Arbeit gefunden.

Während Irina mit der Straßenbahn heimfährt, grübelt sie darüber nach, was hirnorganisch wohl heißen mochte. War das Gehirn denn ein Organ? Kevin schläft. Die Untersuchungen hatten ihn erschöpft. Im Schlaf seufzt er. Irina streichelt seinen flaumigen rötlichen Haarschopf. Dann müssen sie aussteigen.

Sie schiebt den Kinderwagen die Straße entlang und ihr Blick fällt auf die Schnapsflaschen in den Auslagen eines Lottoladens. Auch sie hat der Besuch in der Kinderklinik angestrengt, ebenso wie die Sorge um Kevin und das für sie unverständliche Untersuchungsergebnis. Ein Schluck Klarer würde sie sofort beruhigen. Doch nein, sie darf nicht.

Das kann sie Max und Kevin nicht antun. Sie weiß genau, dass es bei einem Schluck nicht bleiben würde.

Ihre Familie wohnt in einem Mietshaus am Rande der Magdeburger Altstadt im dritten Stock. Irina schiebt den Kinderwagen in den Hausflur, befestigt ihn mit einem Fahrradschloss am Treppengeländer, nimmt behutsam ihren schlafenden Jungen in die Arme und trägt ihn die Treppe hinauf.

Mit dem Ellbogen betätigt sie die Klingel neben der Wohnungstür, an der ein von ihr selbst gefertigtes Namensschild hängt, ein großes rotes Herz. Darauf steht der Schriftzug Kevin, Max & Irina Westphal.

Max öffnet ihr. Er sieht besorgt aus.

»Du hast Besuch«, sagt er. Dann nimmt er ihr den Jungen ab.

»Besuch?« Irinas Puls beschleunigt sich.

»Ein Mann und eine Frau von der Kriminalpolizei.«

»In Ordnung«, sagt Irina und ist überrascht, dass sie so gefasst bleibt. »Bitte bring Kevin ins Bett.«

Jeden einzelnen der Verdächtigen hatten die Vernehmungsspezialisten der Mordkommission gründlich befragt. Und schließlich erhielten sie die Geständnisse. Nun wurde auch Irina festgenommen und befragt.

»Bei Irina Westphal hatte ich tatsächlich den Eindruck, dass sie reinen Tisch machen wollte und es sie geradezu erleichterte, sich alles von der Seele zu reden«, schildert Marcel Lohmann nicht ohne menschliche Anteilnahme.

An jenem Winterabend des Jahres 1992 waren Hanke und seine Kumpane wieder einmal in Leipzig unterwegs gewesen. Sie brachen in eines jener Geschäfte für Wohnraumtextilien ein, die es damals an beinahe jeder zweiten Ecke gab. Die Bande hatte diverse Teppiche, Auslegeware und Gardinenstoffe gestohlen, in ihren gebraucht erworbenen Kastenwagen verfrachtet und zu der Wohnung in Lindenau gebracht, die ihnen als Lager für das Diebesgut diente. Natürlich musste der Beutezug gefeiert werden, also flossen wie so oft Bier und Schnaps in Strömen. Schon recht betrunken, begann Klaus Hanke wieder zu stänkern.

Er verlangte abermals einen höheren Anteil am Erlös der Beute, und diesmal drohte er sogar, der Polizei einen Tipp zu geben, eine etwas absurde Drohung, denn damit hätte er sich selbst mit angezeigt. Dennoch fiel die Drohung bei seinen Mittätern auf fruchtbaren Boden; auch sie waren schließlich nicht mehr nüchtern. Die ganze Gruppe war beisammen, vier Männer und zwei Frauen.

Wieder stritten sie, aber Hanke war es leid, mit den anderen die immer gleichen Debatten zu führen, also zog er sich nach heftigen Wortwechseln in einen Nebenraum zurück. In diesem Raum lagen ein paar Matratzen und Wolldecken auf dem Boden, die als Schlafstätten für den Fall dienten, dass man nach einer ausgiebigen Zechtour nicht mehr nach Hause kam. Hanke legte sich auf eine der Matratzen und schlief sofort ein.

Seine Widersacher schliefen nicht.

»Es soll eine der beiden Frauen gewesen sein, von denen die anderen angestachelt wurden«, erzählt Hauptkommissar Lohmann. »Nicht Hankes Freundin. Die andere Frau mit dem Vornamen Angela meinte, Hanke müsse unbedingt daran gehindert werden, zur Polizei zu gehen. Einer der drei Männer besaß eine Pistole, eine Makarow, und das wusste die ganze Bande. Es war damals kein Kunststück, sich im Milieu eine Pistole zu besorgen«, erklärt Lohmann. »Vor allem eine vom Typ Makarow. Das war ja die Standardwaffe sowohl der sowjetischen Armee wie auch der Sicherheitsorgane der DDR, und etliche davon waren in den illegalen Waffenhandel gelangt. Vermutlich ist die Pistole über irgendeinen Kneipentisch gegangen. Die Makarow war also da, und man war sich schnell einig, den unbequemen Hanke zu erschießen. Es wurde nicht lange gefackelt, denn allen erschien es als die beste Lösung, und die Freundin machte da keine Ausnahme.«

Bis zu diesem Punkt decken sich die Geständnisse der Tatbeteiligten, doch dann weichen sie voneinander ab. Es gibt zwei Varianten:

Bei der ersten Variante, die vor allem vom Haupttäter – dem Mann mit der Makarow – vor den Polizeibeamten ausgebreitet wurde, waren alle fünf Beteiligten in den Schlafraum gegangen, um bei der Hinrichtung dabei zu sein. Häusler habe dann die Mündung der Makarow auf den Kopf des schlafenden Opfers aufgesetzt und fünf Schüsse abgegeben.

Nach der zweiten Variante, den Ermittlern von Angela Priebe, von Irina und den beiden anderen Männern präsentiert, hatten zwar alle fünf den Tod von Hanke beschlossen, aber Häusler sei dann allein in das Nebenzimmer gegangen und habe die tödlichen Schüsse abgegeben.

Was tatsächlich in jener Nacht geschah, konnte von den Kriminalisten nie vollständig geklärt werden. Fest steht jedenfalls, dass Hanke unmittelbar nach dem Mord in ein Stück von der gestohlenen Auslegeware eingewickelt und mit Klebeband verschnürt worden war. Mittlerweile hatte der neue Tag begonnen, und zwischen den Tätern entbrannte ein Streit darüber, ob das Opfer sofort oder erst später abtransportiert werden solle. Da zu viel Alkohol konsumiert worden war, einigten sie sich, lieber erst einmal auszunüchtern und den Transport auf die kommende Nacht zu verschieben.

Am nächsten Abend versammelte sich das Mörderquintett abermals in der Wohnung und wartete bis in die späte Nacht. Als in allen Wohnungen die Lichter erloschen und die Straße vor dem Haus menschenleer war, trugen Häusler und die anderen Männer den Leichnam die Treppe hinab zu dem Kastenwagen. Angela hatte ihn direkt vor der Haustür geparkt. Sie wartete mit geöffneter Tür zur Ladefläche, reibungslos wurde die Teppichrolle mit dem toten Mann darin verladen. Alle stiegen ein und fuhren durch die nächtliche Stadt.

Schon zuvor hatten sie überlegt, welcher Ort am besten geeignet war, die Leiche verschwinden zu lassen. Die Wahl fiel auf den ausgekohlten Braunkohletagebau: Einige der Bandenmitglieder hatten schon einmal – wie viele andere Neugierige auch – einen Ausflug in diese Mondlandschaft unternommen.

Die Mörder machten ihre Rechnung jedoch ohne ihren Gebrauchtwagen. Bevor sie überhaupt die Ortsausfahrt zur Bundesstraße nach Süden erreichten, blieb das altersschwache Fahrzeug liegen.

Blut und Wasser schwitzten Irina, Ralf, Angela, Dieter und Enrico, als sie mit einer Leiche im Wagen plötzlich auf einer nächtlichen Ausfallstraße standen und der Motor nicht mehr ansprang. Jeden Augenblick konnte eine Polizeistreife auftauchen. Immerhin war der Kastenwagen bei den Einbrüchen als Transportmittel benutzt worden. Nach angstvollen Minuten konnte Häusler den Wagen wieder in Betrieb setzen.

Nach Mitternacht erreichte die Bande ihr Ziel. Sie versuchten, für Hanke ein Grab zu schaufeln, aber der gefrorene Boden war zu hart und sie gaben nach einer knappen halben Stunde auf. Nur wenige Zentimeter tief war die Grube, in die sie den Leichnam schließlich legten. Sie warfen Erdreich darüber, stampften es fest, eilten zurück zu dem Kastenwagen, dessen Motor sie nicht einmal abgeschaltet hatten, weil sie befürchteten, er würde nie wieder anspringen. Sie fuhren zurück nach Lindenau und ließen das noch übrige Diebesgut in diversen Mülltonnen verschwinden.

Als der Morgen graute, hatten sie alle Spuren beseitigt. Die Bande, die mehrere Jahre lang in Leipzig ihr Unwesen getrieben hatte, trennte sich für immer.

Erst vor Gericht trafen sich die Mörder wieder. Indizien und Beweise vom Tatort in der Wohnung lagen nicht vor.

Wie so viele Häuser in Leipzig wurde auch das Haus in Lindenau mittlerweile von Grund auf saniert; der Fußboden war ausgewechselt worden, Wände herausgerissen oder versetzt. Hier konnte selbst der aufmerksamste Kriminaltechniker nichts mehr finden.

Alle fünf wurden vor dem Landgericht Leipzig des Mordes angeklagt. Sie alle blieben vor Gericht bei ihren jeweiligen Tatversionen, und da die Tat nicht zweifelsfrei zugeordnet werden konnte, entgingen sie der Höchststrafe, die in diesem Fall lebenslänglich bedeutet hätte. Es wurden Freiheitsstrafen zwischen acht und vierzehn Jahren ausgesprochen.

Mehr als siebeneinhalb Jahre nach dem Verbrechen konnte die Mordkommission die Akten schließen und ins Archiv verfügen.

Irina Westphal weint, als sie nach Monaten in der Untersuchungshaft zum ersten Mal wieder Max und Kevin sieht. Max hat eine Besuchserlaubnis beantragt und sie als Ehemann auch erhalten.

»Verachtest du mich nun?«, will Irina von ihrem Mann wissen. »Ich war jung damals … und so dumm, verknallt in diesen Klaus.«

»Und krank warst du auch«, erwidert Max.

»Krank?«

»Alkoholabhängig.« Max streicht ihr über die Stirn. Seine Frau nickt. Sie kann nicht sprechen.

»Wir stehen das durch«, sagt Max und schaut auf Kevin.

»Er hat nicht mehr viel Zeit zum Leben, sagen die Ärzte.«

Verzweifelt sucht Irina nach Worten. »Aber ... Er ist doch unser Sohn!«

Max legt seinen Arm fest um das Kind. Kevin ist völlig apathisch. »Vielleicht hat er später einen Bruder. In acht oder neun Jahren.« Max sieht Irina eindringlich an. »Ich bin nur ein Haushandwerker, der glücklicherweise noch seine Arbeit hat. Ein großes Rad werden wir nie drehen. Bist du denn mit einem kleinen zufrieden?«

»Ja, ein Rädchen genügt«, sagt die junge Frau und weint hemmungslos.

Henner Kotte

Hinrichtung im Jagen 110

Rätsel um einen Doppelmord

Die Schlagzeile schockierte nicht nur die sächsische Landeshauptstadt: Doppelmord. Darunter Spekulationen. »Warum mussten Oberkirchenrat A. und seine Frau sterben?« – »Blutige Rache der Stasi?« – »Attentat im Moritzburger Wald?« – »Organisiertes Verbrechen?« – »Wilderer?« – »Wem kam das Ehepaar in die Quere?«

Es war ein gewaltsamer Tod. Daran war seit Ermittlungsbeginn nicht zu zweifeln. Wochen beherrschte dieses Verbrechen alle Medien. Die Meldungen standen auf Seite eins. Opfer Roland Adolph war eine öffentliche Person. Fernsehredakteure boten Zeugen Summen für Details vom Tatort. Aus dem Leben der Opfer wurden Kleinigkeiten interessant. Solchen Medienauftrieb in Moritzburg gibt es kaum zur Hengstparade des Gestüts.

Zu ungewöhnlich die Tat und die Umstände: Ein Ehepaar auf Spaziergang im Wald erschossen. Aus Nahdistanz. Wie bei einer Hinrichtung. Auch der Hund, Deutschdrahthaar Hedda, hatte nicht überlebt. Tatzeit: hoher Mittag. Roland Adolph war Oberkirchenrat der evangelisch-lutherischen Landeskirche, Gattin Petra Angestellte der örtlichen Buchhandlung St. Benno. Zwei Kinder. In Studium und Schule. Roland Adolph, passionierter Jäger, war am 5. Februar 1997, seinem ersten Urlaubstag, gemeinsam mit

Gattin Petra im gepachteten Revier unterwegs, um Wildtiere anzufüttern. Wem war das Vorhaben bekannt? War es Doppelmord aus Zufall?

Moritzburg, das Jagdschloss Augusts des Starken, ist ein beliebtes Ausflugsziel. Nicht nur das markante Barockschloss mit seinen runden Ecktürmen, auch die Parkanlage mit großem Teich, einem Leuchtturm, viel Wald und einem Wildpark ziehen Besucher an. Restaurants offerieren ausgezeichnete Menüs. Wildbret steht oben auf der Speisekarte. Jäger pachten Reviere. Forstaufseher sorgen für Bestand und Waldwirtschaft. Moritzburg – ein Ort, der Alltag und Stress vergessen macht. Romantik und Stille sind treffende Attribute. Viele der Beamten der sächsischen Landesbehörden haben hier Wohnung genommen oder gekauft. Man kennt sich. Auch wenn manches Mal die Alteingesessenen Köpfe schütteln: Idylle ist Moritzburg geblieben.

Mittwoch, der 5. Februar des Jahres 1997. Förster Waldemar P. ist mit Ehefrau auf dem Weg nach Hause. Sie haben bei einem Umzug geholfen und im »Waldfrieden« zu Mittag gespeist. Zwischen den Ortschaften Neuer Anbau und Steinbach sperrt eine Ampel den Straßenverkehr. Es wird gebaut in Heidehof: die neue Kurklinik der Diakonie. 13 Uhr: Waldemar P. nimmt einen abkürzenden Waldweg. Der ist nur Befugten erlaubt. Er führt direkt zu seinem Wohnhaus. Es nieselt. Nebelschwaden ziehen über den Boden. Waldemar P. fährt am Auto der Adolphs vorbei. Menschen sind im Wageninneren nicht auszumachen. Dann treffen die P.s auf eine Person, die quer über den Weg liegt. Eine zweite weiter rechts. Zwischen ihnen ein Hund. Keine Lebenszeichen. Auch der Leib des Hundes zeigt Einschüsse. Polizeiruf: 110.

Die »Sächsische Zeitung« meldet geschehensnah: »Hermetisch abgeriegelt hatte gestern die Polizei das Karauschenholz, ein Waldstück zwischen den Orten Steinbach und Neuer Anbau. Ein Polizeihubschrauber kreiste über dem Waldstück. Uniformierte durchkämmten systematisch das Unterholz. An einem Reitweg, der zum Heidhof führt, suchte die Tatortgruppe des Landeskriminalamts noch immer nach Spuren. Der Anlass für den polizeilichen Großeinsatz: Der Pächter des Jagdreviers, Oberlandeskirchenrat Roland Adolph und seine Frau Petra, wurden hier am späten Mittwochvormittag Opfer eines Verbrechens [...] Nach der Obduktion der Leichen gestern Vormittag in der Dresdner Gerichtsmedizin gehen Polizei und Staatsanwaltschaft von einem Verbrechen aus. Das Ehepaar wurde von mehreren Schüssen aus einer Pistole in Kopf und Körper getroffen und getötet. Von einer Hinrichtung wollen die Ermittler nicht sprechen. In der Nähe des Tatortes fand die Polizei lediglich das Auto des Ehepaares, einen VW Polo [...] Zufall oder nicht? Zur gleichen Zeit, am Mittwoch gegen 11 Uhr, eröffneten Joachim Gauck und Sachsens Justizminister Steffen Heitmann in der Dresdner Außenstelle des Bundesbeauftragten für die Stasiunterlagen ein Informations- und Dokumentationszentrum. Heitmann erinnerte in seiner Rede an die Dezember-Tage 1989, als die Auflösung der Stasi in Dresden begann, und wie er mit einer kleinen Gruppe erstmals die Archive auf der Bautzner Straße betrat. In seiner Begleitung damals: Roland Adolph. Der Oberkirchenrat, der in der DDR maßgeblich in der Diakonie tätig war und im Herbst '89 zu den wichtigsten Männern bei der Stasi-Auflösung in Dresden zählte, gehört spätestens seit 1994 zur Spitze der Verwaltung der evangelisch-lutherischen Landeskirche Sachsens. Die zeitliche Übereinstimmung der Ereignisse und die Nähe zum 8. Februar, dem Gründungstag des MfS im Jahr 1950, haben bis in höchste Kreise der Regierung ›Nachdenklichkeit‹ und ›Besorgnis‹ ausgelöst. Noch gestern Abend soll im Innenministerium drüber beraten worden sein, ob ein bestimmter

Kreis von Personen, die an der Auflösung der Stasi beteiligt waren, in besonderer Weise zu schützen ist. Die Pressestelle des Landespolizeipräsidiums wollte die Informationen weder bestätigen noch dementieren. Ob der Anschlag auf das Ehepaar Adolph jedoch einen solchen Hintergrund hat, ist nach wie vor unklar. [...] In der Verwaltung der Landeskirche war Adolph nicht nur für die Belange der kirchlichen Jugend- und Bildungsarbeit zuständig. Er bearbeitete auch alle Fragen des Verhältnisses zwischen Staat und Kirche. Kirchenamtssprecher Matthias Oelke würdigte Adolph als einen ›lebenszugewandten Mann mit hohem Ansehen in der Landeskirche‹. Er galt als resoluter Mann, der ›Nägel mit Köpfen machte‹, so Matthias Oelke. Dennoch war der als lebensfroh bekannte Kirchenmann nicht unumstritten. Insbesondere seine Jagd- und Reitleidenschaft und sein Engagement im Schützenverein von Moritzburg fand in kirchlichen Kreisen nicht ungeteilte Zustimmung.«

Ein Racheakt, der Roland Adolph galt? Motive sind mehrere denkbar. Der Theologe war streitbar, stand zu seiner Jagdleidenschaft, leitete »Hubertus-Gottesdienste« in freier Natur. Nicht jedem Gläubigen zum Gefallen. Verantwortungsvoll sein Tätigkeitsbereich in Vergangenheit und Gegenwart.

Eine andere Hypothese: Waren die Adolphs zufällig Zeugen widerrechtlichen Tuns? Schüsse hatte man auch vor jenem Februartag gehört und angezeigt. In der nahen Tongrube wird sommers gebadet. Es ist der Treffpunkt zwielichtiger Personen. Die Bevölkerung erzählt Geschichten und Gerüchte. Anzeigen zum dortigen Geschehen hat die Polizei entgegengenommen. Ermittlungsresultate: Keine. Sind Wilderer im Moritzburger Karauschenholz? Es tauchten wiederholt welche auf im Gebiet. Karauschenholz – der Name geht auf ein im 14. Jahrhundert wüst gewordenes Dorf namens Krauschen zurück. Einen später dort angelegten Teich legte man trocken. Schatzsucher sind im Revier seit Jahren unterwegs. Monate später wird tatsächlich der legendäre »Schatz der Wettiner« (beziehungsweise ein Teil davon) geborgen. Man hatte Porzellan, Besteck, königlichen Hausrat vergraben, um es vor den Befreiern der Sowjetarmee zu schützen. Nach der Wende machten sich viele zur Schatzsuche auf. Doch Grabungsspuren wurden am Tatort nicht gefunden. Auch ein Raubmord scheint ausgeschlossen. Roland Adolph trug eine Waffe. Nur: die Pistole ist bis heute nicht wieder aufgetaucht. Im Gehölz werden Kugeln sichergestellt. Als Waldemar P. die Toten entdeckte, war der Täter wahrscheinlich in Tatortnähe. Er muss noch im Auto gesessen haben, als P. vorbeifuhr, legen die Ermittlungen nahe. Die Ermittler schneiden Kugeln aus den Stämmen, stellen Zigarettenkippen, Papier, Müll sicher. Kein Zentimeter des Waldbodens bleibt unkontrolliert.

Die Lokalzeitung schreibt: »Drei Tage nach dem Doppelmord an dem sächsischen Oberlandeskirchenrat Roland Adolph und seiner Frau Petra hatten die Ermittler bis Freitag Abend noch keine heiße Spur. 20 000 Mark sind inzwischen für Hinweise ausgesetzt, die zur Aufklärung des Verbrechens führen. Die auf 30 Beamte verstärkte Mordkommission des Dresdner Polizeipräsidiums konzentriert ihre Arbeit auf das Geschehen in Adolphs Jagdrevier. In dem Wald nahe einem Badesee war es schon früher zu Straftaten gekommen. Schon einmal wurde dort ein Mann durch einen Schuss aus einem Luftgewehr in den Bauch getroffen. Den Ermittlern liegen mittlerweile mehrere Hinweise vor, dass in diesem Wald sowohl in letzter Zeit als auch am Vormittag der Tat Schüsse fielen. Die Schießereien wurden von den Anwohnern gehört. Außerdem fanden Beamte bei der Durchsuchung des Waldes Projektile des Kalibers 9 Millimeter im Gehölz. Auch am Tatort entdeckten die Beamten Schüsse im Holz, die aus der Tatwaffe stammen. Mit einer Waffe des Kalibers 9 Millimeter war das Ehepaar Adolph am Mittwochvormittag aus etwa drei Metern Entfernung umgebracht worden. Mit Frau und Hündin Edda war der passionierte Jäger offensichtlich in sein Revier gefahren um Wild zu füttern. Doch dazu kam er nicht mehr. Das Futter fanden die Beamten noch in seinem VW Polo. Auch dieser Umstand spricht nach Ansicht der Ermittler dafür, dass das Ehepaar unmittelbar nach seiner Ankunft Zeuge noch unbekannter Vorgänge wurde, möglicherweise einer Schießerei. Dass der oder die Täter etwas für Waffen übrig haben, zeigt die Tatsache, dass den Opfern nicht mehr gestohlen wurde außer Adolphs Handfeuerwaffe Marke Sig Sauer P 220-1. Nach der Waffe, mit der am Tatort offenbar nicht geschossen wurde, fahndet die Polizei [...] Auch für die zweite Version, der die Mordkommission nach wie vor nachgeht, fanden sich am Freitag neue Hinweise. So wurde bekannt, dass am Tag des Doppelmordes am Wagen des sächsischen Landesbeauftragten für die Stasi-Unterlagen, Siegmar Faust, ein Rad abbrach, als er aus der Garage fahren wollte. In der Mordkommission wurde bestätigt, dass der Vorfall untersucht werde, sich aber bisher keine Anhaltspunkte für eine Manipulation gefunden haben. Staatsanwalt Michael Respondek verwies die Version eines Stasi-Komplottes gestern allerdings ins Reich der Spekulationen, sagte aber: ›Wir ermitteln in alle Richtungen.‹«

Hartnäckig halten sich die Gerüchte einer Stasi-Verschwörung. Schön spektakulär solch Verdacht, zu verlockend solche Verschwörungstheorie, und das Thema immer noch Reizstoff für Betroffene, Verfolgte, politisch Verantwortliche. Sofort kochen Emotionen hoch, sofort hat man die eigene unerschütterliche Meinung. Die Stasi wird von interessierten Kreisen und Medien stets in den möglichen Täterkreis einbezogen. Auch die Ermittler gehen dieser These nach, doch widersprechen dieser Version von Anfang an viele Indizien. Und dass DDR-Geheimdienstler zum ungeraden Stasi-Jahrestag DDR-Bürgerrechtler ermorden, erscheint wie der Plot eines sehr schlechten Krimis. Zu den Tätern führt diese Spur nicht und auch keine andere.

Der Lokalreporter in der »Sächsischen Zeitung«: »Bei der Suche nach den Mördern des Oberlandeskirchenrates Roland Adolph und seiner Frau Petra tappt die Polizei nach wie vor im Dunkeln. Unter mehr als 110 Hinweisen aus der Bevölkerung sei bisher keine heiße Spur, sagte gestern Abend der Polizeisprecher Hans-Joachim Adam. Auch heute bittet die ›Soko Adolph‹ im Raum Moritzburg um Mithilfe bei der Ergreifung der Täter [...] Die acht am Tatort gefundenen 9-Millimeter-Patronenhülsen wurden unterdessen an das Bundeskriminalamt gegeben. Dort soll nach der dazugehörigen Waffe geforscht und geprüft werden, ob damit in Deutschland schon einmal geschossen wurde. Die Pistole, die der Hobbyjäger Adolph bei sich trug, ist verschwunden. Es gibt keine Anzeichen dafür, dass damit geschossen wurde. Über den Tathergang des Doppelmordes vom vergangenen Mittwoch wird weiter spekuliert. Die Polizei hält es für möglich, dass das Ehepaar zufällig erschossen wurde, weil es den oder die Täter im Wald störte. Dafür sprechen Aussagen von Anwohnern und Einschüsse in Bäumen und Schildern in der Nähe des Tatortes. Der Wald rund um den Badesee ›Tongrube‹ bei Steinbach gilt in der Bevölkerung als ›ungemütliche und gefährliche Ecke‹. Dort sollen in den letzten Jahren und auch am Mordtag häufiger Schüsse gefallen sein. Die Rede ist von Wilderern ebenso wie von illegalen Schießübungen und wehrsportartigem Training. ›Wir haben befürchtet, dass irgendwann mal was passiert‹, sagte der Ordnungsleiter von Moritzburg gegenüber unserer Zeitung. Wie passt aber zu dieser ›Zufalls-Hypothese‹, dass Roland und Petra Adolph quasi hingerichtet wurden, ihnen aus nächster Näher ins

Gesicht geschossen wurde? Zudem am helllichten Vormittag. Die Polizei schließt nicht aus, dass das Ehepaar den oder die Täter kannte und deshalb so nah an sie herankam. Auch die ›Stasi-Hypothese‹, für die die Polizei keine Anhaltspunkte sieht, steht weiter im Raum. [...] In Bürgerrechtlerkreisen soll Adolph, der selbst vom MfS bespitzelt wurde, häufiger davon gesprochen haben, dass er aus dieser Zeit sehr viele brisante Informationen habe und ihn dies manchmal innerlich stark bedrücke. Ein Racheakt? Oder wollte jemand verhindern, dass belastendes Material publik wird? Sieben Jahre nach der Wende? Die Polizei glaubt nicht, dass jemand den Adolphs aufgelauert haben könnte. [...] Ein Zusammenhang zwischen dem Mord und dem ungeklärtem Vorfall, bei dem am Abend des gleichen Tages ein Rad am Auto des Stasi-Landesbeauftragten abbrach, ist nicht erkennbar. Siegmar Faust fuhr an diesem Tag einen beliebigen Wagen aus der Fahrbereitschaft der Regierung. An dem Auto war der gleiche Schaden aber einige Tage vorher schon einmal aufgetreten. Beide Theorien sind Spekulation, die Ermittler machen kaum Fortschritte. Es spreche weder viel noch wenig für beide Versionen, sagte der Sprecher der Dresdner Staatsanwaltschaft, Wolfgang Klein. Aber man schließe beide auch nicht aus.«

Roland Adolph war ein Mann sicheren Auftretens. Zunächst Pfarrer im Elbsandsteingebirge, war er bald vorwiegend in der Diakonie tätig. Auch das entstehende Krankenhaus »Heidehof« ist in dieser Trägerschaft. Wären dort Motive zu finden? Waren die Aufträge an die Baufirmen gesetzesrichtig ausgeschrieben? Arbeiteten beauftragte Subunternehmen mit illegal Beschäftigten? Der Heidehof ist für den kleinen Ort Großbaustelle.

Donnerstag, 13. Februar 1997: Großrazzia auf dem Steinbacher Heidehof. Die Zeitung berichtet: »Langsam schleichen die zwei Autokolonnen durch den Kiefernwald.

Zweihundert Meter vor dem Zielobjekt halten sie an. Es ist kurz vor halb acht Uhr morgens. Im Nieselregen steigen die Beamten aus, gehen in Linie vorwärts, fast zweihundert Mann von Bereitschaftspolizei, mobilem Einsatzkommando und der Mordkommission. Die einen umzingeln das mit Metallgittern markierte Gelände, die anderen stürmen die Baustelle. Über ihnen ein Hubschrauber, Fluchtversuche sollen sofort festgestellt werden. Ein Stück wie im Kino [...] Sechs Stunden später ist alles vorbei. Kriminaldirektor Klaus Lehmann lässt sich die Enttäuschung nicht anmerken. Das Ergebnis ist mehr als mager: Die Untersuchung brachte keine Beweismittel ans Licht, keine Waffe. [...] Nur 500 Meter von der Baustelle entfernt fielen am Mittwoch voriger Woche die tödlichen Schüsse. Der Waldweg vom Tatort mündet nahezu ins Baustellengelände. Nach den ballistischen Untersuchungen der am Tatort gefundenen 9-mm-Hülsen und -Projektile durch das Bundeskriminalamt ist sich die Polizei inzwischen sicher, dass italienische Munition im Einsatz war. Über die Klassifizierung der Tatwaffe hüllt sich die Polizei weiter in Schweigen. Einzige Neuheit: Die Ermittler gehen jetzt davon aus, dass es mindestens zwei Täter gab. Das schließen sie auch aus einem waagerechten Brustdurchschuss bei dem ebenfalls getöteten Hund. Die Vermutung der Kriminalisten: Der Hund sprang einen Täter an, ein anderer schoss. Jeder Raum in jedem der zahlreichen Baucontainer wird gründlich durchsucht. Hunde sind mit im Einsatz, schnüffeln unter Betten und in Schränken. Besondere Aufmerksamkeit gilt den Wohncontainern. Die Bauleitung ist äußerst kooperativ, aber welche Ausländer welcher Nationalität wann hier am Heidehof arbeiten, kann sie kaum definitiv sagen. Darüber liegt das Gestrüpp der Subunternehmer. So spricht auch am Mittag die Polizei von einer ›schwierigen Identitätsfeststellung‹, ein italienischer Pass ist wohl offensichtlich gefälscht. Schließlich werden 14 Ausländer ›in Gewahrsam genommen‹, um auf der Dresdner Dienststelle deren Identität und die Richtigkeit ihrer Papiere festzustellen. Es sollen Ex-Jugoslawen, Türken und auch Syrer sein. ›Das sind keine Tatverdächtigen‹, hebt Pressesprecher Adam ausdrücklich hervor. Während einige Beobachter schon von einem ›Alibieinsatz‹ sprechen – ›die Polizei muss einfach mal was zeigen‹ –, erläutert Kriminaldirektor Lehmann zum wiederholten Mal, dass die Ermittler unter zahlreichen Tatversionen die Zufallsvariante als wahrscheinlichste ansehen.«

Die Razzia bringt keine neuen Erkenntnisse. Eine heiße Spur hat sich den Ermittlern nicht eröffnet. Der Mordfall bleibt ungeklärt.

Am Tag der Beisetzung nehmen mehr als hundert Personen Abschied von den Adolphs, Familie, Freunde, Kollegen, darunter mehr als 40 Pfarrer und Superintendenten. Politiker sind gekommen. »Wir sind gemartert von Ratlosigkeit, uns jammert das Mitgefühl an«, sagt Landesbischof Kreß. »Wohin ist es mit den Menschen gekommen, dass Gewalt solche brutalen Ausmaße annimmt«, fragt er in seiner Gedenkansprache. »Wir wissen, dass konsequent an der Aufklärung gearbeitet wird«, so der Landesbischof. Die dreißigköpfige Sonderkommission der Kriminalpolizei tappt jedoch weiter im Dunkeln.

Freunde und Diakonie setzen im Karauschenholz einen Gedenkstein. Gegenüber sind zwei Kreuze in den Boden geschlagen. Daneben eines für Hund Hedda. Spuren, die den oder die Täter überführen, sind keine gefunden worden. Die Bevölkerung glaubt, dass die Täter im Mordfall Adolph niemals entdeckt werden.

Vier Jahre später, im Januar 2001, melden die Medien: »Ein Fassadenkletterer als Mörder? Ab morgen steht der Mann vor Gericht, der Oberlandeskirchenrat Roland Adolph und seine Frau erschossen haben soll [...] Als Manfred R. im Herbst 1999 im Gefängnis seine Strafe als Räuber verbüßte, wusste er nicht, dass er der meistgesuchte Raucher der Dresdner Mordkommission ist. Freiwillig gab er vor seiner Entlassung eine Speichelprobe für die bundesweite DNA-Datei ab. Da war in ihr schon eine DNA-Spur gespeichert, die Spezialisten an einer Zigarettenkippe gefunden hatten. Die Kippe galt seit drei Jahren als Schlüssel zur Klärung eines der spektakulärsten Verbrechen der Neunziger: dem Mord an Oberlandeskirchenrat Roland Adolph und seiner Frau. Einer der Täter hatte die Kippe am Tatort hinterlassen. Wie ein Blitz dürfte deshalb Anfang April 2000 die Nachricht in der Mordkommission eingeschlagen haben: Der Raucher der Kippe ist gefunden. Im Landeskriminalamt hatte ein Routinevergleich zwischen unbekannten Spuren und genetischen Fingerabdrücken verurteilter Täter zu dem Treffer geführt. Mit an Sicherheit grenzender Wahrscheinlichkeit hatte der vierunddreißigjährige Manfred R. die Kippe im Mund gehabt und musste also dabei gewesen sein, als das Ehepaar Adolph am 5. Februar 1997 im Karauschenholz bei Moritzburg brutal erschossen wurde. Am Vormittag des 13. April vorigen Jahres wurde R. auf seiner Arbeitsstelle verhaftet. Anfang August 2000 klagte ihn die Staatsanwaltschaft Dresden als mutmaßlichen Doppelmörder an. Es ist der vorläufige Abschluss des ›aufwendigsten und kompliziertesten Ermittlungsverfahrens der letzten zehn Jahre‹, sagt Manfred Müller, der Chef der Dresdner Mordkommission. Dreieinhalb Jahre waren seine Mitarbeiter mit zeitweise bis zu 130 Beamten ununterbrochen hinter Adolphs Mördern her, zuerst als Sonderkommission Adolph, später im Tagesgeschäft der Mordkommission. Unterm Strich stehen 7000 Menschen, die nach Hinweisen befragt wurden, 2500 Vernehmungen von Zeugen und Beschuldigten sowie 50 000 Dienstreise-Kilometer quer durch die Bundesrepublik. Ins Visier der

Ermittler gerieten 8000 Personen, die zu überprüfen waren. Sie wurden zum Teil aus über 800 Hinweisen bekannt. Die Ermittlungsakte füllt 52 Leitzordner. Für 250 Personen veranlasste Müller vergleichende DNA-Untersuchungen. ›Bei uns war die Luft nie raus‹, sagt er. Ab morgen steht nun Manfred R. vor dem Dresdner Landgericht. Die Staatsanwaltschaft wirft ihm vor: In der Nacht zum 12. Dezember 1996 brach R. in einer Rechtsanwaltskanzlei in der Dresdner Könneritzstraße ein und stahl unter anderem zwei Pistolen. Um sie auszuprobieren fuhr er am 5. Februar 1997 in den Moritzburger Wald. Bei einer Schießübung feuerte er das Magazin einer der Waffen leer. Mit den Pistolenschüssen zog er die Aufmerksamkeit des Jagdpächters Adolph auf sich, der mit seiner Frau im Revier unterwegs war um Wild zu füttern. R. versuchte vergeblich die Pistolen zu verstecken und wurde von Adolph zur Rede gestellt. Der resolute Kirchenmann drohte mit der Polizei und hielt R. am Arm fest. Da zog R. die zweite Pistole und feuerte aus nächster Nähe vier Mal auf Roland Adolph und zwei Mal auf dessen Frau und ein Mal auf den Hund. R. hatte Angst, dass er wegen des Kanzleieinbruchs ins Gefängnis muss. Der scheinbar einfache Ablauf des schrecklichen Geschehens dürfte der großen Schwurgerichtskammer einiges Kopfzerbrechen bereiten. Denn die in der Asservatenkammer sorgsam gehütete Zigarettenkippe beweist nur, dass der Beschuldigte am Tatort war. Ansonsten beruht die Anklage vor allem auf einem Geständnis, und das widerrief R. im wichtigsten Punkt, schon bevor die Anklage erhoben war.«

R.s Verteidiger ist fest davon überzeugt, dass sein Mandant zwar ein »Fassadenkletterer, aber kein kaltblütiger Doppelmörder« ist und führt an, dass er noch nie ein »Waffendelikt begangen« habe. Er sieht dringenden Tatverdacht bei den Männern, gegen die die Ermittlungen im Sommer 2000 unvermittelt eingestellt wurden: Bernd S., verurteilter Drogenboss und als Chef der sogenannten Bautzener Gruppe einer der ›schweren Jungs‹ Sachsens, sowie Thomas S., Komplize und wegen Drogen- und Waffendelikten vor Gericht.

Als der Angeklagte Manfred R. vor dem Dresdner Landgericht steht, wartet er schon am ersten Prozesstag mit einer Überraschung auf. Nicht Täter, sondern lediglich Zeuge bei dem Doppelmord will er gewesen sein. Er gesteht den Einbruch in eine Anwaltskanzlei, bei der er die späteren Tatwaffen entwendete. Detailliert beschreibt er die Vorgänge in der Nacht zum 12. Dezember 1996, bei denen er über ein Baugerüst die Mauer bis zum halb offen stehenden Fenster der Kanzlei erklommen habe. Geldsorgen hätten ihn dazu getrieben. Seine Beute habe aus zwei Pistolen, rund 400 Mark, einem Koffer sowie einem Paket Kaffee bestanden. Doch es bleiben Ungereimtheiten: Ausweise, eine Schreckschusspistole und US-Dollars, die nach dem Einbruch ebenfalls fehlten, will R. nicht entwendet und genauso wenig die Verwüstungen in der Kanzlei angerichtet haben. Sein Anwalt versucht die Widersprüche damit zu erklären, dass ein weiterer Täter in jener Nacht in die Kanzlei eingestiegen sei. Ausführlich äußert sich Manfred R. auch zu den Ereignissen am Tag des Doppelmordes. Am Vormittag habe er vor einem Wettbüro eine »Unterweltgröße« namens Tommy stehen sehen. Da sei ihm der Gedanke gekommen: »Vielleicht kauft der die Waffen.« Er sei nach Hause zurückgefahren und habe die beiden Pistolen geholt. Thomas S., der wegen Drogenhandels zur Zeit in einer JVA sitzt, sei an einem Kauf interessiert gewesen, habe die Waffen testen wollen. Deshalb seien sie mit einem Bekannten von Tommy in den Wald bei Moritzburg gefahren. Das Ehepaar Adolph, auf dem Weg zur Jagd, habe die Schießübungen gehört. »Der alte Mann ging sofort wutentbrannt auf die beiden los«, sagt Manfred R. Nach einem

Streit seien Schüsse gefallen und der Kirchenmann zu Boden gestürzt. Seine Frau sei auf ihn zugelaufen, »als erneut Schüsse fielen und auch die Frau zu Boden fiel«. Tommy habe sich vor dem Angriff der Hündin gewehrt, als auch auf das Tier geschossen worden sei. Geschickt vermeidet der Angeklagte eine Aussage darüber, welcher seiner Begleiter auf welches Opfer schoss. Dann habe der Bekannte von Tommy versucht, auf ihn zu schießen. Deshalb sei er vor Todesangst blitzschnell ins Unterholz gerannt. Er habe sich nicht getraut, zur Polizei zu gehen. »Wer hätte mir denn geglaubt«, fragt er den Vorsitzenden Richter. Zweifel an der Darstellung von R. hat jedenfalls die Staatsanwaltschaft, die aufgrund seiner Darstellung auch gegen Thomas S. ermittelt, jedoch keinen »ausreichenden Tatnachweis« findet.

Die Urteilsverkündung wird verschoben. Nachuntersuchungen erfolgen. Trotzdem: Das Gericht folgt der Version der Staatsanwaltschaft: Der Alleintäter und »Fassadenkletterer« Manfred R. wird zu lebenslanger Haft verurteilt. Fast alle Zeugen des Prozesses, auch der Förster Waldemar P., trauen dem Angeklagten auch nach dem Urteil diese Tat nicht zu. Bernd S. und Thomas S. sind in Haft, verurteilt wegen anderer Straftaten. Naheliegend erscheinen die Abläufe aus dem widerrufenen Geständnis des Manfred R. Auch Spuren unterstützen diese These vom Geschehen. Allein: Es bleibt unbewiesen.

An den Gedenkstein für die Opfer werden stets wieder Blumen gelegt. Manchmal wird auch eine Kerze entzündet, die schnell verlischt. Diesen Doppelmord umgibt auch nach Abschluss und Urteil sein Geheimnis. Wirklich gelöst erscheint der Fall in Moritzburg kaum jemandem.

Touristen und Erholungssuchende besuchen in Scharen das Städtchen vor den Toren Dresdens. Der Weg durchs Karauschenholz wird selten benutzt.

Klaus Keck

Lustige Rosen

Der Tote aus der Hanfplantage

Die beiden standen seit einigen Minuten auf dem verwilderten Grundstück im Berliner Stadtbezirk Friedrichshain. Es ging auf Mittag zu, so richtig hell aber war es nicht.

»Wer hat ihn gefunden?«

»Der da.« Der Kommissaranwärter zeigte dienstbeflissen zu einem Mann am Zaun, der dort offenkundig mit seinem Hund schon einige Zeit ausharrte.

»Wieso hat man den nicht schon längst nach Hause geschickt? Es hätte doch genügt, seine Personalien und seine Aussage zu protokollieren. Und wenn wir noch etwas wissen wollen, suchen wir ihn zu Hause auf.« Der Kriminalhauptkommissar schüttelte vorwurfsvoll seinen Glatzkopf.

Es waren immer die gleichen Rituale. Nachdem die Meldung über den Leichenfund eingegangen war, machte sich ein Pulk auf den Weg. Kriminalisten, Kriminaltechniker, Schutzpolizisten zur Sicherung des Tatortes setzten sich in Bewegung. Spuren suchen, Zeugen befragen, Umgebung absuchen. Auf einer Müllhalde lag ein Mann mit zertrümmertem Schädel, sein Gesicht war kaum noch zu erkennen. Er trug Arbeitskleidung. Die Straße, keine hundert Meter lang, verband die Revaler Straße, die neben den Gleisen der Bahn verlief, mit der Holteistraße. Auf der linken Seite erhob sich ein einziger, ockerfarbener Wohnblock aus den zwanziger Jahren. Zur Rechten, wenngleich eingezäunt, dehnte sich eine Brache mit Wildwuchs, auf der sie sich augenblicklich befanden.

Der Kriminalhauptkommissar beugte leicht die Knie und den Oberkörper nach vorn. Er musterte den Toten intensiv, dann straffte er sich. Der Mann schien Anfang fünfzig zu sein, die Hände waren groß und schrundig, von schwerer Arbeit gezeichnet. Unter den abgebrochenen Fingernägeln war viel Schwarzes zu sehen, und auch sonst deutete bei Kleidung und Aussehen nichts auf ein geregeltes Leben hin, in welchem Ordnung geherrscht hatte.

»Und, was meinen Sie?«, erkundigte er sich bei seinem Lehrling. Die Frage war rhetorischer Natur, der Kriminalhauptkommissar hatte sich bereits sein Urteil gebildet.

»Könnte einer vom Bau gewesen sein.«

»Hm«, grunzte der Kommissar, »sehen Sie hier eine Baustelle?«

»Nein. Aber vielleicht ist der Fundort nicht der Tatort.«

Die Feststellung klang mehr wie eine Frage, sicher war der Anwärter sich nicht. Vielleicht lag es auch nur am mangelnden Selbstbewusstsein. Sein Mentor war ein anerkannter Kriminalist, eine Koryphäe. Dabei hatte er keinen Grund für einen Minderwertigkeitskomplex, der Chef behandelte ihn kollegial und wie seinesgleichen, als wäre er schon wie dieser jahrzehntelang im Dienst. Der hatte sogar die »Wende« bruchlos überstanden. Aus dem Oberleutnant der K hatte man einen Kommissar gemacht, aus den drei goldenen Sternen auf der Silberlitze war ein einziger gestickter auf dem Schulterstück geworden. Sofern man Uniform trug.

Der Glatzkopf nickte. »Könnte zutreffen.«

Ermutigt durch die Zustimmung legte der junge Assistent nach. »Auch die Arm- und Beinhaltung deutet darauf hin. Und natürlich der Fundort selbst. Keine Blutspuren.

Nichts weist auf einen Kampf hin. Ich würde sagen: Die Leiche ist hier nur abgelegt worden.«

»Bingo«, sagte der Kommissar und klopfte dem Kollegen anerkennend auf die Schulter. »Und sonst?«

»Tja, ich würde an meiner Ansicht festhalten wollen: Er sieht aus wie ein Bauarbeiter. Und zwar wie keiner von hier.«

»Sie meinen ein Ausländer?«

Der junge Mann nickte.

»Warum sollte man einen ausländischen Bauarbeiter erschlagen?« Der Kriminalhauptkommissar insistierte. »Bei so einem ist nichts zu holen.«

»Eventuell gab es Streit untereinander. Tötung im Affekt. Oder im Suff. Hat es ja schon wiederholt gegeben.«

»Denkbar. Aber so wie der verunstaltet ist, würde ich Affekt ausschließen wollen. Das Gesicht sollte nicht erkennbar sein, seine Identität wurde ausgelöscht.«

»Also Vorsatz«, sagte der Kriminalanwärter. »Meinen Sie daher, dass es sich um Mord handeln könnte?«

»Mord, Totschlag, das wissen wir nicht. Erst wenn der Gerichtsmediziner das Messer gewetzt hat, sind wir klüger. Und wenn wir seine Taschen ausgekehrt, die Einnäher in den Klamotten studiert und die Wäschemarken überprüft haben … Aber die Auffassung, dass es sich um einen Ausländer handeln könnte, teile ich. Und, welche Himmelsrichtung?«

»Polen?«

»Das ist keine Himmelsrichtung, sondern ein Staat.« Tadelnd wackelte der Glatzkopf überm Trenchcoat.

»Eher Ost- als Südeuropa. Und ich tippe auf Schwarzarbeiter.«

»Mal angenommen, wir liegen mit unserer Vermutung richtig, dass es sich bei dem Toten um einen Schwarzarbeiter aus Osteuropa handelt, was folgt daraus?«

»Dass wir eine Spur haben?«

»Eine Annahme oder ein Verdacht ist keine Spur, allenfalls ein Anfang, wo wir zu suchen beginnen können. Also, Herr Kollege, was schlagen Sie vor?«

»Alle Baustellen abklappern, wo ein Mann vermisst wird.«

»Unsinn. Dort werden Sie nichts erfahren. Die Unternehmen belasten sich doch nicht selbst. Weiter.«

Der junge Mann grübelte, man sah förmlich, wie es hinter seiner Stirn arbeitete.

»Keine Idee?«

»Mal angenommen, er ist ein Asylbewerber aus Osteuropa. So viele Staaten kommen da wohl kaum in Betracht. Russland, Ukraine, Weißrussland …«

»Richtig. Und wenn's ein Illegaler ist? Der ist nirgendwo registriert. Dann wissen wir überhaupt nichts, er bleibt ein unbekannter Toter. Der wird eingeäschert, seine Urne kommt in ein anonymes Grab. Und wir schließen die Akten, ehe es überhaupt ein Fall geworden ist.«

»Sehen Sie doch nicht immer gleich so schwarz, Herr Kriminalhauptkommissar. Wir sollten, wenn wir schon nicht die Baustellen abklappern möchten, die Personenbeschreibung und ein Foto des Toten an die Meldeämter geben. Und«, er ergriff mit der Gummihand die Hand des Toten und drehte diese um, »wir können Fingerprints nehmen und sie abgleichen. Kann ja sein, dass die irgendwo gespeichert sind.«

Die Überlegungen der beiden liefen in die gleiche Richtung. Vermutlich deshalb, weil der Weg eines Flüchtlings gut zu rekonstruieren und seine Identität damit leicht festzustellen war. Wer in Berlin strandete, meldete sich als Erstes in Tempelhof am Columbiadamm im sogenannten Ankunftszentrum. Danach wurde jeder Ankömmling vom Landesamt für Flüchtlingsangelegenheiten als Asylbewerber registriert und vermessen.

Natürlich konnten die Ermittlungen in diesem Bereich ohne Ergebnis verlaufen, doch es war der Anfang des Fadens, den die Kriminalisten aufnehmen würden.

Sie entfernten sich vom Ort des Leichenfundes, nachdem sie sich bei ihren Kollegen von der Kriminaltechnik verabschiedet und ihnen die Dringlichkeiten mitgeteilt hatten. Das Übliche also, denn es gab vermutlich keinen Fall, bei dem die Ermittler ihren Zuarbeitern ausdrücklich eine langsame Verrichtung angeraten hätten. Immer musste rasch und unverzüglich das dokumentierte Material auf den Rechner gestellt werden, um zügig damit arbeiten zu können.

Allerdings machten die Ermittler in der Hosentasche des Toten einen besonderen Fund: ein Mobiltelefon. Entweder hatten die oder der Täter es nicht bemerkt, worauf einiges hindeutete, oder er oder sie waren so dämlich gewesen, seine Bedeutung zu unterschätzen. Ein Handy war wie ein offenes Buch. Selbst bei Prepaid-Handys ohne Verträge konnte man die telefonischen Kontakte auslesen.

In der Inspektion entstand im Laufe des Nachmittags ein passables Konterfei des Toten. Dieses wurde, zusammen mit Angaben zur aufgefunden Person und deren Fingerprints, an die infrage kommenden Behörden übermittelt. Der Leiter der 6. Mordkommission, Kriminalhauptkommissar Bernhard Jaß, wollte, bevor alle Ämter ins Wochenende eintreten würden, noch Resultate haben.

Und die Kriminalisten hatten Glück. Binnen vierundzwanzig Stunden konnten sie mit Hilfe der Fingerabdrücke die Identität der aufgefundenen Person feststellen. Der Mann war dem Zoll im Dezember bei einer Razzia auf einer Baustelle in die Fänge geraten und damals erkennungsdienstlich behandelt worden. Nachdem alle Daten gespeichert waren, hatte man ihn wieder laufen lassen. Bei diesem Mann handelte es sich zweifelsfrei um Alexej Loschkov, Jahrgang 1953, Bürger der Ukraine.

Die Kriminalisten waren einen Schritt weiter. KHK Jaß konnte darum am Samstag die Presse informieren, dass die Identität des am Freitagmorgen in der Helmerdingstraße 4 aufgefundenen unbekannten Toten inzwischen ermittelt worden sei. Und er teilte weiter mit: »Laut Obduktion wurde Loschkov am Donnerstagabend ermordet. Sein Kopf wurde zertrümmert. Er wurde allerdings nicht am Fundort getötet.« Die Täter – der Leiter der 6. Mordkommission benutzte bewusst den Plural, obgleich es dafür keine eindeutigen Belege gab – hätten in der Nacht die Leiche auf dem Grundstück abgelegt, und er schloss mit der Ansage: »Die Mordkommission fragt: Wer hat in dieser Nacht in der Helmerdingstraße verdächtige Fahrzeuge oder Personen beobachtet? Hinweise bitte an 030-46 64 91 16 01.«

Der Aufruf, eventuelle Beobachtungen zu melden, brachte nichts Verwertbares. Niemand hatte etwas in der Nacht bemerkt, keiner etwas Auffälliges beobachtet. Auch die Ermittlungen auf Berliner Baustellen liefen ins Leere. Also wurden sie ausgedehnt. Baustellen in Potsdam, Nauen, Oranienburg, Bernau, Vogelsdorf, Erkner, Zeuthen und Teltow rückten ins Visier, was natürlich einen erheblichen bürokratischen Aufwand bedeutete.

Im sächsischen Torgau, keine zweihundert Kilometer südlich von Berlin gelegen, brütete mal wieder Krimininalhauptkommissar Hartmut Zerche über den Akten. Seit 2005 leitete Zerche das Kommissariat II in der Polizeidirektion Westsachsen, und das war zuständig für Jugendkriminalität und Eigentumsdelikte, für Banden- und Rauschgiftkriminalität. Er hatte Anfang der neunziger Jahre mit zwei Kollegen in Torgau ein Rauschgift-Kommissariat aufzubauen begonnen, das seither personell gewachsen war, jedoch nicht in dem Maße, wie es erforderlich gewesen wäre. Und sie waren im Westen wiederholt geschult worden, weil man dort schon länger im Umgang mit Rauschgiftkriminalität und deren Bekämpfung trainiert war.

Das Telefon läutete. Es meldete sich eine Stimme, deren Tonfall und Lautfärbung keinen Zweifel daran ließen, dass der Anrufer wirklich und wahrhaftig in der Hauptstadt saß, wie er erklärte. Zerche hatte lange genug in Berlin gearbeitet, um so etwas augenblicklich zu erkennen.

In den Tiefen von Zerches Erinnerung leuchtete auf einmal ein Lämpchen. Hatte er den Namen richtig verstanden? Er rief in die Muschel, fragend und erfreut zugleich: »Sag mal, Kretsche, bist du das?« Die Freude über das Wiederhören währte jedoch nicht lange, die beiden gingen alsbald zum Dienstlichen über, wobei natürlich die alte Bekanntschaft die Sache erheblich erleichterte.

»Der Tote hatte ein Handy in der Hosentasche. Das haben unsere Leute ausgelesen. Am häufigsten hat sich der Anrufer im Raum Wermsdorf eingeloggt, das gehört zu Wurzen und damit zu eurem Polizeibereich.« Der Anrufer wiederholte: »Im Raum Wermsdorf. Das heißt also, im Umkreis von einigen Kilometern.«

»Schon verstanden. Ich weiß allerdings noch immer nicht, was genau du von mir willst.«

»In den SMS taucht wiederholt die Wendung ›lustige Rosen‹ auf. Und an der Kleidung des Toten fanden wir Spuren von Cannabis.«

Zerche lachte kurz auf. Diese Bezeichnung für »Gras« hatte er noch nie gehört.

»Wenn der Tote Eigentümer des Handys war und es nicht geklaut war, müssen wir davon ausgehen, dass er sich in der Wermsdorfer Gegend herumgetrieben hat«, fuhr Kretzschmar fort.

»Und wie kommt er dann nach Berlin?«

»Siehst du: Das ist eine Frage, die uns momentan sehr beschäftigt, und ihr in Torgau könnt uns bei deren Beantwortung behilflich sein. Er ist dort, wo wir ihn fanden, nicht getötet worden. Das steht fest. Der Mann kann in Berlin erschlagen worden sein oder eben auch woanders. Aber eben nicht dort, wo wir ihn gefunden haben.«

Zerche reagierte sofort. »Ihr denkt doch nicht etwa an Wermsdorf und Umgebung? Das ist ja nun völlig absurd. Niemand fährt eine Leiche über hundert Kilometer, um sie auf einer öffentlichen Brache in Berlin abzulegen. Wenn das Verbrechen dort passiert wäre, hätte man – wie hieß der gleich ...?«

»Loschkov mit Vau.«

»Also dieser Loschkov mit Vau wäre in einem der Sümpfe und Moore, die es in dieser Gegend reichlich gibt, versenkt worden. Den hätte man dort nie gefunden.«

»Hartmut, ich frage mal direkt: Habt ihr Erfahrungen mit illegalen Hanfplantagen?«

»Natürlich nicht. In meinem Garten wächst nur Gemüse.«

»Du weißt schon, was ich meine.«

Die Stimme klang ernst, der Anflug von Heiterkeit, der sich in den Dialog gedrängt hatte, schien verflogen.

»Ja, auch bei uns gibt es leerstehende LPG-Ställe und NVA-Objekte, wo sich Hanfbauern versuchen. 2004 haben wir die erste Plantage ausgehoben. Falls du nun wissen willst, ob wir einen solchen Landwirtschaftsbetrieb in der Wermsdorfer Gegend bereits auf dem Schirm haben: Bedaure, Fehlanzeige. Dort nicht.«

»Nicht?« Der Berliner und Ex-Torgauer wiederholte die Feststellung und fügte ein Fragezeichen an, um seiner Aufforderung das Bett zu bereiten. »Ich kann dich nur darum bitten. Also Amtshilfe und ein Tipp von mir, um einen eigenen Beitrag zur Aufklärung eines Verstoßes gegen die Bestimmungen des Betäubungsmittelgesetzes leisten zu können.«

»Verstehe«, sagte Zerche. »Dann bedanke ich mich für den kollegialen Hinweis, dem wir unbedingt und umgehend nachgehen werden. Wie erreiche ich dich, Herr Kriminaloberrat?«

Er notierte die Telefonnummer seines einstigen Klassenkameraden und legte auf. Dann rief er seine beiden Kollegen vom Kommissariat II, mit denen er vor nunmehr fast anderthalb Jahrzehnten das »Rauschgiftdezernat« in Torgau aufgebaut hatte. Zerche schlug vor, dass man sich zu dritt am nächsten Morgen nach Wermsdorf auf den Weg machen sollte. Bisher lag aus dieser Gegend keine Meldung vor, die den Verdacht einer Plantage, einer Crystal-Meth-Küche oder dergleichen geweckt oder gar genährt hätte. Auf der imaginären Drogenkarte des Landes Sachsen glänzte diese Stelle unschuldig weiß. Sie müssten ganz von vorn beginnen: Die Gegend rekognoszieren, mit Menschen vor Ort sprechen, Nachforschungen auf der untersten Ebene anstellen. Zerche gefiel solche operative Arbeit und er bedauerte, dass dafür immer weniger Zeit blieb. Er kam mit Menschen zusammen und erfuhr, was ihnen wichtig war, wie sie die Gegenwart wahrnahmen und reflektierten. Er verfügte über ausreichend Menschenkenntnis, um zu bemerken, wann ihm die Taschen vollgehauen wurden und wann nicht. Er besaß ein angeborenes Gespür dafür, ob ihn einer an der Nase herumführen wollte, die Unwahrheit sagte oder Ausflüchte suchte, und er hatte gelernt, an diesen Stellen anzusetzen und nachzubohren, um zu Hinweisen und Erkenntnissen oder gar zu Geständnissen zu gelangen.

Bevor sie sich auf den Weg machten, rief Zerche in Chemnitz an. Dort saß die envia Mitteldeutsche Energie AG, als Stromanbieter Platzhirsch in der Region. Aus früheren Fällen wusste er, dass dies die erste Adresse war, wo er ansetzen musste. Hanfplantagen benötigten Energie, sehr viel Energie, was durchaus vom Anbieter registriert werden konnte. Wenn plötzlich da oder dort der Verbrauch auffällig anstieg, machte sich das in den Messkurven des Stromflusses bemerkbar.

Zerche musste mehrmals sein Ansinnen am Telefon vortragen, ehe er an der richtigen Stelle landete. Und auch diese zögerte mit der Preisgabe von Zahlen mit Hinweis auf Datenschutz und Firmengeheimnisse. Er wolle ja nicht die Kilowattstunde mit Name und Hausnummer genannt haben, sondern lediglich Auskunft, ob es in den letzten Monaten im Wermsdorfer Raum auffällige Zuwächse beim Stromverbrauch gegeben habe. Oder ob dem Stromanbieter andere Merkwürdigkeiten aufgefallen seien.

Ja, schon, sagte die freundliche Dame. Bei der Überprüfung im Februar seien etliche Zehntausend Kilowattstunden mehr gezogen worden als bei der Kontrolle 2006, ohne dass es dafür eine Erklärung gegeben habe.

»Stromdiebstahl?«, fragte der Kriminalhauptkommissar.

»Vielleicht«, antwortete sie.

»Sie müssen mir ja nicht verraten, wer Sie konkret beklaut. Es genügt bereits, wenn Sie mir einen Hinweis geben. Welche Straße oder welches Dorf? Also, Teuerste«, flötete Zerche mit honigsüßer Stimme, »wo gab's die größten Ausschläge auf dem Stromzähler?«

Nach einer kurzen Pause kam die Auskunft. »Versuchen Sie es mal in Sachsendorf.«

»Jedes Dorf in Sachsen ist ein Sachsendorf«, entgegnete der Kriminalhauptkommissar.

»Ja, aber die Gemeinde heißt wirklich so. Liegt auf halbem Wege zwischen Wermsdorf und Wurzen.«

»Und dort ging im Februar der Verbrauch auffällig in die Höhe?«

»Ob er erst in jenem Monat angestiegen ist, weiß ich nicht. Kann auch schon früher passiert sein. Wir haben es erst im Februar bei der routinemäßigen Überprüfung festgestellt. Und mehrmals brach dort die Stromversorgung zusammen, weil die Sicherungen in der Trafostation rausgesprungen sind.«

»Danke. Sie haben mir beziehungsweise der Polizei wirklich sehr geholfen«, reagierte Zerche.

Bevor die drei am nächsten Morgen ins Auto stiegen, instruierte Zerche seine Mitstreiter. Man werde nach Sachsendorf fahren und Ausschau halten nach leerstehenden Objekten, Anwohner befragen, ob ihnen Besonderes aufgefallen sei. »Das Übliche eben.«

»Vielleicht sollten wir zuerst zur Gemeindeverwaltung nach Wermsdorf fahren«, sagte einer der Kollegen. »Im Bauamt werden sie wohl wissen, welche Objekte leerstehen.«

Dass davon in fast jedem Dorf eine ganze Reihe zu finden waren, wussten die Ermittler. Zerche klemmte sich hinters Lenkrad und steuerte das Auto vom Hof der Dienststelle.

Die Kollegen starrten stumm in die Landschaft.

Inzwischen passierten sie Streuben, ein winziges Straßendorf, die gepflegten Häuser und Höfe schmiegten sich an die erneuerte Trasse mit Bürgersteig und Radfahrweg. Der nächste Ort war Sachsendorf. Die Straße fiel von der Höhe gleichsam ins Tal. Der Kirchturm grüßte die Anhöhe, über die der Dienstwagen hinrollte. Sachsendorf mit seinen wenigen Einwohnern war in den siebziger Jahren der Nachbargemeinde Burkartshain zugeschlagen worden, und in der Neuzeit wurden beide Orte geschluckt. Jetzt war Sachsendorf ein Teil der Großen Kreisstadt Wurzen – und deren schönster, wie die Dörfler selbstbewusst erklärten.

Zerche schlug vor, später auch das einstige Pfarrhaus anzusteuern, in dem heute die Gemeindeverwaltung säße. Zuvor aber sollten sie weiter nach Wermsdorf fahren, um sich im Bauamt kundig zu machen. Sie fuhren durchs Dorf und weiter auf der Alten Poststraße nach Wermsdorf. Dort saß das Bauamt im Alten Jagdschloss.

Zerche stoppte vor der Anlage. Seit einigen Jahren stand König Albert wieder auf dem Denkmalsockel, von dem er 1945 verschwunden war. Jenseits der Straße erinnerte ein Mahnmal an die elf toten Häftlinge, die im Frühjahr 1945 beim Durchzug eines Todesmarsches von den faschistischen Bewachern ermordet worden waren. Hier war jeder Schritt Geschichte ...

Die drei Kriminalisten suchten das Bauamt auf. Sie wurden dort freundlich begrüßt von einer Frau, die vermutlich, was keineswegs uncharmant von Zerche gedacht war, schon ein halbes Jahrhundert zwischen den Akten saß. Sie kannte sich aus. Zerche erklärte das Begehren der Kriminalisten, ob sie da nicht helfen könne.

Die rundliche Frau musste nicht lange überlegen. In Sachsendorf stünden einige Objekte leer und zum Verkauf, auch denkmalgeschützte darunter. »An der Kreuzung Post-, Ecke Dahlener Straße haben wir so ein problematisches Objekt. Da gibt es zwar einen eingetragenen Eigentümer, aber schon seit Jahren passiert nichts. Vorn war mal eine Kneipe, dahinter der Saal, im Obergeschoss einige Zimmer. Vor einigen Jahren wollten ein paar Mutige aus dem Ort aus dem Dreiseitenhof einen Eventtempel machen. Hatten ganz schön Rosinen im Kopf, naja, wie das bei jungen Leuten halt so ist. Doch bereits beim Ausbau der Pension ging ihnen die Luft aus.«

»Und warum steht das Haus unter Denkmalschutz?«

»Feldsteine. Das Haus wurde auf die Grundmauern eines mittelalterlichen Gebäudes gesetzt, war wohl etwas Wichtiges damals.«

»Und andere Objekte?«

»Ein ehemaliges Gutshaus, Einfamilienhäuser, das Übliche eben. Suchen Sie nach etwas Bestimmten?«

»Naja, es müssten schon mehr als hundert Quadratmeter sein, kein Hutzelhäuschen.«

»Dann kommt dafür nur dieser Dreiseitenhof an der Kreuzung Poststraße / Dahlener Weg infrage. Vergleichbares sehe ich nicht.«

Zerche dankte und verabschiedete sich. Die beiden Kollegen nickten beim Hinausgehen.

Sie fuhren nach Sachsendorf zurück und hielten vorm ehemaligen Pfarrhaus gegenüber der Kirche. Einen Steinwurf entfernt kreuzte die Poststraße den Dahlener Weg. Das Gehöft, von dem sie soeben auf dem Bauamt gehört hatten, erhob sich wuchtig an der Ecke.

Die Frau, die ihnen die Tür im Pfarrhaus öffnete, schickte sie in den Garten. Der Mann, der ihnen etwas sagen könne, mähe gerade den Rasen. Hinter alten Bäumen knatterte ein Benzinrasenmäher. Der Mann schaltete den Motor ab. Zerche stellte sich und seine Begleiter vor und hielt sich bedeckt, was der eigentliche Grund ihres Besuches war.

Im Ort seien noch alle Gehöfte bewohnt, wenngleich auch nicht mehr bewirtschaftet, sagte er schließlich, da könne er mit keiner Auskunft dienen. Bis auf jenes da an der Kreuzung. Das stehe seit Jahren leer. Ihm sei von Anfang an klar gewesen, dass die Reanimation der ehemaligen Dorfkneipe nicht das gewünschte lange und erfolgreiche Leben bringen würde. Bockwurst mit Salat bekäme man auch in Wurzen, dafür müsse man nicht nach Sachsendorf fahren. Und Frösche quakten in jedem Teich. »Verstehen Sie?«

Zerche verstand, wenngleich er nicht die Absicht hatte, in Sachsendorf ein Restaurant zu eröffnen.

»Gibt es Nachbarn oder andere Personen, die man dazu befragen könnte?«

Der Mann schüttelte den Kopf. Da wisse er niemanden, das Anwesen interessiere keinen. Er zögerte. Vielleicht frage er mal die Regina Liebold, die wohne an der Kreuzung gegenüber und habe wohl mit den Männern schon mal gesprochen, die dort gelegentlich herumwerkeln.

Aha, sagte Zerche, da seien also doch welche? Da ließe sich doch nicht behaupten, dass der Hof unbewohnt sei.

»Naja, wohnen ist vielleicht zu viel gesagt. Da sind ein paar Ausländer zugange, die wohl etwas an dem Haus für den neuen Eigentümer herumbauen.«

»Es gibt einen Eigentümer?«

»Davon gehe ich aus. Ich bitte Sie ...« Der tadelnde Blick unterstrich die Aussage. Zerche hatte verstanden.

Die Männer schieden voneinander.

»Wir gehen mal zu dieser Regina Liebold«, sagte Zerche, als sie vors Haus traten. »Und dann können wir mal das Objekt vorsichtig umrunden.«

Die drei liefen die wenigen Meter zur Kreuzung. Das Hoftor neben der geschlossenen Kneipe war versperrt, nichts deutete darauf hin, dass hinter den Mauern irgendetwas Aufregendes sein konnte. Die Jalousien im Erdgeschoss verhinderten Blicke ins Innere des Hauses, die Tür zeigte sich versperrt und abweisend. Die Blätter der drei großen Linden vorm Haus raschelten leise im Sommerwind. Das waren die einzigen Geräusche, die zu vernehmen waren.

»Totentanz«, meinte Zerche und klingelte am Eingang des gegenüberliegenden Hauses bei Liebold. Die Frau, die wenig später zum Zaun geeilt kam, war so freundlich wie auskunftswillig.

Ja, da seien ein paar Leute auf dem Hof zugange, Ausländer. Die hätten sich in der Nachbarschaft auch mal vorgestellt, seien aber selten zu sehen. Sie werkelten still auf dem Hof vor sich hin. Sie bauen da um, was genau jedoch, wisse sie auch nicht. Die Neugier habe Grenzen. Ihre ende am Tor, wenn der Herr Oberkommissar wisse, was sie damit meine.

Zerche unterließ es zu korrigieren, stattdessen fragte er, ob sie den Besitzer des Anwesens kenne. Auf dem Bauamt habe es geheißen, das Haus stehe leer, woraus er irrtümlich geschlossen habe, es gebe keinen Eigentümer. Aber wenn dort welche arbeiteten, müsse es ja wohl auch einen geben, der sie damit beauftragt habe.

Die Frau mit den kurzen Haaren schüttelte den Kopf. Nee, das wisse sie auch nicht, wem die Klitsche gehöre. Die Leute erzählten, Eigentümer wäre ein Kroate, der sei aber noch nie hier gewesen.

»Niemand weiß genau, was die da drin machen. Draußen ist jedenfalls nichts vom Umbau zu merken. Und selber gesprochen habe ich mit denen auch nicht. Ich habe sie nur ein oder zwei Mal gesehen, als sie mit dem Auto Zeug vom Baumarkt geholt haben. Die Hoftür halten sie ständig geschlossen wegen der Gänse. Die haben nämlich Federvieh.« Sie habe keine Ahnung, raunte Frau Liebold verschwörerisch, aber den Verdacht, dass sie die stopften. »Sie wissen doch: Stopfgänse, die zwanghaft durch einen Trichter ernährt werden, damit sie rasch fett werden.« Das sei bekanntlich Tierquälerei, weshalb es in Deutschland auch verboten ist. Ob er deshalb unterwegs sei?

Zerche verneinte und bedankte sich. Dann überquerten der Kriminalhauptkommissar und seine Begleiter die Straße. Vor ihnen lag ein klassischer Dreiseitenhof. Vorn, an der Poststraße, erhob sich das größte Gebäude, die ehemalige Gaststätte mit der Pension mit vielleicht einem halben Dutzend Zimmer, links dahinter, an der Dahlener Straße, lag der Saal zu ebener Erde, rechts die Scheune, und am Ende des Hofes befanden sich vermutlich die einstigen Stallungen.

»Wir laufen mal drumrum, unauffällig. Man muss uns nicht gleich hören oder sehen.«

Die Straße zur Linken wurde von kleinen Einfamilienhäusern gesäumt, in den Vorgärten, oft von Ligusterhecken umgeben, blühten die Blumen. Da und dort blitzte die rote Zipfelmütze eines Gartenzwergs durch die Stauden.

Zerche schritt am Saal mit den verschlossenen Fenstern entlang, gefolgt von seinen beiden Kollegen. Sie marschierten bis zum Ende des Flachbaus, dahinter dehnte sich ein leerer Platz, der von einer Scheune begrenzt wurde. Nachdem sie kehrtgemacht hatten und wieder zur Kreuzung zurückgekehrt waren, drückte Zerche die Klinke am Eingang vorsichtig nach unten. Wie erwartet ließ sich die Tür nicht öffnen. Als sie in Höhe des Hoftors waren, hob heftiges Gänsegeschnatter an. Die Männer schauten sich an. Nach einigem Überlegen kam Zerche die Erleuchtung, und er blies zum Rückzug. Schon bald erstarb das Geschnatter hinter ihrem Rücken.

»Was war denn das?«

»Das hast du doch gehört«, antwortete Zerche. »Die Nachbarin hatte die Gänse auch erwähnt.«

»Also wird der Hof bewirtschaftet.«

»Das genau glaube ich nicht«, sagte Zerche. »Jedenfalls nicht im üblichen Sinne. Das war die Alarmanlage. Die nutzten schon die alten Römer. Wachhunde können zwar riechen und bellen, müssen aber gefüttert werden, Gänse hingegen sind genügsam und brauchen nicht täglich Futter, sie suchen sich ihr Fressen selber. Vor allem aber: Sie reagieren auf Fremde wie jeder Wachhund, sind jedoch nicht bestechlich wie eine Töle. Halte dem Hund einen Knochen vor die Nase, und schon hält er die Schnauze. Versuch das mal bei einer Gans!«

»Du willst also sagen …?«

»Genau.«

»Das höre ich zum ersten Male.«

»Und so etwas lebt auf dem Dorf.«

Der Kollege, der in der Stadt lebte, amüsierte sich merklich über die Unwissenheit seines Kollegen.

»Ja, ich lebe dort, war aber nie Bauer. Und Vieh hatte ich auch nie.«

»Schon gut.« Zerche beendete die Auseinandersetzung. »Hier ist also etwas, das uns interessieren könnte. Das Objekt gilt als unbewohnt, wird aber umgebaut, und auf dem Hof laufen Gänse umher, deren einzige Aufgabe aller Wahrscheinlichkeit nach im Wachdienst besteht. Was schlagt ihr vor?«

»Hausdurchsuchung.«

»Kein Staatsanwalt wird dir einen Durchsuchungsbeschluss unterzeichnen. Gegen wen? Und vor allem: mit welcher Begründung? Wegen der paar Gänse?«

»Wir könnten den Stromanbieter …«

»Vergiss es. Er kann den Stromverlust nicht lokalisieren. Folglich kann er auch nicht aufgrund unseres vagen Hinweises ins Haus gehen, um den Strom abzuklemmen. Das können sie nämlich nur vor Ort, nicht von der Zentrale aus. Außerdem vermute ich, dass die Anbauer der ›lustigen Rosen‹ – immer vorausgesetzt, es wird in der Pension oder im Tanzsaal tatsächlich Hanf angebaut – den Stromzähler überbrückt haben. Das heißt, enviaM hat eigentlich dort nichts verloren: Die Elektriker müssen den Zähler im Haus nicht abklemmen, weil er das schon ist. Der Stromdiebstahl erfolgt vor dem Zähler, er ist darum auch eine Straftat – und für die ist die Ermittlungsbehörde zuständig. Versteht ihr?«

Die beiden Männer nickten und marschierten weiter.

»Und, was schlägst du vor?«

»Wir observieren das Objekt.«

»Das ist nicht dein Ernst? Wo willst du die Leute hernehmen?«

»Keine Überwachung rund um die Uhr. Es sollte nur in der Nacht aus der Distanz beobachtet werden, am besten von der Scheune aus da hinten.« Er wies mit dem Daumen über die Schulter.

»Du willst also auf die Stunde warten, in der sich das Hoftor öffnet, um dann zuzuschlagen? Mann, lass uns dort einfach reinmarschieren und die Bude auf den Kopf stellen ...«

»... und die Hintermänner verschrecken? Außerdem vergisst du, dass hier alles rechtsstaatlich zugehen muss. Wenn du nicht nachweisen kannst, dass eine konkrete Straftat vorliegt, und wenn du kein offizielles Papier hast, ist jede Wohnung, jedes Haus tabu.«

Zerche hatte auch seine Zweifel, ob es gut war, sich auf diesen Hof hier zu konzentrieren. Allein schon deshalb mochte er nicht über das Tor steigen.

Sie erreichten das Auto und stiegen ein. Zerche klemmte sich hinter das Lenkrad und drehte den Zündschlüssel im Schloss. »Morgen Nacht legt ihr euch zu zweit auf die Lauer«, sagte er. Dann schaute er in den Rückspiegel, um das Gesicht des Kollegen zu sehen. »Von Sonnenuntergang bis Sonnenaufgang. Schlafen könnt ihr am Tage. Ihr grabt euch von achtzehn bis sechs Uhr ein.« Zerche wandte sich dem Beifahrer zu. »Und wenn es was gibt, Meldung an mich. Klar?«

In Berlin traten die Ermittler auf der Stelle. Im Fall Loschkov gewannen die Kriminalisten keine neuen Erkenntnisse. Die Daten, die sie in den ersten vierundzwanzig Stunden eruiert und an die Presse gegeben hatten, waren im Wesentlichen die einzigen geblieben. Die Ermittlungen liefen also mit der üblichen Routine weiter, was hieß: Es geschah wenig bis nichts. Im Vorjahr waren in Berlin fast eine halbe Million Straftaten begangen und registriert worden, bundesweit über sechs Millionen. Die Hauptstadt machte ihrer Funktion zweifelhafte Ehre: Sie war Spitzenreiter, gefolgt vom sächsischen Leipzig. Von den Straftaten waren etwas mehr als die Hälfte aufgeklärt worden. Oder anders formuliert: Fast jede zweite Straftat blieb ungesühnt. Der Fall Loschkov erfüllte alle Voraussetzungen, ebenso zu enden.

Irgendwann würde man die Akten schließen und in die Ablage geben.

Auch der sächsische Kriminalhauptkommissar Zerche kannte die Zahlen, die Jahr für Jahr vom Bundeskriminalamt für ganz Deutschland veröffentlicht wurden. Unlängst war die inzwischen 54. Ausgabe der »Polizeilichen Kriminalstatistik« erschienen, die auf fast fünfhundert Seiten für das Jahr 2006 minutiös auflistete, was die Ermittlungsbehörden statistisch erfasst hatten. Der Rauschgiftkriminalität hatte man darin den notwendigen Raum gegeben. In der Fallstatistik rangierten »Cannabis und Zubereitung« mit weitem Abstand vorn – weitaus mehr Fälle als Heroin, Kokain, LSD, Amphetamine einschließlich Ecstasy und andere Betäubungsmittel zusammengenommen. »Fast die Hälfte der ermittelten Tatverdächtigen waren bei den Rauschgiftdelikten zwischen 18 und 25 Jahre alt (Heranwachsende und Jungerwachsene)«, hieß es dort, was sich mit Zerches Feststellungen deckte. »Bei illegalem Handel und Schmuggel waren über ein Viertel und bei illegaler Einfuhr in nicht geringer Menge mehr als zwei von fünf der Tatverdächtigen Nichtdeutsche«, hatte es ferner geheißen. »Bei illegalem Handel und Schmuggel von Rauschgiften waren über die Hälfte der nichtdeutschen Tatverdächtigen entweder Asylbewerber oder gehörten zur Sammelgruppe der ›Sonstigen‹ (Erwerbslose, abgelehnte Asylbewerber mit Duldung, Besucher oder Flüchtlinge).«

Loschkov fiel erkennbar in diese Kategorie. Er war, obgleich namentlich bekannt, dennoch ein Namenloser.

Die Observation des verwaisten Objektes in Sachsendorf erwies sich als richtig. Die Torgauer Kriminalbeamten beobachteten aus der ehemaligen LPG-Scheune das äußerlich tote Gehöft. Im Ort klappten, wie man so sagt, nach achtzehn Uhr die Bürgersteige hoch, kein Mensch weit und breit, nirgends. Die Gänse auf dem Hof schienen die einzigen Lebewesen zu sein. Sie begannen bereits zu schnattern, wenn man sich dem Hoftor auf wenige Meter näherte. So harrten die beiden Kollegen aus Zerches Kommissariat von Dämmerung zu Dämmerung aus und behielten das Anwesen im Blick, ohne dass sie etwas Auffälliges registriert hätten. In der vierten Nachtwache jedoch öffnete sich tatsächlich das hintere Tor, und ein roter Polo rollte langsam auf die Dahlener Straße. Hinter ihm schloss sich das Tor sofort wieder.

Der Mann hinterm Lenkrad war aus der Distanz so schlecht zu erkennen wie das Kennzeichen. Aber damit war belegt, dass sich mindestens zwei Personen auf dem Hof aufhielten.

Ein Hubschrauber hatte inzwischen das gesamte Gebiet wiederholt mit der Wärmebildkamera überflogen, um dem Berliner Hinweis, es gäbe in der »Wermsdorfer Umgebung« möglicherweise eine Plantage, von der aus sich Loschkov gemeldet haben könnte, nachzugehen. Sie hatten nichts entdeckt. Und da ein solcher Einsatz ziemlich viel kostete, hatte man es damit bewenden lassen.

Nach anderthalb Stunden kehrte der Polo zurück. Vermutlich war der Mann in einem Supermarkt in Dahlen oder Wurzen gewesen, um einzukaufen. Die Kaufhallen dort hatten bis zwanzig Uhr geöffnet.

Der Mann stieg nicht aus dem Wagen, wartete eine Weile mit laufendem Motor, dann öffnete sich von innen das Tor. Das Fahrzeug setzte sich in Bewegung und verschwand auf dem Hof. Danach schloss sich das Hoftor sofort wieder, ohne dass die beiden Polizisten die Person sahen, die es geöffnet hatte. Einzig die Gänse registrierten das Geschehen, sie schnatterten und kreischten. Sollten sie den Chef anrufen?

»Er hat es so angewiesen«, sagte der eine.

»Und was wollen wir ihm melden?«, fragte der andere.

»Dass wir einen roten Polo vom Hof haben rollen sehen, ohne Nummernschild und Fahrer erkannt zu haben?«

»Naja, aber wir haben doch nun den Beweis gesehen, dass welche auf dem Hof sind. Und deren konspiratives Verhalten macht sie höchst verdächtig.«

Nach langem Klingeln nahm Zerche ab.

»Also wir haben einen roten Polo gesehen. Der war anderthalb Stunden fort, dann kam er wieder und verschwand sofort auf dem Hof.«

»Kennzeichen? Wie viele saßen im Wagen?«

Der Beamte begann zu drucksen.

»Na wenigstens etwas«, knurrte Zerche und schluckte. »Ich informiere das LKA und die Staatsanwaltwaltschaft, morgen früh rücken wir mit dem Sondereinsatzkommando an und nehmen die Bude auseinander. Ihr bleibt dort, bis das SEK kommt. Ich bin natürlich auch da.«

Punkt sechs Uhr stürmten etwa dreißig Polizisten das Objekt, sie kamen aus Dresden und Leipzig und bildeten das SEK. Die beiden aus Leipzig hinzugezogenen Staatsanwälte hielten sich im Hintergrund, um das Geschehen zu verfolgen.

Ein Schützenpanzerwagen donnerte heftig gegen das hintere Hoftor an der Dahlener Straße, dass es aus den Angeln brach und krachend zu Boden stürzte. Der Fahrzeuglärm übertönte merklich das Geschnatter der Gänse, die sich kreischend und flügelschlagend in die gegenüberliegende Hofecke flüchteten. Das Tor zur Dahlener Straße war vorsorglich von außen verriegelt worden, zudem waren genügend bewaffnete Kollegen aufgezogen.

Im selben Augenblick versuchten zwei Beamte die Eingangstür vom Hof zum Hauptgebäude zu öffnen, was ihnen nicht gelang, sodass ein Kollege mit einer Kettensäge gerufen wurde. Kreischend fraßen sich die Zähne durch das uralte Holz. Die Späne flogen nur wenige Sekunden durch die Luft, dann ließ sich ein Brett herausbrechen. Mehrere Polizisten zwängten sich rasch nacheinander hindurch und durchkämmten das Haus. Aus dem Übergang zum Saal rief einer, dass man es bis auf den Hof hörte: »Hier ist die Plantage. Und was für eine!«

Überall im Hof und in den Gebäuden waren Polizisten mit gezogener Waffe unterwegs, denn es war nicht auszuschließen, dass auch jene, nach denen sie suchten, bewaffnet waren. Systematisch durchkämmten die Männer vom SEK alle Räume, doch sie fanden niemanden.

Frei, frei, frei drang es im Minutentakt aus den gesicherten, das heißt durchsuchten Räumen. Nicht nur die Staatsanwälte wurden zunehmend unruhiger.

Unterdessen schlug auf dem Hof der Polizeihund an. Er bellte und winselte am Heck des Polo. Im Unterschied zu seinen zweibeinigen Kollegen schien er fündig geworden zu sein. Einer der Polizisten machte sich an der Heckklappe des Autos zu schaffen. Das Fahrzeug war nicht nur in die Jahre gekommen, sondern auffällig ungepflegt. Im Kofferraum lag einiger Müll, und im Filz, der den Boden bedeckte, war ein dunkler Fleck zu erkennen, größer als ein Wagenrad. Vermutlich war dieser Fleck die Ursache für das Gebell, denn der Hund war darauf trainiert, auch auf Blut zu reagieren.

»Kann sein, dass damit die Leiche von diesem Ukrainer nach Berlin gebracht wurde«, sagte Zerche.

»Was für eine Leiche?«

»Na die von diesem Loschkov, der auf dieser Berliner Brache im April gefunden worden ist. Deshalb sind wir doch überhaupt erst auf dieses Objekt gestoßen.«

Auch die Staatsanwälte schauten plötzlich sehr interessiert.

»Wie kommen Sie darauf?«

»Ist doch logisch«, hob Zerche an. »Die Kollegen von der 6. Mordkommission in Berlin gingen davon aus, dass der Fundort nicht der Tatort war. Mit dem Handy des Toten stellten sie fest, dass er vornehmlich im Wermsdorfer Raum telefoniert hatte. Außerdem hatte er an der gesamten Kleidung Anhaftungen von Cannabis. Das heißt, es gibt eine Verbindung zwischen dem Fundort und diesem Tatort …«

»Womit nicht gesagt sein muss, dass dieser Loschkov hier erschlagen wurde«, meldete sich einer der Staatsanwälte zu Wort. »Wir können vermuten, dass seine Leiche vielleicht mit dem Polo befördert wurde. Gewissheit bringt ein DNA-Abgleich.«

Zerche sah dies nicht anders. »Das Fahrzeug wird ohnehin von den Kriminaltechnikern nach allen Regeln ihrer Kunst auseinandergenommen werden.«

»Ich gehe davon aus, dass dies das Kurierfahrzeug war. Die haben das Zeug damit zum Händler nach Berlin gekarrt. Denn sie kamen auch aus Berlin: siehe Kennzeichen. In der sächsischen Provinz fanden sie ihr El Dorado …« Der Staatsanwalt versenkte seine Hände in den Hosentaschen und richtete den Blick zum Himmel. »Halleluja. Warum immer bei uns?«

Nach etwa einer halben Stunde, so lange dauerte die Durchsuchung bereits an, war zu vernehmen: »Hier sind sie! Unter dem Dach!«

Alle richteten automatisch ihre Blicke nach oben, von wo der Ruf gekommen war. Wenig später erschienen, von Uniformierten begleitet, zwei Männer in der Tür. Ihre Hände waren auf dem Rücken mit weißen Einweghandfesseln fixiert. Offenkundig hatte das SEK mit einer größeren Gruppe gerechnet, üblicherweise führte jeder Beamte eine Handschelle aus Metall mit sich. Nur bei erwarteten Massenverhaftungen nahm man die leichteren Plastikbänder mit.

Die beiden Männer, dem Augenschein nach zwischen dreißig und vierzig Jahre alt, senkten den Blick zu Boden und reagierten auf keine Ansprache. Vielleicht verstanden sie kein Deutsch. »Pa russki?«, fragte einer der Beamten. Die zwei Hanfbauern schwiegen unbeeindruckt.

»Sie hatten sich auf dem Dachboden versteckt«, sagte einer der Polizisten, die die beiden aufgespürt hatten.

»Papiere?«, erkundigte sich der Staatsanwalt.

»Keine. Sie hatten keinen Pass in der Hosentasche.« Das klang ironisch. »Wir haben auch im ganzen Haus nichts gefunden. Aber vielleicht entdecken wir noch was.«

»Sind das die einzigen verdächtigen Personen, die sich aktuell auf dem Gelände aufhalten?« Der Staatsanwalt wollte es genau wissen.

»Wir haben keine weiteren gefunden und gehen davon aus, dass es nur diese beiden waren, die die Plantage betreut haben«, meldete sich der Leiter der SEK. Es war nicht zu überhören, dass er aus der Landeshauptstadt kam.

»Vergessen Sie nicht Loschkov. Also drei.«

»Der aber ist tot. Und immer unterstellt, dass er hier war und als Leiche mit dem Polo nach Berlin gebracht worden ist«, warf Zerche ein.

»Natürlich. Immer unterstellt«, wiederholte der Staatsanwalt. »Die beiden werden nach Leipzig in den Zentralen Polizeigewahrsam überstellt«, ordnete er an und beendete damit gleichsam die Runde. »Den Rest hier erledigt die Kriminaltechnik.«

»Wollen Sie sich nicht einmal die Plantage anschauen? So etwas haben Sie noch nie gesehen, das verspreche ich Ihnen.« Der Leiter des SEK, der sich offenkundig bereits einen Überblick verschafft hatte, machte eine einladende Handbewegung.

Der Pulk folgte ihm bereitwillig ins Haus. Bereits im Flur, der vom Haus in den Saal führte, schlug ihnen leicht süßlicher, ein wenig aufdringlicher Geruch entgegen. Keine Frage, woher der rührte.

»Im Haus haben sie die Sämlinge gezogen«, sagte der Chef vom SEK und wies in einen Raum, der vermutlich mal die Küche gewesen war, wie die Fliesen an den Wänden verrieten. Auf dem Boden standen drei, vier Dutzend längliche Blumenkästen, randvoll mit Erde. Hier zog man die Stecklinge. Ob bereits der Hanfsamen im Boden war oder erst noch gelegt werden sollte, war nicht zu erkennen.

Zwischen den Kästen standen mit grünen Hanfblättern gefüllte Kartons. Der Trupp marschierte weiter. Im Nebenraum zogen sie an Schalen vorüber, über denen Lampen hingen. Unter ihnen, von durchsichtigen Plastikhauben bedeckt, standen kleine Pflanzen. Vor den Fenstern hingen Aluminiumfolien zur Isolierung. Daran war der Hubschrauber mit seiner Wärmebildkamera gescheitert.

»So, und nun gehen wir hinüber in den Tanzsaal«, sagte der Mann vom LKA, und der Tross folgte ihm durch den Gang vom Schankraum hinüber. Der Saal sah aus wie alle Säle in Dorfkneipen: um die dreißig Meter lang, fünfzehn Meter breit, links und rechts Säulen, die die an den Rändern gewölbte Decke trugen, vorn eine Art Bühne. Dort reihten sich nun die Pflanzkästen mit Hanfpflanzen. Andere Kübel waren zu Türmen aufgeschichtet, die in der Mitte des Raumes standen, beleuchtet von innen. Die Pflanzen bewegten sich leicht im Wind der Ventilatoren, und auf den fragenden Blick eines der Staatsanwälte sagte der Experte aus Dresden, dass auf diese Weise der Pflanze suggeriert werde, sie stünde auf einem Feld, über das der Wind geht. Dadurch würde sie kräftiger, der Stamm stabiler. Und in sechs bis acht Wochen könnte geerntet, das heißt also die Blütendolden geschnitten werden.

Ein Gewirr von Stromkabeln und Wasserzuführungen lag auf dem Boden, Schläuche für Ab- oder Zuluft wanden sich unter der Decke. Hier hatten zweifellos Leute gearbeitet, die sich damit auskannten und nicht zum ersten Mal eine solche Anlage installiert hatten.

»Aber wie eine richtige Plantage sieht das nicht aus«, sagte der eine Staatsanwalt.

»Folgen Sie mir bitte ins Obergeschoss«, sagte der kundige LKA-Beamte. Er ging durch den Flur voran und stieg eine Treppe hinauf. Auch durchs erste und zweite Obergeschoss waberte der aufdringliche Hanfgeruch und drang in die Nase, der Staatsanwalt langte schon wieder nach seinem Taschentuch. Der Leiter des SEK öffnete eine Tür, schob mit der Hand den Plastikvorhang beiseite und gab den Blick frei auf ein grünes Feld, auf das gleißendes Licht aus Hochenergielampen fiel.

»Ist das nun eine Plantage oder nicht?« Die Frage, eigentlich eine Feststellung, war durchtränkt von Genugtuung und auch ein wenig Stolz. Denn dass die Polizei nicht alle Tage einen solchen Fund machte, war allen bewusst.

»Und in den anderen Räumen sieht es ähnlich aus«, fügte er hinzu.

»Haben Sie schon eine Übersicht, um wie viele Pflanzen es sich hier handelt?«

»Schätzungsweise vier- bis fünftausend.«

Der Staatsanwalt ließ vernehmlich die Luft aus den gespitzten Lippen strömen. »Und was schlagen Sie vor, wie wir damit umgehen?«

Der Mann vom Landeskriminalamt wies auf Zerche. Die Entsorgung falle wohl mehr oder weniger in die Zuständigkeit der hiesigen Kollegen. Zerche, derart angesprochen, räusperte sich. »Wir werden die Wurzener Feuerwehr mit der Drehleiter holen.«

»Wie bitte?«

»Um die oberen Geschosse mit Hilfe der Hebebühne zu räumen. Wenn wir alles durchs Haus tragen müssten …

mit den paar Kollegen … Das dauerte Tage. – Nein, das war ein Scherz«, schob er nach. »Wir benötigen die Feuerwehr vielleicht aus einem anderen Grunde.« Er schlug vor, das technische Equipment, nicht gerade billig, an den Leipziger Zoo zu geben. Die hätten immer Bedarf an Lampen und Kabeln.

»Gute Idee. Und vergessen Sie nicht, den Energieanbieter zu informieren, damit die jemanden schicken, der den Anschluss kappt. Wir sollten nicht an die Elektrik gehen, das ist zu gefährlich.« Der wortführende Staatsanwalt schüttelte den Kopf. »Was diese Leute sich trauen. Die zapfen einfach die Hauptleitung an. Das ist selbstmörderisch.«

Zerche hob den Finger. »Das ist das Stichwort.«

Den Torgauer Kriminalisten trafen irritierte Blicke. Kriminalhauptkommissar Zerche arbeitete sich durch die Planen zum Fenster vor. Obgleich dieses mit Folie völlig verklebt war und kein Fitzelchen Licht hindurchdrang, ließ es sich mühelos öffnen. Zerche beugte sich hinaus und schaute zehn, zwölf Meter in die Tiefe. »Hieß es nicht in Loschkovs Obduktionsbericht, dass einige Knochen gebrochen waren und der Körper großflächige Hämatome aufgewiesen habe?« Da keiner außer ihm den Befund der Gerichtsmediziner aus Berlin kannte, gab er sich selbst die Antwort, als er sich wieder in den Raum drehte. »Ich denke, dass die Kriminaltechniker mal den Platz unterhalb dieses Fenster genauestens untersuchen sollten. Loschkov ist möglicherweise im Drogenrausch aus dem Fenster gesprungen.«

»Sie meinen, dass er zugedröhnt war?«

»Ja, aber nicht, weil er vorsätzlich Cannabis konsumiert hatte. Das war quasi ein Berufsunfall. Wochenlang diese THC-geschwängerte Luft zu atmen muss sich aufs Hirn legen. Loschkov sprang, weil er dauerbekifft war.«

»Interessante These«, melde sich einer der Staatsanwälte. »Da müssten sich Fingerabdrücke am Fensterrahmen finden lassen.«

»Was aber nichts beweist«, warf sein Kollege ein. »Der Beweis für diese Hypothese findet sich dort unten auf dem Hof. Ich kann mir das aber nicht vorstellen. Warum sollten denn die beiden anderen ihn bis nach Berlin fahren?«

»Weil sie in ihrer Naivität glaubten, das sei weit genug weg von hier. Sie wollten die Spuren verwischen. Wer käme denn in Berlin auf die Idee, dass dieser Tote etwas mit einer Hanffarm in Sachsen zu tun hat? So die Logik.«

»Aber trotzdem dämlich, weil das Handy in der Hosentasche blieb.«

»Was für eine gewisse Panik spricht. Das war eine Affekthandlung, als sie den dritten Mann tot auf dem Hof liegen sahen: Nur schnell weg.«

Zerche schüttelte den Kopf. »Zumindest nahmen sie sich noch Zeit, um ihm mit dem Hammer das Gesicht zu zerschlagen. Das spricht gegen Panik und für überlegtes Handeln. Sie gingen davon aus, dass Loschkov erkennungsdienstlich noch nicht erfasst worden ist. Der war doch erst seit wenigen Monaten in Deutschland und hier noch nicht straffällig geworden. Sie wussten wahrscheinlich nicht, dass er bei einer Razzia auf der Baustelle erwischt worden war. Ich bleibe dabei: Die handelten sehr überlegt und machten nur einen Fehler: Sie übersahen das Telefon in der Tasche.«

Die Männer trampelten die Stiege hinunter, nachdem sie noch in einer Mansarde die zum Trocknen an Schnüren aufgehängten Blütenstände gezeigt bekommen hatten. Je Gramm gäbe es dafür fünf bis zehn Euro, sagte der SEK-Chef, ehe er die Tür schloss.

Draußen atmeten alle tief durch und auf. Nicht nur um den intensiven Hanfgeruch aus der Nase zu vertreiben. Es schien auch Ausdruck von Erleichterung, dass man einen beachtlichen Erfolg im Kampf gegen die Rauschgiftszene erzielt hatte.

Die beiden in Sachsendorf festgenommenen Männer wurden nach Leipzig in den Zentralen Polizeigewahrsam überführt. Die Staatsanwaltschaft, in die polizeilichen Ermittlungen eingebunden, nahm an den Vernehmungen teil.

Bei den Festgenommenen handelte sich, wie sich alsbald herausstellte, um Landsleute von Loschkov, und sie waren wie dieser geduldete Ausländer. Nachdem ihnen der Dolmetscher bewusst gemacht hatte, dass es ihnen mehr nützen würde auszusagen, als nichts zu sagen, ließen sie sich schließlich darauf ein und beendeten ihr stoisches Schweigen. Unabhängig voneinander berichteten sie Ähnliches.

Die beiden Enddreißiger hatten in der Ukraine keinen Beruf gelernt und sich nach der Schule, die sie noch zu Sowjetzeiten absolviert hatten, mit Gelegenheitsarbeiten durchgeschlagen. Sie gaben ferner an, unverheiratet und kinderlos und im Vorjahr aus Kiew nach Deutschland gekommen zu sein.

»Warum?«, fragte der Vernehmer den Mann, der mit dem einen der Ukrainer, Andrej, im Vernehmungszimmer saß.

»Um besser zu leben als in der Ukraine«, übersetzte der Dolmetscher.

Der Vernehmer schaute über den Rand seiner Brille in das Gesicht des Mannes, der Hanf in Sachsen angebaut hatte. Offenkundig gehörte ein Unrechtsbewusstsein nicht unbedingt zu seinen moralischen Korsettstangen.

»Sie wissen schon, dass Sie sich strafbar gemacht haben?«, hob der Vernehmer wieder an. »In Deutschland sind Anbau, Herstellung und Handel mit Drogen verboten. Und wenn dies obendrein als Mitglied einer Bande und gewerbsmäßig geschieht, kann es bis zu fünf Jahren Freiheitsentzug geben. Wissen Sie das?«

Der Übersetzer richtete das Wort an den Ukrainer, der ruhig und scheinbar unbeeindruckt auf seinem Stuhl saß. Nun aber kam Bewegung in den Körper. Erst in die Augen, die unruhig wurden, wie der Vernehmer registrierte. Dann rutschte der ganze Mann auf dem Stuhl hin und her. Gewiss, woher sollte er die deutschen Strafgesetze kennen? Und natürlich hatten jene, die den Ahnungslosen anheuerten, ihm davon kaum etwas gesagt. Allenfalls dass er abgeschoben werden würde, entdeckte man die Plantage.

Der Mann vor dem Schreibtisch schien zum ersten Mal zu erfassen, was da auf ihn zurollte. Er sprach den Dolmetscher direkt an. Der übersetzte. »Er fragt, ob er wirklich ins Gefängnis müsse. Er habe doch nichts Schlimmes getan. Nur ein bisschen Grünzeug gepflanzt und gepflegt.«

Der Vernehmer lachte kurz auf. »Ein bisschen Grünzeug?! Das ist Dreckszeug, Gift. Es macht Menschen krank, ruiniert ihre Gesundheit, stürzt ganze Familien ins Elend ...« Die Erregung war nicht gespielt.

Der Ukrainer hörte sich die Übersetzung an. Seine Reaktion zeigte, dass ihn die Folgen seiner Gärtnerei nicht interessierten. Ihn beschäftigte ausschließlich, wie er seinen Kopf aus der Schlinge ziehen konnte.

»Er fragt, was er tun müsse, um nicht ins Gefängnis zu kommen«, sagte der Übersetzer.

»Ob er ins Gefängnis kommt oder nicht, entscheidet ein Gericht, nicht die Polizei. Aber ich bin gern bereit, für ihn ein gutes Wort einzulegen, wenn er meine Fragen beantwortet.« Der Beamte wusste, dass dieses Angebot nur heiße Luft war. Am Ende würdigten die Juristen im Wesentlichen nur die objektiven Tatsachen, und da hatten dieser Andrej und sein Kompagnon ziemlich schlechte Karten. Kooperation brachte da einen Nachlass allenfalls von wenigen Monaten, keine Jahre.

Der Ukrainer nickte, als der Übersetzer endete.

»Fragen Sie.«

»Fangen wir mit Komplex I an: die Hanfplantage. Seit wann waren Sie dort beschäftigt?«

»Seit etwa einem halben Jahr.«

»Und da war alles schon eingerichtet, als Sie nach Sachsendorf kamen?«

Der Ukrainer nickte. »Die Technik war schon da. Jurij und ich sollten nur die Pflanzen ziehen und ernten.«

»Jurij war der zweite Mann?«

»Ja, wir kannten uns schon aus Kiew. Wir sind zusammen nach Deutschland gekommen.«

»Also illegal über die grüne Grenze.«

»Ja.«

»Und jene, die Sie nach Deutschland schleusten, haben Sie auch für den Job in Sachsendorf angesprochen.«

»In der Ukraine, ja. Die haben gesagt, sie bringen uns sicher nach Deutschland, die Reisekosten könnten wir in einer Gärtnerei abarbeiten. Bis zu einem Jahr sollten wir dort arbeiten, Essen und Übernachtung seien frei. Danach könnten wir gehen und machen, was wir wollen.«

»Hat man Ihnen auch gesagt, dass der Job gegen deutsche Gesetze verstößt?«

Der Mann überlegte. »Nein, so hat man das nicht gesagt. Die haben lediglich gesagt, dass wir vorsichtig sein sollten, besser nicht auf die Straßen gehen und keine Fremden hereinlassen sollten. Die Deutschen seien nicht gut auf Ausländer zu sprechen, weil wir ihnen die Arbeit wegnehmen würden. Und als ich fragte, wovon wir leben sollten, wenn wir nicht aus dem Haus gehen dürften, sagten sie, es käme noch ein dritter Mann. Der würde die Lebensmittel bringen und die Ernte abholen.«

»Alexej Loschkov?«

»Das sagten sie nicht. Wahrscheinlich wussten sie damals noch nicht, wen sie schicken würden. Aber Anfang des Jahres kam Alexej. Der war, im Unterschied zu uns, als Asylbewerber registriert und besaß Papiere.«

»Aber woher wussten Sie, wie man eine solche Anlage betreibt, wie man Hanf aufzieht und dergleichen? Das ist doch ziemlich kompliziert.«

Der Mann, der sie in dieses Dorf gebracht habe, kannte sich damit aus, antwortete der Ukrainer. Er habe ihnen nicht nur jeden Winkel im Haus gezeigt und die Technik erklärt, die dort installiert war, sondern sie auch unterrichtet, wie man Samen zum Keimen bringt und die Setzlinge verpflanzt, wie und wann man wässert und schließlich die Blütenstände erntet und trocknet. Dann sei er wieder abgefahren, als sie alles beherrschten, und irgendwann sei dann Alexej gekommen.

»Den Namen dieses Mannes kennen Sie nicht zufällig? Auch nicht, woher er kam, wie er aussah und dergleichen?« Der Vernehmer schaute neugierig über den Tisch.

»Der hat sich uns nicht vorgestellt. War ein Deutscher.«

»Alter, Größe, Aussehen?«

»So um die vierzig, ziemlich groß, vielleicht einsachtzig, kurze blonde Haare. Sprach sehr gut Russisch, fast akzentfrei. Ich glaube, der hat in der Sowjetunion studiert.«

»Solche Personen gibt es hierzulande reichlich«, sagte der Beamte und begrub die Hoffnung, dass man diesen Mann jemals würde aufspüren können. »Sie vermuten, dass er die Anlage aufgebaut hat?«

Der Ukrainer kehrte seine Hände nach außen und runzelte die Stirn. »Möglich. Er kannte sich jedenfalls sehr gut damit aus. Der wusste, woher der Strom kam und wohin er floss, wo die Kohlefilter für die Abluft saßen und wie oft sie gewechselt werden mussten und so was. Sehr wahrscheinlich, dass er beim Einrichten des Objekts dabei war.«

Der Vernehmer blickte hinüber zum Staatsanwalt, der still ins Zimmer gekommen war. Mit einer Handbewegung signalisierte er, dass auf seine Anwesenheit keine Rücksicht genommen werden sollte, er schien lediglich als stummer Zeuge der Befragung beiwohnen zu wollen.

»Sie waren, wie Sie sagten, ungefähr ein halbes Jahr auf dem Hof. Sie haben ihn selten verlassen?«

»Ja, nur einige Male am Anfang, um uns den Leuten als Bauarbeiter vorzustellen, die das Haus umbauen würden. Wir sind später abwechselnd mit Alexej nach Berlin gefahren, wenn er die ›lustigen Rosen‹ lieferte.«

»An wen?«

»Keine Ahnung. Er ließ uns immer vor dem Treffpunkt aussteigen. Die Abnehmer, die ja wohl so etwas wie unsere Chefs waren, sollten nicht mitbekommen, dass Jurij oder ich mit nach Berlin gekommen waren. Das hätte sonst Ärger gegeben.«

»Und niemand von Ihnen wurde in dieser Zeit krank oder hatte irgendwelche Beschwerden?«

»Wenn man ein Ziel vor den Augen hat, bleibt man gesund. Wir wussten, dass die Zeit bald vorbei sein würde.«

Nun mischte sich, wie erwartet, der Staatsanwalt ein. Der Dolmetscher, der offenkundig den Staatsanwalt kannte, erklärte Andrej, wer dieser Mann sei. Der nickte. Jasno, sagte er, was so viel wie »alles klar« bedeutete.

»Hatten Sie nie Kopfschmerzen, fühlten sich irgendwie benommen?«

Der Dolmetscher fragte zurück, nachdem der Ukrainer geantwortet hatte: »Sie wollen wissen, ob wir zugedröhnt waren, weil wir ständig mit den Pflanzen zu tun hatten?«

Der Staatsanwalt nickte. »Sie wussten also, dass es sich um Cannabis handelte?«

Der Vernehmer verdrehte die Augen. Das war nun doch albern. Natürlich wussten die Plantagenarbeiter, womit sie es zu tun hatten. Weihnachtssterne sahen anders aus.

»Nein, wir waren nicht bekifft«, übersetzte der Dolmetscher. »Weder haben wir das Zeug selber geraucht noch waren wir zugedröhnt durch den permanenten Geruch der Pflanzen. Sobald sich die Dämpfe aufs Hirn zu legen begannen, sind wir ins Freie gegangen. Im Frühjahr natürlich häufiger als im Winter, weil's auf dem Hof ohnehin angenehmer war. Der Winter war ziemlich hart. Ich glaube, da waren wir gelegentlich unfreiwillig stoned.«

»Auch Loschkov?«

»Der natürlich auch.« Der Ukrainer schwieg. »Der war am anfälligsten von uns dreien. Manchmal halluzinierte er sogar. Hielt sich für ein Vögelchen und flatterte umher.«

»Flatterte er auch aus dem Fenster?«

Stille zog in den Raum. Dann, nach einem tiefen Seufzen, hob Andrej an. Der Dolmetscher übersetzte mit merklicher Erregung in der Stimme.

»Er lag plötzlich auf dem Hof. Direkt vor der Haustür. Jurij und ich wässerten die Keimlinge unten in der Küche, als die Gänse zu schnattern anfingen und nicht wieder aufhörten. Also ging ich nach draußen. Und wäre fast über ihn gestolpert. Loschkov bewegte sich nicht. Ich wusste sofort, dass er tot war. Und auch warum. Das Fenster im Obergeschoss stand offen. Ich musste sofort hoch, um das Fenster zu schließen wegen des Lichts, und lief ins Haus. Alexej ist tot, er liegt draußen, rief ich in die Küche und rannte die Treppe hinauf. Danach bin ich wieder runter. Jurij kratzte sich an der Brust, wie er es immer tat, wenn ihm nichts einfiel. Dann erhob er sich, als sei ihm etwas eingefallen, ging ins Haus und kehrte zurück. Er hatte die Autoschlüssel in der Hand. Wir müssen ihn mit dem Auto nach Berlin bringen. Wozu, fragte ich, lass uns ihn doch irgendwo im

Wald vergraben. Nein, meinte er, da würde man ihn bestimmt finden und auch uns bald entdecken. Der muss ganz weit weg, wo man keine Verbindung zu uns herstellen kann. Irgendwie schien auch mir das logisch. Wir zogen Alexej an den Beinen zum Auto hinüber. Sein Gesicht schleifte über den Boden, der Kopf sprang über die Steine. Nach zwanzig Metern war's nur noch ein blutiger Klumpen. Ich war entsetzt, aber Jurij meinte, das wäre nicht schlecht, so könnte ihn niemand mehr erkennen. Wir wuchteten Alexej ins Auto, was nicht leicht war.«

Der Staatsanwalt hatte sich längst wieder gesetzt und überließ dem Vernehmer das Terrain. Der zeigte kaum Regung. So ungefähr hatten sich die Ermittler den Ablauf auch vorgestellt.

»Und warum haben Sie Ihren toten Kameraden ausgerechnet dort abgelegt, wo Sie ihn abgelegt haben?«

Der Ukrainer schaute zum Dolmetscher und hob, nachdem dieser geendet hatte, die Schultern. »War Zufall.«

»Zufällig war das nicht in der Nähe, wo üblicherweise das Cannabis an den Abnehmer übergeben worden war? Unweit davon ist das RAW-Gelände, bekannt als Party-Meile ...« Der Polizist hatte die Hoffnung noch nicht ganz aufgegeben, doch noch Hinweise auf die Hintermänner zu bekommen. Aber der Ukrainer, der sich Andrej nannte, erfüllte ihm diesen Wunsch nicht. »Jurij ist immer gefahren. Wir kannten diese Leute nicht.«

»Nun aber war Jurij tot. Das war im April, jetzt haben wir Juni. Wer brachte die Ernte nach Berlin?«

»Es kam einer aus Berlin. Er wollte wissen, warum Loschkov nicht zur Übergabe erschienen ist.«

»Verstehe, die hatten Sorge, dass er mit dem Stoff stiften gegangen war.«

»Nein. Sie dachten, die Polizei hat die Plantage gefunden. Der Mann, den sie schickten, hat das Haus eine ganze

Weile beobachtet. Erst dann hat er uns angerufen und nach ›lustigen Rosen‹ gefragt.«

»Wie heißt der Mann, wie sah er aus?«

Der Ukrainer zuckte erneut die Achseln. »Er hat keinen Namen genannt. Aber es war derselbe Mann, der uns vor einiger Zeit die Hanfzucht erklärt und das Haus gezeigt hatte.«

Am 14. Juni 2007 verbreiteten die hauptstädtischen Medien die Nachricht, dass der »mysteriöse Tod von Alexej Loschkov (53)« aufgeklärt sei. »Jetzt kam raus: Der depressive Loschkov hat Selbstmord begangen. Auf einem Bauernhof in Sachsendorf (Sachsen) hatte er sich aus dem Fenster gestürzt«, schrieb die B. Z. »Auf dem Hof wurde heimlich Marihuana angebaut. Aus Angst vor Entdeckung brachte der Plantage-Betreiber (39) die Leiche nach Berlin. Jetzt beschlagnahmte die Polizei 4800 Pflanzen, nahm den Betreiber und einen Mittäter fest.«

Die sächsische Presse hielt die Klärung des Falles nicht des Berichtens wert. Es war in eigentlichem Sinne kein sächsischer Fall, der Leichnam lag schließlich in Berlin.

Auch als die beiden Ukrainer schon bald vor den Schranken des Landesgerichts in Leipzig standen, bemühte sich kein Gerichtsreporter dorthin. Unter dem Aktenzeichen 101 Js 39 283/07 wurde gegen die beiden verhandelt und geurteilt. Beide hatten gegen die Strafbestimmungen des Betäubungsmittelgesetzes verstoßen. Der Paragraf 30, der eine mildere Strafe vorsieht, wenn »der Täter durch seine freiwilligen Aussagen dazu beiträgt, dass weitere Straftaten verhindert oder aufgedeckt werden«, kam nicht zur Anwendung. Auch wenn die beiden durchaus redeten, sagten sie in der Sache nichts. Sie konnten auch nichts sagen. Ihre Auftraggeber und Hintermänner blieben dadurch unerkannt und konnten die Drogengeschäfte fortsetzen.

Die beiden wurden zu der Höchststrafe verurteilt: fünf Jahre Freiheitsentzug. Dabei blieb der Umgang mit dem dritten Mann auf der Plantage unberücksichtigt. Das Gericht teilte die Unentschiedenheit der Gerichtsmediziner, die nicht mit Bestimmtheit hatten sagen können, was ursächlich für den Tod des Ukrainers war: der Genickbruch aufgrund des Sturzes aus zwölf Metern Höhe oder die Zertrümmerung des Schädels, als er über das Kopfsteinpflaster gezogen wurde. Ausgeschlossen werden konnte jedoch mit einiger Zuverlässigkeit, dass es sich um einen vorsätzlichen Selbstmord gehandelt hatte. Der Mann hatte sich nicht aus dem Fenster gestürzt, weil er depressiv war. Wie die Gutachter erklärten, erlitt er durch den dauerhaften Umgang mit den Hanfpflanzen eine toxische Psychose. Die zeigt sich in Desorientierung, Halluzinationen und Paranoia.

Die beiden Ukrainer saßen die Strafe vollständig ab. Danach erst wurden sie abgeschoben.

Die Beiträge wurden den nachfolgend genannten Büchern entnommen und für diese Ausgabe redaktionell bearbeitet. Aus Gründen des Persönlichkeitsschutzes sind in einigen Geschichten die Namen der auftretenden Personen verfremdet.

Quellen

Das gefälschte Testament
   Hugo Friedländer: Interessante Kriminal-Prozesse von kulturhistorischer Bedeutung. Darstellung merkwürdiger Strafrechtsfälle aus Gegenwart und Jüngstvergangenheit, Berlin 1912
Das Mörderpaar Koppius
   Erich von Liebermann / Otto Trettin: Kriminalfälle, Berlin 1934
Totgelacht, Die Affäre Isidor Fisch, Hinrichtung im Jagen 110
   Originalbeiträge von Henner Kotte
Der Tote in der Villa
   Friedrich Karl Kaul: Pitaval der Weimarer Republik, Berlin 1953
Nichts für schwache Nerven
   Hans Girod: Der Kannibale. Ungewöhnliche Todesfälle aus der DDR, Berlin 2000
Gordischer Knoten, Der Würger von Plauen
   Hans Girod: Das Skelett im Wald. Unbekannte und vergessene Mordfälle aus der DDR, Berlin 2005
Chronik eines gemeinschaftlichen Mordes, Bruderliebe – Bruderhass
   Hans Girod: Blutspuren. Weitere ungewöhnliche Mordfälle aus der DDR, Berlin 2001
Der Kreuzworträtselmord, Tod eines Lehrers
   Hans Girod: Das Ekel von Rahnsdorf und andere Mordfälle aus der DDR, Berlin 1997
Der Frauenmörder vom Salzigen See
   Wolfgang Mittmann: Mordverdacht. Große Fälle der Volkspolizei, Berlin 2004
Der Tote im Teppich
   Birgit von Derschau: Der Tote im Teppich. Die spannendsten Fälle aus Kripo-live, Berlin 2008
Lustige Rosen
   Klaus Keck: Sächsicher Hanf. Authentische Kriminalfälle, Berlin 2018

Verlag Das Neue Berlin –
eine Marke der Eulenspiegel Verlagsgruppe Buchverlage

ISBN 978-3-360-01336-1

1. Auflage 2018
© Eulenspiegel Verlagsgruppe Buchverlage GmbH, Berlin

Umschlaggestaltung: Verlag, Peter Tiefmann, unter Verwendung
eines Fotos (Griseldis Wenner) von Martin Jehnichen
Druck und Bindung: GGP Media GmbH, Pößneck

www.eulenspiegel.com